Thierry Gaudin

Égaré !

Conseiller principal d'éducation, année zéro

W0217591

Stock

Couverture Coco bel œil
Illustration : © Baerbel Schmidt / Getty images

ISBN 978-2-234-08507-7

© Éditions Stock, 2018.

Égaré : 1. Qui a perdu son chemin, qui ne sait plus où il est.
2. Qui est comme fou, dont le comportement trahit le désordre mental.

(Petit Robert)

Égaré : dans un état d'étonnement outré, révolté.
Exemple : « *J'ai rien fait et c'est moi qui prends : j'suis égaré !* »

(Argot des cités de l'Est parisien)

Personnages

L'administration

M. Pontet, principal du collège

M. Moreau, principal-adjoint du collège

Farah, secrétaire de direction… et voisine de palier

La vie scolaire

Chloé, conseillère principale d'éducation, ma collègue

Souella, Cédric, Brahim et **Anissa**, surveillants

Luc, Thomas, Fédoua, Karine, Djamilah et **Sophie**, aides-éducateurs.

Le service médico-social

Sabine, assistante sociale scolaire

Michelle, infirmière scolaire

Autres adultes référents

Olivier, chef cuisinier du collège

M. Canais, président de l'association des parents d'élèves

Les enseignants

Camille, histoire-géographie, néo-titulaire (classe de 5ᵉ 2 et classes de 4ᵉ)

Eddy, sciences-physiques, néo-titulaire (toutes les classes de 4ᵉ et 3ᵉ)

Gisèle, arts plastiques (classes de tous les niveaux)

Jean-François, musique, fondateur du club chorale/orchestre et organisateur de la fête de fin d'année (classes de tous les niveaux)

Joachim, éducation physique et sportive (EPS), (classe de 5ᵉ 2)

Louis, histoire-géographie, coordinateur de l'équipe d'histoire-géo

M. Briand, histoire-géographie (classe de 5ᵉ 4 et classe de 4ᵉ)

Myriam, sciences et vie de la terre (SVT), (classes de 6ᵉ et 3ᵉ)

Noémie, anglais (classes de 6ᵉ et 5ᵉ)

Sarah, espagnol, néo-titulaire (classes de 4ᵉ et 3ᵉ)

Romain, maths, professeur principal de la 5ᵉ 2

Isabelle, maths, professeure principale de la 5ᵉ 3

Marine, français, professeure principale de la 5ᵉ 4

Pascal, technologie, professeur principal de la 3ᵉ 1

Henri, français, professeur principal de la 3ᵉ 2

Claude, SVT, auteur du lexique sur l'argot local, professeur principal de la 3ᵉ 3

Laurent, maths, professeur principal de la 3ᵉ 4

Noura, cuisine, professeure principale de 3ᵉ SEGPA

Les élèves

3ᵉ 1

Slimane, élève « perturbateur et en souffrance »

Koumba, déléguée de classe, leader des « Reines du Mal »

3e 2

Djibril, Jonas, Khalil et **Achour** « l'avocat » : le gang des vedettes

Kadidia, déléguée charismatique de la classe

Shaïnez, copine de Laura (3e 3) et Hatouma (3e 4)

3e 3

Laura, élève absentéiste, copine de Shaïnez (3e 2) et Hatouma (3e 4)

Diénéba, élève de caractère, hostile à son CPE

3e 4

Adama, leader négatif de la classe

Hawa, Laëtitia et **Mélissa** : le gang des filles contestatrices. Par ailleurs membres honoraires des « Reines du Mal » dirigées par Koumba (3e 1)

Hatouma, copine de Laura (3e 3) et Shaïnez (3e 2)

3e SEGPA

Temba, membre phare du club orchestre de Jean-François

4e

Sofiane, délégué de classe des 4e 2

5e 2

Frankie, Antoine, Al-Hassan et **Haroun** : les quatre cavaliers de l'apocalypse

Mariama, amie d'Amir (5e 3)

5e 3

Amir, élève discret, frappé d'une surdité partielle
Thibaut, camarade de classe d'Amir

5e 4

Jérémy, élève atypique, ennemi juré d'Adrien
Fatoumata, bonne élève au caractère bien trempé
Adrien, ennemi juré de Jérémy
Moussa, meilleur élève de la classe, ami commun d'Adrien et Jérémy

6^{e}

Youssef, élève en grande difficulté scolaire

Baptême du feu

Septembre. Semaine 1. Jour 1. 6 h 30

Réveillé depuis deux heures, je reste prostré sur mon lit. Une main sur le ventre, l'autre sur le cœur, pour tenter de calmer mon angoisse. Le « clic » caractéristique du radio-réveil résonne dans la pièce. Le flash info hurle : « C'est la rentrée ! » Il me faut trente secondes pour reprendre le contrôle de mon corps tétanisé et réussir à me lever. Je marche vers la salle de bains comme un condamné vers l'échafaud. Une douche d'un quart d'heure et des hectolitres d'eau brûlante sur le corps ne parviennent pas à m'apaiser.

France Inter répète en boucle que dix millions d'élèves s'apprêtent à reprendre le chemin de l'école !

Dans la cuisine éclairée au néon blanc, je me prépare un thé aux agrumes. Rien d'autre ne passera. À travers la fenêtre, je contemple le théâtre de mes futurs exploits éducatifs : la cour de récréation, les buts de hand-ball, le panneau de basket. Plus loin, le local poubelles, la zone de livraison des cuisines. La barre du bâtiment E, réservé aux matières scientifiques et à la technologie, perpendiculaire à celle du bâtiment B, accueillant les cours de français, d'histoire-géographie et de langues. À l'intérieur, le ballet des agents de service en train de nettoyer les salles avant le grand débarquement.

À l'arrière-plan, les tours de la cité « sensible » du Bel-Air. Une multitude de fenêtres allumées derrière lesquelles j'imagine des centaines d'enfants de 11 à 15 ans en train de se lever, de préparer leurs affaires ou de plonger le nez dans leur bol de Chocapic. Certains avec la boule au ventre comme moi. D'autres avec déjà peut-être la rage au cœur et l'envie d'en découdre avec leurs enseignants.

Ou avec leur nouveau conseiller principal d'éducation.

7 heures. La faible distance qui me sépare de mon lieu de travail me permet de tourner en rond dans l'appartement en attendant l'heure fatidique. Les minutes s'égrènent jusqu'à 7 h 30. Je vérifie ma tenue devant le miroir de l'entrée (trois fois) : gilet sobre, pantalon noir à pinces, braguette bien fermée, chaussures cirées. Peut-être un peu trop. Je voudrais ressembler à un « monsieur » mais c'est plutôt un premier communiant qui me fait face.

Je quitte l'appartement, descends l'escalier. Dernière inspection de braguette devant la porte. Pause. Attendre encore un peu avant de plonger. Ma main se crispe sur la poignée, puis s'abaisse. Je suis dehors. Les yeux fermés, je respire l'air frais du petit matin.

C'est alors que je les entends.

Leurs voix viennent de tous les côtés. Des dizaines de discussions encore étouffées par la distance. Soudain, des cris d'adolescentes. La joie des retrouvailles. Mon cœur s'emballe. Le brouhaha s'amplifie à mesure que je traverse le parking. Cinquante mètres à parcourir jusqu'au bâtiment administratif. Une haie fournie me cache aux regards extérieurs. Par les trouées, j'aperçois des casquettes, des sacs à dos, le corps voûté d'un grand gaillard. Il me dépasse d'au moins une tête. Je tourne les yeux vers la porte de la loge : elle fait face à la grille d'entrée contre laquelle ils sont agglutinés.

Dans deux secondes, je vais entrer dans leur champ de vision.

J'ai peur.

*

Flash-back

Il y a trois ans, je ne savais pas encore ce que j'allais faire de ma vie. Après avoir abandonné mon DEA de droit social et la carrière de juriste qui allait avec, je me suis retrouvé à 25 ans sans projet professionnel et avec une idée très vague de ce qu'était le monde du travail.

Indécis et écrasé par l'inquiétude de mes parents, j'ai choisi la solution la plus simple pour m'en sortir : renouer avec la tradition familiale. Ma grand-mère était institutrice, mon père instituteur, ma grande sœur venait de décrocher le concours de professeur des écoles et mon petit frère allait le passer après sa fac de géo. Il suffisait de suivre le mouvement.

En dépit de l'intense propagande de mon père contre l'Éducation nationale.

Il avait aimé travailler avec les élèves mais l'« administration », sa hiérarchie, avait eu raison de ses illusions sur le système éducatif et sur la possibilité de s'y épanouir. Avec mes études juridiques – à des années-lumière du programme de CM1 –, j'étais son dernier espoir de voir un de ses enfants échapper à un destin pédagogique. Mais le ver était dans le fruit. Neuf années d'animation en colonies de vacances avaient confirmé mon envie de devenir « éducateur »... le tout était de déterminer dans quel cadre. Pour éviter de me fâcher définitivement avec mon géniteur, j'avais renoncé au concours de professeur des écoles. Professeur dans le secondaire ? Le droit ne s'enseigne ni au collège ni au lycée (ou très marginalement). Prof de fac ? Cela impliquait la production d'une thèse et une poursuite d'études pour lesquelles j'avais réalisé – un peu tard – mon désintérêt.

J'étais de nouveau dans le brouillard.

Jusqu'à ce que j'entende parler du concours de conseiller principal d'éducation.

Il était pris d'assaut par un nombre conséquent d'étudiants en fin de cursus, toutes matières confondues. Sa bibliographie, très générale, attirait tous les désorientés dans mon genre : philosophie, droit, sociologie, histoire, psychologie de l'adolescence et sciences de l'éducation. Avec, à la clé, un métier dans l'Éducation nationale, cette grande maison connue et rassurante. L'attrait du neuf et de la découverte en prime. Les « missions sacrées » du CPE ont achevé de me convaincre : intégration sociale des « jeunes », construction d'un rapport apaisé au savoir et à la loi. Promotion de « futurs citoyens épanouis et responsables » ! La fusion parfaite de mon parcours juridique et de mes velléités éducatives. Un père instituteur, une mère assistante sociale : un esprit taquin aurait pu s'amuser du déterminisme psychosociologique guidant mon choix. Mais je m'en foutais : je savais enfin ce que je voulais faire !

Passé les premiers instants de béatitude, je m'étais cependant rendu compte que je n'avais aucune idée de ce que faisait *concrètement* un CPE. Le bulletin officiel donnait une définition qui ressemblait moins à une fiche de poste qu'à une liste de commissions : le CPE « gère » les absences des élèves, les « flux » interclasses, l'équipe des surveillants. Il a un rôle de régulation, d'« interface », de médiateur entre les différents acteurs du système – enseignants, parents, direction – afin qu'ils œuvrent de concert au but commun : l'épanouissement et la réussite de chaque enfant.

Accessoirement, le CPE est chargé de la discipline et de la prise de sanctions. De ce descendant du redouté « surveillant général », beaucoup attendent qu'il crie, qu'il punisse et qu'il fasse peur aux élèves réfractaires au bel ordre scolaire. C'était pour moi le seul bémol : la fonction véhiculait l'image d'un petit caporal de cour de récré que je renâclais à assumer. Je m'étais donc raccroché aux finalités éducatives et citoyennes tout en me convainquant que mon expérience et mon caractère bonhomme me permettraient de reléguer cet aspect moins glamour à la marge de mon action sur le terrain.

Le réveil allait être brutal.

J'ai passé le concours. Je l'ai eu. Un an de formation plus tard, j'étais titularisé. Fin juin, je recevais mon lieu d'affectation : collège Lenain-de-Tillemont, Montreuil. Seine-Saint-Denis (93). Je partais pour le front.

Avant que ma promotion ne quitte le cocon de l'IUFM[1], nos formateurs avaient organisé une rencontre avec deux anciens promus mutés l'année précédente dans le « neuf trois ». Leur exposé avait duré une matinée. Ils nous avaient décrit la rudesse des gamins, la misère, la colère, le bruit, le conflit permanent, les profs sur les rotules, les difficultés scolaires, l'échec pour un trop grand nombre ! Les confrontations – parfois physiques – avec les élèves et leurs familles. Le chaos et l'épuisement qui nous attendaient à la rentrée suivante. Devant notre air

1. Institut universitaire de formation des maîtres. Supprimés en 2013, les formations qu'ils assuraient sont désormais placées sous l'égide des Écoles supérieures du professorat et de l'éducation ou ESPE.

effaré, la jeune collègue qui avait survécu à sa première année dans un collège « sensible » de Sevran avait tenté de nous remonter le moral en décrivant des enfants attachants et en insistant sur l'importance de notre rôle dans ce contexte rugueux : elle acceptait le combat et en redemandait. Elle était « en mission ». L'autre intervenant était plus effacé. En poste à La Courneuve, il avait fait le choix de laisser parler sa voisine, jugeant sans doute que son propre ressenti minerait notre moral de jeunes recrues. Lors du « verre de l'amitié » qui avait suivi, il n'avait cependant pas pu s'empêcher de nous glisser en petit comité qu'il attendait désespérément d'avoir assez de points d'ancienneté pour se « casser de là » et retourner vers des latitudes plus clémentes.

Nous avions tous repris un verre de mousseux.

Fin du flash-back.

*

Me voilà à mon tour sur le point de plonger dans le grand bain. Je prends mon poste dans un établissement réputé pour être l'un des plus durs du département.

7 h 40. Planqué derrière la végétation, j'essaie de ne pas me laisser impressionner par leur nombre. Je me raccroche à la vision furtive d'un petit garçon écrasé par les vingt kilos de son cartable et qui jette des regards anxieux vers les « grands » qui l'entourent. Je suis comme lui : j'ai de nouveau 11 ans, le jour de mon entrée en 6e.

Je ne veux pas y aller.

Ça suffit. Je dois me reprendre. Arborant le masque froid et détaché de celui que rien n'effraie (je le pratique devant mon miroir depuis que je connais mon lieu d'affectation), je fonce vers la loge, ouvre la porte, dis bonjour à l'agent d'accueil et m'engouffre dans la zone protégée du couloir.

Ils ne m'ont pas remarqué. Je suis passé.

J'avance dans la pénombre du corridor et m'arrête à proximité du bureau du chef d'établissement : le principal. Je frappe doucement et pousse la porte entrouverte pour lui signifier mon arrivée. La cinquantaine grisonnante, les traits tirés, M. Pontet émerge à peine derrière un monceau de documents entassés à côté de son ordinateur. Ses yeux cernés fixent l'écran. Il semble ne pas avoir dormi depuis quinze jours. En une semaine de permanence administrative, Chloé, ma collègue CPE, et moi n'avons pu nous entretenir qu'un petit quart d'heure avec lui : il nous a bien fait comprendre qu'il était débordé et que, en conséquence, la vie scolaire, nos projets, notre organisation, nos questions et nos problèmes de CPE en général n'étaient pas sa priorité. Il nous a donné une seule directive éducative : que le hall soit vide à chaque récréation ! Pour le reste, carte blanche du moment que « tout roule ».

J'hésite à interrompre sa méditation. Il sent mon regard gêné peser sur lui et lève vers moi des yeux furibards : « Qu'est-ce que vous voulez ? » Juste lui dire bonjour… et savoir si Chloé est déjà arrivée et si elle a récupéré les listes d'appel des élèves.

Exaspéré, il hurle : « Farah ! » Sa secrétaire, femme mûre au visage fermé, surgit du bureau mitoyen. Elle m'adresse un regard hostile en me découvrant : j'efface aussitôt le début de sourire que j'avais préparé à son attention.

La proximité de la rentrée n'est agréable pour personne et ça ne doit pas être simple pour elle de côtoyer au quotidien une personne aussi mal lunée que le chef.

Mais il n'y a pas que ça.

Elle me bat froid depuis mon premier jour dans les lieux, en début de semaine dernière. Mes rares tentatives d'humour pour la détendre se sont soldées par de cuisants bides. Je pense qu'elle a un problème avec moi. Cela ne m'atteindrait pas autant si Farah n'était pas ma voisine de palier. Elle occupe le logement de fonction en face du mien : je risque donc de la croiser en dehors du travail tous les matins, tous les soirs et les week-ends pendant les dix prochains mois.

Je n'avais pas besoin de ça.

Le chef saisit la liasse de documents qu'elle tient à la main et me la jette dans les bras. Suit une série de phrases pour justifier son irritabilité : problèmes d'emploi du temps pointés par les enseignants lors de la réunion de prérentrée, modifications urgentes à faire et pas de temps à perdre. Prière donc de ne pas l'« emmerder » !

Je n'insiste pas.

Je retrouve Chloé dans son bureau. Elle est en train de réviser son discours de présentation aux élèves. Elle est au taquet.

Quand je l'ai rencontrée une semaine plus tôt, je n'en suis pas revenu : tornade d'un mètre soixante-dix, elle a déboulé dans les locaux avec un enthousiasme désarmant. Néo-titulaire comme moi, elle a assailli l'équipe de questions et demandé comment tout marchait, comment étaient fichus les bâtiments, ce qui avait été mis en place avec les acteurs du quartier, les associations, la mairie. Et l'orientation, et l'action culturelle, le foyer ! Cette fille était... contente d'être là ! Une exaltée, prête à en découdre et convaincue d'être à sa place ! Son attitude a fait naître chez moi des sentiments contradictoires. Du dépit d'abord : elle me privait de la possibilité de m'apitoyer sur mon sort de déraciné affecté dans ce purgatoire. Du soulagement finalement : son dynamisme me donnait du courage et allait peut-être m'aider à affronter mon destin avec la dignité adéquate.

Je lui dis bonjour, elle me fait aussitôt part de sa contrariété : le principal s'est aussi montré grossier avec elle. Elle se détend un peu lorsque je lui tends les listes d'appel qu'elle avait échoué à obtenir. Nous sommes fin parés pour aller battre le rappel des troupes.

Notre équipe est composée de dix « personnels vie scolaire ». Les quatre surveillants d'externat sont chargés de la surveillance des élèves et des flux entre les cours. Souella, Cédric et Brahim sont là depuis deux ans. Anissa est nouvelle mais a déjà travaillé dans un lycée. Les six aides-éducateurs sont affectés – en sus d'une fonction de surveillance classique – à des tâches plus spécifiques : Luc, le doyen de l'équipe en poste depuis trois ans, intervient beaucoup en classe comme assistant de cours, notamment en sciences. Thomas a été recruté en tant que personnel de « prévention violence » (PV) deux ans plus tôt lorsque l'établissement a reçu ce sympathique label. Il est affecté au tutorat des élèves « difficiles ». Fédoua est arrivée en même temps que lui : très souriante, elle s'est spécialisée dans les activités culturelles. Les trois autres – Karine, Djamilah et Sophie – sont là depuis l'année dernière et s'occupent de la saisie des absences et de l'aide aux devoirs.

Lors de notre première réunion avec l'équipe, Sophie nous a surpris en ne levant pas la tête de son sudoku pendant que nous exposions notre projet éducatif. Et en ricanant lorsque nous avons évoqué notre intention de mettre les élèves au travail pendant les heures de permanence : « Eh ben, bon courage avec ça ! » Nous avons tout de suite été fans de Sophie.

Nous les retrouvons dans le local « vie scolaire » situé au milieu du hall. Notre entrée interrompt les conversations. Leur nombre m'impressionne. Peu à l'aise dans le costume de chef, je laisse Chloé prendre la direction des opérations. Sa confiance en elle, ses idées précises sur la façon dont doit fonctionner le service l'ont qualifiée pour mener un groupe qui a vite compris qu'elle serait aux manettes. Je n'ai rien fait pour les contredire.

Chloé les assure de notre volonté de faire du bon travail ensemble et de réussir cette rentrée. Un nœud à l'estomac, j'ajoute un mot d'encouragement accompagné d'un sourire gêné. J'essaie de me convaincre qu'il n'y a pas de jugement dans le sourire que chacun me retourne.

7 h 48. Il va être l'heure de faire entrer les élèves.

Chacun rejoint son poste : grille d'entrée, hall, cours de récréation. Sophie pousse un soupir et abandonne à regret son sudoku. Karine et Djamilah restent sur place pour remettre aux professeurs principaux [1] le tas de documents – des carnets de correspondance aux fiches d'inscription à la cantine – qu'ils devront distribuer à leurs élèves. Chloé a trié les listes d'appel et me confie celles qui correspondent à mes niveaux. Mes mains moites reçoivent les noms dactylographiés des 280 bambins dont j'aurai la charge.

7 h 50. Ouverture des grilles.

Des éclats de voix désormais familiers parviennent à mes oreilles et s'amplifient. Mon cœur se serre. Ça y est, « ils » arrivent.

❋

État des lieux

J'ai pris mes fonctions une semaine avant la rentrée, pour effectuer ma permanence administrative

1. Professeur responsable d'une classe spécifique dont il sera le référent auprès des élèves, de l'administration, de ses collègues et des parents.

et découvrir le collège. Les uns après les autres, avec leurs mots à eux, le principal, l'assistante sociale, l'infirmière scolaire et l'équipe de surveillants nous ont exposé la situation.

Le collège est classé « zone d'éducation prioritaire » (ZEP) et « prévention violence ». Il est situé sur le plateau du Haut-Montreuil, entre les cités emblématiques du Bel-Air et des Grands-Pêchers. À la fin des années 1990, en réponse à un appel de 66 cinéastes à la désobéissance civile pour contester les lois Debré durcissant l'accueil des immigrés, Éric Raoult, ministre délégué à la Ville du gouvernement Juppé, avait défié les signataires du texte de venir passer un mois dans le quartier. Le réalisateur Bertrand Tavernier l'avait pris au mot et était resté trois mois pour y tourner un film : *Au-delà du périph'*. Il n'y repeignait pas la réalité en rose : il tentait juste de rappeler que la banlieue n'est pas qu'un repaire de dealers et de « cailleras ». Elle est peuplée de vraies gens venus d'horizons très divers. Des gens qui tentent de vivre là où ils sont, en restant dignes et solidaires malgré les difficultés.

Nos élèves sont pour la plupart issus de familles immigrées originaires du Mali, de Côte d'Ivoire, d'Afrique centrale, des pays du Maghreb, d'Europe de l'Est et d'Inde. Presque tous sont nés à Montreuil et sont français. Il y a également beaucoup de familles de « gens du voyage » sédentarisées dont le rapport à l'école oscille entre méfiance et évitement. Ceci étant posé, la diversité ethnique s'efface devant un trait commun à la majorité d'entre eux.

Qu'ils soient blacks, blancs, beurs, jaunes, marron ou bleus…, ils sont avant tout pauvres : le taux de classes sociales défavorisées dans le quartier est de 80 % ! Le chômage est massif et les situations précaires que cela entraîne n'aident pas les élèves à se consacrer sereinement à leur scolarité. Le taux de réussite au brevet est un des plus bas du pays : 51 %. Le pourcentage de « cas d'élèves difficiles » est bien au-delà de la moyenne nationale et a des conséquences directes sur le climat – et la réputation – du collège.

Enfin, comme me l'a rappelé Michelle, notre infirmière, s'ajoutent à ce contexte deux maux qui font des ravages dans tous les établissements du second degré de France et de Navarre : la puberté et l'adolescence.

Le jour de la pré-rentrée a été épique : malgré une première réunion plénière où la joie des retrouvailles a pu nous laisser croire que l'ambiance était plutôt festive, les masques sont tombés pendant notre grand oral devant les enseignants. Plutôt un examen de passage en fait. Chloé et moi avons découvert une équipe pédagogique composée de « primo-arrivants » livides et de « vétérans » désabusés. Un tiers de l'équipe de l'année dernière – les deux CPE et la principale adjointe inclus – a demandé et obtenu sa mutation. Ceux qui restent comptent sur nous pour remettre de l'ordre dans un bahut « au bord de l'explosion » (*sic*). Ils nous ont alertés, en vrac, sur l'insolence, les innombrables incivilités, l'inefficacité des sanctions classiques, la disparition récurrente des carnets de correspondance (oubli, perte, destruction,

« le carnet de quoi ? », etc.), le fossé qui les sépare des familles. Depuis quelques années, ils subissent des gamins qu'un encadrement défaillant aurait traité trop « gentiement ». Chargée de la discipline, la précédente principale adjointe s'est mis toute l'équipe à dos en s'opposant presque systématiquement à l'exclusion des élèves, même en cas d'« atteinte grave » aux personnes. Il fallait être une victime très motivée et sûre de son bon droit pour revendiquer l'application du règlement intérieur : les enseignants un peu moins combatifs ont souvent retrouvé en classe des élèves qui les avaient insultés ou « agressés » au cours précédent. Les conditions de travail, la sécurité juridique (et physique) du personnel et la confiance de l'équipe éducative en sa direction en sont sorties bien abîmées. M. Pontet n'a effectué qu'une année dans les murs mais sa façon de crier sur tout le monde – élèves comme adultes – a vite eu raison de sa popularité et des espoirs de changement associés à sa nomination.

Seul point positif : son caractère orageux a pu motiver le départ de l'ancienne adjointe.

Tout semble désormais reposer sur nos maigres épaules de CPE : dans le cadre d'une thématique générale se résumant à « plus jamais ça », l'assemblée n'a accepté de nous libérer qu'après avoir obtenu de nous un engagement de fermeté et de « tolérance zéro » !

J'ai alors repensé avec nostalgie à mon stage professionnel dans un petit lycée du sud de la Gironde, à mon atelier lecture, à mon mémoire professionnel sur l'action culturelle.

Au regard de ce que l'on semble attendre de moi, j'aurais peut-être mieux fait de bosser mon droit pénal et mes katas.

Fin de l'état des lieux.

*

8 h 10. La masse bruyante est sur le point de déferler dans le bâtiment. Terrifié par ce premier et imminent contact, je me porte volontaire pour aller chercher les enseignants et m'enfuis sans demander mon reste en direction de la salle des professeurs. Je les trouve en train de siroter leur café ou de vérifier leur matériel. Adoptant une jovialité de façade, je leur demande de rejoindre la cour afin que nous procédions à l'appel. Je repars en espérant que personne n'aura perçu dans mon ton les prémices de la panique.

Je suis soufflé par le fleuve d'élèves qui inonde le hall. Des grands, des très grands même, dégingandés, en « baggies », casquettes de base-ball vissées sur la tête, certains l'air pas commode. Des filles qui échangent des cris de joie hystériques. Des garçons qui optent pour des retrouvailles plus viriles en se traitant de « bâtards » ou d'« enculés » sans se départir de leurs sourires amicaux. L'émotion me noue la gorge lorsque j'aperçois un groupe de 6e, minuscules, effarouchés, perdus au milieu de cette forêt de géants. Attentive, Fédoua les extrait de la zone de turbulence et les aiguille vers leur « cour de récréation » : à la suite d'une demande des parents d'élèves à la rentrée précédente, cette petite enclave située derrière le bâtiment B a été mise en place pour les mettre à l'abri – pendant leur première année au collège – des tranches d'âge supérieures.

Agglutiné contre le radiateur jouxtant mon bureau, un groupe de « grands » échange joyeusement. Je ne me sens pas encore prêt à les affronter. L'air détaché, je me dirige vers mon antre afin d'y rassembler le courage nécessaire pour leur demander de sortir. Ils interrompent leur conversation et portent sur moi un regard intrigué. À peine ai-je franchi le pas de la porte qu'un concert de cris retentit dans mon dos. La joyeuse bande se rue sur moi et envahit mes six mètres carrés d'espace vital.

J'ai juste le temps de me réfugier derrière le cube métallique qui me sert de bureau.

Un grand échalas me demande tout sourire : « C'est vous le nouveau CPE ? » Abasourdi, je ne trouve rien d'autre à lui répondre que oui. Nouveau chœur de cris hilares. Ils semblent très contents de me rencontrer et commencent à me presser de questions : « Vous vous appelez comment ? Vous vous occupez des 3e ? Vous venez d'où ? Vous êtes marié ? » Je réfléchis au moyen le plus convaincant de leur dire que cela ne les regarde pas et qu'ils auraient pu frapper avant d'entrer. Un cinquième larron surgit, s'interpose entre eux et moi, brandit un bras protecteur devant ses camarades et m'interpelle : « Qu'est-ce qu'ils ont fait ? Ils ont rien fait !

Moi, je les défends ! » Le groupe se fige, attend ma réaction.

Je leur intime l'ordre de sortir de ma voix la plus ferme.

Ils explosent de rire une dernière fois et repartent aussi vite qu'ils sont venus. Je les entends retrouver d'autres camarades et les accueillir d'un chaleureux : « Wesh ça va, fils de pute ? »

Un grand vide m'envahit.

Si je ne réagis pas, je suis mort. Je ne dois pas leur laisser croire que leur entreprise de déstabilisation m'a détruit. Je prends une profonde inspiration, retourne dans le hall et fusille du regard tout élève qui a l'audace d'y traîner ses guêtres. Je constate soulagé que mes loubards ont déjà disparu : l'affrontement sera pour plus tard. J'aperçois un autre « grand » en pleine démonstration de hip-hop devant un parterre de copines enthousiastes. J'interromps le spectacle et disperse l'auditoire qui s'interroge à haute voix sur mon identité : « C'est qui, lui ? » Souriant de toutes ses dents, le roi du dance-floor me tapote l'épaule : « Relax, m'sieur, la vie est cool ! » Les dernières filles encore présentes pouffent de plus belle.

J'aimerais que les gens arrêtent de rire quand je leur parle.

Je fais sortir le danseur et son public sans ménagement (« C'est bon, m'sieur, relax, j'y vais ») tandis que Luc et Thomas, nos aides-éducateurs de choc, vont déloger deux filles en train de papoter dans les toilettes. Elles sortent d'un pas tranquille en continuant leur conversation. D'un ton rageur, je leur ordonne de se dépêcher. Tétanisées, elles se taisent et se pressent de rejoindre l'extérieur. Mon niveau de tension baisse légèrement : pendant deux secondes, j'ai été une figure d'autorité crédible ! L'invasion de mon bureau, le numéro de music-hall, les éclats de rire ne sont que des tests visant à éprouver ma solidité.

Je dois me convaincre que je suis un roc.

Je sors dans la cour principale. Les surveillants Souella et Cédric tentent de rassembler les élèves face au perron sur lequel affluent les professeurs principaux. Chloé fait l'appel des 6e dans leur périmètre protégé. Me voici donc seul face au gros de la horde. Des dizaines de paires d'yeux excités, inquiets, indifférents ou prostrés me scrutent. Les plus grands, parmi lesquels je distingue les mariolles qui ont joué avec mes nerfs, affichent leur bonne humeur.

J'évite de croiser leurs regards.

M. Pontet apparaît enfin, nous allons pouvoir commencer. D'une humeur toujours sombre, il se plante à mes côtés et attaque bille en tête un laconique discours de bienvenue : « C'est la rentrée, vous êtes là pour travailler ! Ceux qui veulent faire les malins auront affaire à moi ! » L'amplitude des réactions va de la terreur chez les plus jeunes à une hilarité à peine contenue chez leurs aînés. Le chef me confirme d'un regard noir qu'il a terminé son speech. C'est à moi. La gorge nouée, je me présente : « Je suis votre nouveau CPE. Chargé des niveaux 5e et 3e. » Je précise que ma collègue, sur le point de nous rejoindre, suivra les niveaux de 6e et 4e. Le brouhaha s'amplifie. Une mini « ola » enthousiaste traverse les rangs de mon commando de 3e. Ils sont très contents de m'avoir comme représentant des forces de l'ordre.

J'essaie de me souvenir que je suis un roc.

D'une voix ferme et forte (répétée elle aussi pendant l'été...), je leur exprime ma « joie » d'être ici et mon souhait de faire du bon travail avec eux. Pas de réactions, pas de ricanements intempestifs. Malgré les épreuves de la matinée, je ne me suis pas laissé abattre : j'ai donné l'illusion d'une parfaite confiance en moi. Le plus dur est peut-être passé. Le principal met brusquement fin à ce début de paix intérieure en me lançant : « Bon alors, qu'est-ce qu'il se passe maintenant ? » L'aridité de son ton associée à ma fatigue nerveuse me fait perdre tous mes moyens : au lieu d'entamer l'appel, je commence à bafouiller le planning des prochaines quarante-huit heures, du repas de midi à la reprise des cours le lendemain. Il ne me rate pas : « Mais bon sang, de quoi vous parlez ? Donnez-moi ça ! » M'arrachant les listes des mains, il annonce sèchement : « 5e 1, face à moi ! » Sortant de ma stupeur, je me ressaisis et, dans un murmure, lui propose de prendre le relais (maintenant que j'ai compris ce qu'il me demandait). Il me signifie en un regard que j'aurais tort d'insister. Je bats en retraite, l'air le plus digne possible.

Il lit les premiers noms. Ils sont d'origines diverses. Certains sont longs et atypiques.

C'est un massacre.

À bout de nerfs et de fatigue, M. Pontet n'en prononce pas un seul correctement. On perd un temps fou : celui que met chaque élève à faire le lien entre le borborygme produit par le principal et son nom de famille. Ça se gondole sévère dans les rangs. Au terme de cinq minutes assez pénibles, les 5e 1 sont identifiés et récupérés par leur professeur principal qui les guide vers sa salle tout en essayant de ramener le calme dans des rangs encore agités de spasmes de rire. Quinze autres classes à passer : à ce rythme, on va déborder sur la nuit. Heureusement, M. Pontet, sans doute contrarié par sa lecture laborieuse, me rend les listes puis recule de trois pas, au grand soulagement de la communauté adulte. En revanche, la déception chez les élèves est palpable.

Je finis l'appel des 5e en ne faisant aucune erreur de prononciation, ce dont je ne suis pas peu fier. Chloé nous rejoint, s'étonne de notre retard (je promets de lui expliquer plus tard) et prend le relais avec les 4e.

Lorsque j'attaque l'appel des 3e, la décontraction qui régnait dans les rangs disparaît soudain. Même pour les gaillards qui m'ont malmené, le moment n'est plus à la rigolade. Dans quelle classe iront-ils ? Avec quels copains ? Quels profs ? Chaque nom appelé est ponctué de soupirs d'aise, de râles de déception ou de manifestations de joie. Au milieu de la liste des 3e 3, j'accroche sur un nom indien de six syllabes. Une jeune fille du premier rang laisse échapper un rire moqueur. Je lui jette un regard noir. Elle le soutient.

Deuxième test de la matinée.

Je ne fléchis pas. L'affrontement dure deux secondes. Une éternité. Elle finit par lire dans mes yeux la promesse de quelque chose de terrible si elle ne lâche pas l'affaire. Son sourire s'efface, elle baisse les yeux. J'en ai les jambes toutes flageolantes : j'ai gagné ! C'était elle ou moi : je ne me serais pas remis d'une nouvelle humiliation. Je finis l'appel sans accroc. Les dernières classes constituées disparaissent dans les étages des deux bâtiments.

Je contemple la cour enfin vide avec orgueil… et découvre trois filles assises sur un banc à proximité du perron. Souella est en grande discussion avec elles. Des absents le jour de la rentrée, cela arrive (nous comptons en moyenne un ou deux manquants par classe). Des élèves en trop, c'est plus étonnant. Souella m'explique : elles sont bien inscrites sur les listes de 3e mais dans trois classes différentes, ce qu'elles contestent avec véhémence. Amies de longue date, elles refusent d'être séparées et de rejoindre leurs nouveaux camarades, qualifiés sans distinction de « bouffons ». Une certaine Laura est déterminée à faire un sit-in de protestation pour ne pas être séparée de ses copines ! Les deux comparses, prénommées Hatouma et Shaïnez, hochent la tête en signe d'adhésion. Elles semblent reconnaître en Laura une figure d'autorité face à laquelle je ne pèse pas lourd. Souella me confie en aparté qu'elles forment un trio infernal depuis l'école primaire. Leur séparation a été une des priorités de l'équipe enseignante lors de la constitution des classes de 3e. Laura nous exhorte alors à « ne pas parler sur elles ». Son insolence lui vaut d'être la première à se faire engueuler par son nouveau CPE. Elle ne se laisse pas pour autant impressionner par mon cri primal et refuse de bouger d'un millimètre. Les copines jouent la solidarité.

C'est l'impasse.

Fort heureusement, M. Pontet se rappelle à notre bon souvenir et utilise enfin son irritabilité à bon escient : il descend du perron pour incendier les trois rebelles. « Si la soupe n'est pas bonne ici, vous pouvez aller la manger ailleurs ! » Les filles, impressionnées par la fureur d'un homme au bord du gouffre, acceptent enfin le sevrage. Après avoir confié les deux autres à Souella, je décide de traîner moi-même la mauvaise humeur de Laura jusqu'à sa classe.

Je remets la jeune walkyrie au professeur principal de la 3e 3, en pleine distribution des carnets de correspondance. Comme je lui demande de rejoindre une place libre au fond de la salle, Laura me lâche un « C'est bon ! » exaspéré. Plutôt que de perdre de l'énergie à lui crier dessus et passer pour un type incapable de maîtriser ses nerfs, je profite de cet incident pour délivrer mon discours de « prise de fonction » à la classe. Après m'être de nouveau présenté, j'expose mon projet professionnel : promouvoir les meilleures conditions de travail possible, afin de garantir à chacun la réussite et l'orientation à laquelle il ou elle aspire. M'inspirant du laïus répété avec mes formateurs l'année précédente, je m'engage à être à leurs côtés pour les aider à atteindre ces objectifs. « Vous pouvez compter sur moi, je serai *avec vous*. En revanche, si vous vous avisez de perturber le fonctionnement de l'établissement et de saboter votre scolarité ainsi que celle de vos camarades, alors vous me retrouverez *contre vous* ! » Mes mots sont accueillis par des regards mornes et un silence de mort, à l'exception du bruyant soupir de lassitude poussé par Laura.

Je réitère mon speech dans chacune des dix classes dont j'ai la responsabilité. Je retrouve mes bizuteurs en 3e 2 et insiste sur la partie répressive de mon message, histoire de leur montrer que je n'ai absolument pas été ébranlé par leur sketch de bienvenue et qu'ils ne perdent rien pour attendre. Ils persistent à me gratifier d'un sourire amusé.

À 10 h 30, je suis de retour dans mon bureau.

La rentrée est faite.

Je passe le reste de la matinée à téléphoner pour m'enquérir des élèves absents et des raisons de leur défection : retour tardif de vacances, affectation dans le « privé » (l'évitement du collège est un sport très prisé dans le quartier) ou tout simplement « panne de réveil ».

Entre deux coups de fil, je contemple le local exigu qui va constituer mon environnement professionnel pendant les mois à venir : un bureau et une grande armoire métalliques, tous deux gris et usagés ; un micro-ordinateur antique posé sur une table de cours ; une large vitre bardée de barreaux donnant sur la cour des 6e ; des murs pâles et fissurés sur lesquels sont scotchés deux posters : l'un invitant les élèves à préparer l'avenir en se rendant au centre d'information et d'orientation, l'autre montrant un adolescent déprimé pointant du doigt le numéro vert à contacter en cas de racket et d'agression.

Au pied de mon fauteuil, la bouteille d'eau dont la présence m'avait étonné lors de ma prise de fonction : il n'y a pas de plante verte dans mon bureau.

Un surveillant m'avait alors expliqué sur le ton de l'évidence : « C'est pour les incendies de poubelle : toujours avoir une bouteille pleine à portée de main pour les incendies de poubelle. »

Premier trimestre

Premières armes

Septembre. Semaine 1. Jeudi. 9 h 48

Premier jour de cours. Le début de la matinée s'est bien passé. Aucun incident à déclarer, jusqu'ici tout va bien. Je sens malgré tout la tension monter en moi : dans deux minutes, c'est la récréation.

Au collège, tout le monde l'attend avec impatience. Pas nous. Les récréations du matin et de l'après-midi constituent les « pics thermiques » de la journée du CPE et de l'équipe vie scolaire. C'est le moment où les élèves peuvent laisser leurs cerveaux au vestiaire et se défouler. Il est important que nous affirmions d'emblée nos exigences : tout le monde doit sortir des locaux, aller jouer gentiment dans la cour puis se mettre en rang avant la remontée en classe. Nous devons y parvenir pour installer dans les esprits une image de CPE qui assurent.

La sonnerie de 9 h 50 retentit.

Démarre un quart d'heure de rodéo pendant lequel il ne faudra rien lâcher.

Les cinq cent soixante élèves du collège déferlent dans les couloirs, bien décidés à relâcher la pression scolaire. Chloé et moi surgissons simultanément de nos bureaux pour les prendre en tenaille. Nous voulons montrer aux surveillants dubitatifs que l'objectif de « vider le hall » nous tient à cœur !

Si la majorité obtempère et rejoint la cour sans discuter, un reliquat non négligeable de « rebelles » résiste à notre volonté d'évacuer les lieux. De grosses grappes de contrevenants se sont installées auprès des six radiateurs, pourtant éteints, disposés autour du périmètre. D'après Luc, cela annonce des revendications territoriales tendues lorsque l'hiver viendra. Dès que nous les invitons à sortir dans la cour, les cris de révolte fusent : « Il fait trop froid ! J'ai pas mon blouson ! Pourquoi nous et pas les autres ? On fait rien de mal, zyva ! » Écartant les bras, nous passons au contact physique, léger et respectueux, pour les guider vers les portes. Les réactions sont immédiates : « Me touchez pas ! » Je les balaie d'un « DEHORS ! » furieux qui génère de nouvelles protestations : « C'est bon, j'y vais ! Il est ouf lui ! »

Alors que Cédric chasse sans ménagement deux 6e qui ont eu le malheur d'oublier où se trouvait leur cour réservée, Sophie taille le bout de gras avec une grande nana de 3e qui vient de lui claquer la bise. Mon regard lourd de reproches n'ayant aucun effet (en fait, elle ne l'a pas remarqué), Chloé y va plus franco : elle les interrompt et rappelle à notre aide-éducatrice que ce n'est pas le moment de discuter. Agacée, Sophie prend congé de sa copine en maugréant puis se met à invectiver deux élèves minuscules qui passent à sa portée.

Note pour plus tard : être moins subtil quand je veux recadrer Sophie.

Les garçons de 3e 2 sont de nouveau rassemblés devant mon bureau. Si je me laisse intimider, c'est foutu. J'y vais. Toujours aussi « espiègles », ils font mine de ne pas m'entendre lorsque je leur parle. Je hausse le ton. Ils ricanent et persistent à ne pas bouger. J'en viens aux mains pour les pousser vers la sortie. Ils opposent la même résistance que leurs camarades : « Me touchez pas, zyva ! Fait trop froid ! » Leur révolte manque de sincérité : ils sont morts de rire. Thomas vient à mon secours. Ils prennent aussitôt un malin plaisir à lui obéir avec un zèle appuyé : « Bien sûr, pas de problème ! Comment ça va, Thomas ? » Je prends sur moi, c'est encore un test : j'ai étudié ce processus classique dans les cours de psychologie de l'adolescence donnés à l'IUFM. Néanmoins, ce précieux bagage théorique n'annihile pas ma furieuse envie de leur rentrer dedans.

Quatre grappes sur six sont démantelées au bout de cinq minutes. On y est presque. Je repars à l'attaque. Ma technique s'affine : ignorer les protestations outrées, se fermer à toute forme de dialogue et devenir une froide machine à vider les lieux.

Un nouveau point chaud apparaît au niveau des doubles portes menant vers l'extérieur : Luc et Sophie sont en train de bloquer le retour intempestif d'une foule pressante de gamins dans le hall. Que se passe-t-il ?

Les toilettes. Ils veulent aller aux toilettes. Ce n'est pas possible : nous avons mis trop de temps à les mettre dehors pour nous laisser de nouveau envahir. À la guerre comme à la guerre. Le visage cramoisi d'un petit garçon me ramène à la raison : la gestion de masse ne justifie pas tout, nous ne pouvons pas leur refuser le droit fondamental d'assouvir leurs besoins naturels. Après une rapide concertation, nous les laissons entrer par groupes de dix avec pour consigne de faire vite. Le premier convoi d'heureux élus se rue vers la délivrance. Les visages grimaçants des autres ébranlent ma foi en ma mission d'ordre et de sécurité.

Des éclats de voix chassent ces mauvaises pensées. Ils proviennent des sanitaires des filles. J'y découvre Laura, ses deux sbires et tout un groupe de copines en train de tenir salon sur les éviers transformés en banquettes de fortune. Elles anticipent mes reproches : « C'est bon, on fait rien de mal ! » En mode Robocop, je les expulse en concentrant mes cris sur Laura qui répète en boucle : « J'y vais, c'est bon ! »

Je n'ai pas le temps de reprendre mon souffle : Luc m'amène deux nouveaux fauteurs de troubles. Ils ont fait une bataille d'eau dans les toilettes des garçons. Ils sont en 5e : c'est donc pour ma pomme ! Le premier, trempé et honteux, regarde ses pieds. Le second, petit blond à la gueule d'ange, est à peine éclaboussé et me fixe sans ciller. Lorsque je lui demande ce qui s'est passé, il me retourne, dédaigneux : « Vous êtes qui, vous ? » D'une voix que j'aurais voulue moins hystérique, je lui réponds que je suis le nouveau CPE et que c'est moi qui pose les questions. Il n'est pas impressionné : « C'est pas la peine de crier, je suis pas sourd ! » Son aplomb me désarçonne. Luc m'explique que Frankie a déjà fait beaucoup parler de lui en 6e. Et pas en bien. Il vient d'inonder les sanitaires, de ruiner les vêtements de son copain et de me parler comme si je n'étais personne : encore un à calmer d'entrée de jeu. La sonnerie annonce la fin de la récré et me coupe dans mon élan : je dois aider l'équipe pour la mise en rang. Pas démonté, Frankie me demande s'il peut « y aller maintenant » ! Je parviens à garder mon calme et l'assigne à résidence devant mon bureau : je m'occuperai de son cas plus tard.

Il ne peut retenir un bruit de bouche agacé.

Arrivé dans la cour, je constate avec dépit que de nombreux élèves sont restés indifférents à la sonnerie et continuent de discuter, de s'échanger leurs cartes Pokémon, de se faire des tresses ou de conclure leur débordement sur l'aile par un tir en pleine lucarne. Les surveillants, Chloé et moi reformons une ligne et lançons l'assaut. Bras écartés pour éviter les fuites, nous démantelons les groupes épars et les guidons vers leurs emplacements respectifs. Malgré les multiples contestations, nous parvenons à former, à défaut de rangs, des tas homogènes par classes. Les profs débarquent dans la cour en petits groupes. Certains vétérans, conscients de nos efforts, nous félicitent d'être parvenus à regrouper leurs élèves.

D'autres, en revanche, ont manqué de patience et sont déjà repartis avec des effectifs incomplets.

La palme de la décontraction revient à Jean-François, le prof de musique : guitare à la main, il appelle le numéro de sa classe depuis le perron. Ses élèves que nous avions péniblement parqués se précipitent vers lui sans attendre notre feu vert.

Il va falloir qu'on parle, avec Jean-François.

J'accompagne le troupeau jusqu'aux étages pour vérifier que tout se passe bien, qu'aucun enfant ne s'est perdu (ou ne tente d'échapper à son cours de maths). L'excitation de la récré est loin d'être retombée, le taux de décibels reste assourdissant. J'interviens auprès des plus chahuteurs : la plupart, impressionnés par ma « grosse voix », se calment aussitôt ; d'autres arguent qu'ils « jouaient » et ne méritaient donc pas ma colère ; certains enfin m'adressent un regard surpris : qui c'est, ce type, et qu'est-ce qu'il me veut ? Les enseignants se dépêchent de faire entrer leurs élèves dans les salles pour échapper au chaos. Le bruit s'atténue. Au bout de quelques minutes, je me retrouve dans un couloir vide, bercé par le bourdonnement des cours.

Mission accomplie.

Plus de traces d'activité dans le hall non plus. Je ne perçois que la voix tonnante de Chloé en train de régler un problème de bagarre entre 6e. Je passe au local vie scolaire où toute l'équipe s'est déjà retranchée. Je leur demande s'ils peuvent tourner dans les couloirs afin de vérifier que personne ne traîne. Ma requête ne provoque pas l'enthousiasme. Luc et Souella finissent par se lever pour aller faire une ronde dans le bâtiment E. Suivent Anissa, Thomas et Fédoua qui se chargent du B. Sophie se porte volontaire pour « garder » la vie scolaire : elle a une grille de mots fléchés à finir. Encore sous le coup de ce qui n'a été que la première des centaines de récréations que je vais devoir encadrer, je peux enfin souffler.

Ah non ! zut, il faut que je m'occupe de Frankie. Je le retrouve affalé contre ma porte. Il est très remonté.

« Ah ben quand même ! »

Slimane

Septembre. Semaine 1. Jeudi. 10 h 30

Fédoua sort de la vie scolaire, un billet à la main : elle m'annonce le premier élève exclu de l'année en pointant du doigt un grand échalas voûté qui attend assis à une table. Elle l'appelle : « Slimane ! » La mort dans l'âme, le garçon se lève et me rejoint en traînant les pieds. En échange, je confie Frankie à la surveillante : je veux qu'il rédige une rédaction sur le respect dû à autrui, à son CPE et aux personnels de ménage en particulier.

Il m'a éreinté.

J'ai voulu lui faire éponger le mètre cube d'eau qu'il avait déversé dans les toilettes : il a refusé au prétexte qu'il n'était pas un « trimard » !

J'ai répondu que s'il ne le faisait pas, c'est la dame de service qui lui a prêté son matériel qui devrait réparer sa bêtise. Il a rétorqué : « C'est son boulot, elle est payée pour ! »

Je l'ai menacé d'aller chercher le principal. Il a enfin accepté de s'y mettre : il m'a fait trois allers-retours de serpillière gorgés d'une farouche mauvaise volonté. Nous avons laissé les lieux dans un état à peine moins lamentable que celui où nous les avions trouvés en entrant. Témoin de la scène, la dame de service m'a souhaité « bon courage pour la suite ».

J'ai donc décidé de le garder le reste de la matinée pour marquer le coup. Je compte sur Fédoua pour l'aider à comprendre qu'il a passé les bornes et à mettre des mots sur sa repentance.

Bon courage, Fédoua.

De retour dans mon bocal avec mon exclu, je déchiffre le mot rédigé par la professeure de sciences et vie de la terre (SVT) des 3e 1 : « Slimane a eu une attitude inacceptable, je ne peux pas le garder en cours ! » Je lève la tête et contemple l'ado qui me fait face. Grand corps maigre et voûté, visage allongé. Regard dur et révolté. S'il est du même tonneau que Frankie, je ne tiendrai pas la journée.

« Pourquoi tu es là ?

– C'est la prof, elle est narvalo ! J'ai rien fait, elle me vire !

– Mais enfin, elle ne t'a pas viré sans raison : tu as bien fait quelque chose, non ?

– Allez, zyva ! C'est bon ! »

Une grimace de rage déforme son visage. Il balance sa chaise contre le mur et s'enfuit du bureau. Stupéfait, je mets quelques secondes à me dépêtrer de mon fauteuil pour me lancer à sa poursuite. Quand j'arrive dans le hall, il a déjà atteint l'autre bout du couloir du bâtiment B, marchant d'un pas saccadé en faisant de grands gestes énervés avec les bras. Il se retourne, voit que je le suis. Il bondit dans l'escalier pour sortir de mon champ de vision.

J'hésite. Soit je lui cours après… soit je prends le pari hasardeux qu'il a juste besoin de relâcher la pression et qu'il va finir par revenir sans avoir agressé personne. Posté discrètement à l'entrée du bâtiment, j'attends.

Une lumière jaillit dans ma mémoire : le nom de Slimane ne m'est pas inconnu. Pendant la permanence administrative, j'avais fait un point rapide avec les surveillants sur les « cas » qui plombaient mes niveaux. Je voulais savoir. Sur les deux cent quatre-vingts patronymes passés en revue, ils ont concentré leurs commentaires sur la vingtaine d'élèves ayant mobilisé les trois quarts de leur énergie l'année précédente. La description de chaque desperado avait été ponctuée d'exclamations désolées et de cris d'effroi. Slimane m'a marqué car s'il avait fait l'unanimité sur le fond (« Il va pas bien, lui ! »), il avait aussi suscité un vif débat dans l'équipe. Cédric l'avait qualifié de « casse-couilles » irrécupérable. Souella avait diagnostiqué un « écorché vif » en quête d'attention.

Un reniflement boudeur à l'étage me ramène à l'instant présent.

Slimane redescend les marches, penaud. C'est bon : Hulk s'est calmé ! Je surgis devant lui : « Ça va mieux ? » Mon ton froid vise à lui démontrer :

1) que sa petite excursion ne m'a pas perturbé plus que ça,

2) que j'ai anticipé son retour et que je suis « trop balèze » comme CPE !

Surpris par mon flegme, il acquiesce. Je n'aurai pas besoin de seringue hypodermique.

De retour sur sa chaise, je lui sers un discours bien rodé sur le respect réciproque que se doivent les êtres humains et sur la nécessité d'assumer ses actes, tout ça dans le langage psycho-juridico-pédagogique hérité de mon expérience d'éducateur, de ma formation initiale et de mes années de droit. Il écoute mon message. J'ai l'intuition qu'il y sera plus sensible que Frankie. Je n'ai plus qu'à obtenir des aveux pour en avoir confirmation :

« Si tu as été viré, ce n'est certainement pas pour "rien", admets-le !

– C'est la prof qui a commencé aussi : elle m'a accusé de parler ! Alors qu'il y avait pas que moi d'abord !

– Donc tu admets que tu parlais... »

Je ne peux retenir un sourire amusé devant sa confession involontaire.

Affichant la même grimace révoltée, il quitte de nouveau mon bureau en trombe.

Je le retrouve en larmes dans les toilettes. Sa détresse est stupéfiante. « C'est toujours moi qui prends comme par hasard ! C'est toujours comme ça ! » Je le laisse se déverser. Il est convaincu que le monde entier est contre lui. Un écorché vif en effet. J'essaie de le ramener à la raison avec mon catéchisme éducatif : « On s'en fout de ce que font les autres : ce n'est pas parce que tu n'es pas le seul à mal te comporter que cela t'autorise à le faire ! Et quand un adulte te gronde, il ne te maltraite pas : il ne vise pas ta personne mais ton attitude ! Les remarques sont des cadeaux : elles impliquent que nous t'estimons capable d'intégrer des règles de vie commune et de bien te comporter en classe : tu en es capable, oui ou non ? »

Il ne pleure plus. La question l'a déstabilisé. Je la réitère. Il lâche un « oui » plein d'orgueil. Je pousse mon avantage : « Je sais que ça ne s'est pas très bien passé l'année dernière ! Maintenant, tu n'es qu'au début de ta 3e, tu peux repartir sur des bases nouvelles ! Si tu t'engages à bien te comporter, tout est possible ! » Touché par cette main tendue, il y consent du bout des lèvres. Avant de poser une condition : « Mais faut que les profs aussi fassent des efforts ! » Je redeviens implacable : ses enseignants ont une classe entière à gérer, c'est à lui de s'adapter à leur fonctionnement, pas le contraire ! Il fait la gueule mais n'a pas envie de me contrarier. Il finit par accepter le marché, avec conviction cette fois. Un mélange d'incrédulité et de reconnaissance luit dans ses yeux.

L'amertume générée par l'épisode Frankie est balayée : je viens de remettre un jeune sur les rails d'une scolarité épanouie. J'essaie de ne pas m'enflammer… mais je sens que le lien que je viens de nouer avec lui va changer la donne. La sonnerie de 11 heures retentit. Je le laisse partir à son cours suivant avec un mot d'encouragement. Pour la première fois, il me sourit.

J'en suis encore à savourer mon premier coup de maître éducatif quand Myriam, l'enseignante de SVT des 3e 1, frappe à ma porte : « T'as vu Slimane ? »

Content de moi, je lui résume l'entretien, lui garantis que « c'est arrangé », qu'« il a compris » : « J'espère une amélioration dans les prochains jours ! » Hébétée, Myriam balbutie : « Mais… tu l'as puni quand même ? »

Elle n'a pas bien écouté. Je dois être plus pédagogue :

« Ben… non : étant donné ses relations tendues avec les adultes, je me suis d'abord efforcé d'instaurer entre nous une confiance qui m'aidera à le faire progresser dans son attitude comme dans son travail. »

Elle suffoque : « C'est que… après avoir balancé par terre ses affaires et celles de son voisin, il m'a traitée d'alcoolique en me menaçant du poing. Devant toute la classe ! »

Ah.

Au nom de la loi

Septembre. Semaine 1. Jeudi. 11 h 30

Avec l'aval du principal, Chloé et moi nous sommes engagés à sanctionner d'une exclusion temporaire tout fait grave : violence physique, manque de respect caractérisé ou insultes vis-à-vis d'un adulte. Cela nous semble indispensable pour rappeler aux élèves un certain nombre d'interdits et rassurer l'équipe.

Après ma discussion avec Myriam, je n'ai pas d'autre choix que d'aller récupérer Slimane en cours pour lui signifier son bannissement.

Je suis embêté.

Je débarque en cours d'anglais de la 3e 1, m'excuse auprès de l'enseignante et invite Slimane à me suivre. Surpris mais pas mécontent de me voir, il obtempère sans faire d'histoires. Une fois dans le couloir, j'expose les faits, que j'ignorais au moment de notre première conversation, ainsi que leurs conséquences. Pensant que l'affaire était réglée, il se met en colère : « Mais elle m'avait cherché aussi ! » Je lui intime l'ordre de se calmer : son professeur ne l'a pas « cherché », elle lui a demandé de s'asseoir et de se taire. Rien qui justifie sa réaction disproportionnée. La révolte le submerge. Je lui défends sèchement de me refaire le coup du « martyr de la méchanceté adulte ». Ma fin de non-recevoir le heurte. Il accuse le coup, grommelle, finit par se résigner à son sort.

Je décroche mon téléphone pour appeler sa mère, seule adulte mentionnée sur sa fiche. Slimane se prend la tête entre les mains. Une voix fatiguée au bout du fil. Un soupir de lassitude quand je prononce le mot « collège ». Elle sait déjà de quoi il retourne. Je lui explique la situation : « Il a été très menaçant, nous devons le punir pour poser des limites claires, vous comprenez. » Je ne charge pas Slimane : je mentionne notre entretien, son sentiment d'injustice, ses réactions à fleur de peau… Elle m'interrompt : « Il est insupportable ! Il pose des problèmes tout le temps ! Faites ce que vous voulez, je m'en fous ! » Je n'ai pas le temps d'évoquer ses engagements de bonne conduite : elle me raccroche au nez après avoir précisé qu'elle refusait de venir le chercher.

J'adresse un sourire gêné à Slimane : « Tu es fâché avec ta mère en ce moment ? »

Au regard qu'il me lance, je devine que ce « moment » dure sans doute depuis quelque temps déjà. Je ne sais pas trop quoi lui dire. Je ne dis rien.

C'est en silence que nous nous rendons chez le principal.

Je résume la situation à M. Pontet. J'essaie de lui faire entendre la complexité du cas afin qu'il ne soit pas trop dur avec mon hypersensible. Il ne saisit pas le sous-texte et se déchaîne : « Je comprends votre mère ! À sa place, j'aurais réagi de la même façon ! Si la soupe n'est pas bonne ici, vous irez la manger ailleurs ! » Slimane ne proteste plus, il baisse la tête. Il a honte.

Le chef signe son papier d'exclusion : trois jours. Je le raccompagne à la vie scolaire où il va attendre midi pour être libéré. Je demande à Thomas de récupérer cours et devoirs auprès de ses camarades de classe avant qu'il ne rentre chez lui. Je constate alors l'absence de Frankie. Thomas m'informe que Fédoua l'a conduit en salle de permanence parce qu'« il ne tenait pas en place ici ». Slimane reste prostré sur sa chaise, le regard dans le vide. Je l'invite à sortir son manuel de SVT, qu'il lise au moins la leçon qu'il a manquée. Il obtempère sans conviction. Je m'interroge : est-il juste de l'exclure alors que j'ai décidé de garder Frankie dans les murs ? Ce dernier m'a pourtant gravement manqué de respect. Et de manière beaucoup moins impulsive. La différence fondamentale entre les deux affaires, c'est que Slimane s'en est pris à un prof. Nous autres CPE sommes attendus au tournant sur le soutien que nous allons apporter aux enseignants. Dans le cas de Frankie, la victime, c'est moi. Je peux donc me montrer magnanime.

Pour être tout à fait honnête, je m'épargne aussi un coup de fil pénible à une famille tout en cachant au chef d'établissement ma difficulté à cadrer un élève de 5e.

J'ai ma fierté.

À 12 h 10, je suis à la grille pour superviser ma première sortie. Les élèves externes se ruent vers la liberté. Slimane avance, tête baissée. Je lui rappelle les enjeux : il n'a pas d'autre choix que de prouver à ses profs et à sa mère qu'ils se trompent. « Tu vaux mieux que ça ! » Il a mon soutien mais personne ne peut « vouloir » à sa place. La balle est dans son camp.

Il me remercie dans un murmure triste puis prend le chemin de la cité.

Frankie passe soudain en courant devant moi, franchissant la grille sans présenter son carnet aux surveillants furax. Quelques secondes plus tard, Fédoua me tend une feuille froissée : seule la première ligne est griffonnée de trois pauvres mots illisibles.

Sa rédaction sur le respect.

La horde sauvage

Septembre. Semaine 1. Vendredi. 10 h 20

Romain est arrivé dans ce collège il y a deux ans. Enseignant de mathématiques, il est également professeur principal de la 5e 2. Ayant repéré un trou dans son emploi du temps, je l'ai invité à venir faire un point sur sa classe… et surtout sur Frankie.

Il allait justement me le proposer.

Je lui raconte mon altercation d'hier avec le zozo. Il est déjà au courant : son absence en deuxième heure de cours a été vécue comme une bénédiction par son prof de français. Mais le bénéfice de la sanction s'est arrêté là : dès son retour en classe l'après-midi, il a mis en difficulté Camille, une jeune prof d'histoire-géographie néo-titulaire. Au début de l'heure, Frankie s'est associé à un camarade, Antoine, pour en « chercher » un troisième, Al-Hassane. Au bout de deux minutes de vannes portant sur la sexualité de sa mère, Al-Hassane a craqué et s'est mis à les insulter. Camille lui a demandé de se calmer. Grand gaillard au tempérament sanguin, Al-Hassane n'a pas apprécié son recadrage : « Y m'insulte et c'est moi qui prends, comme par hasard ! » Mariama, bonne copine de l'offensé, l'a soutenu en reprochant à son professeur son manque de discernement.

Frankie a alors suggéré, non sans malice à Camille, de mieux tenir sa classe.

La 5e 2 ne va pas être simple à gérer.

Confrontée l'année dernière à une cohorte de 6e *très* remuants (même pour notre établissement), l'équipe pédagogique a essayé de séparer les meneurs au moment de constituer les quatre classes de 5e. Cela s'est révélé plus difficile que prévu. Pour des raisons d'organisation du service, les élèves ayant pris les options italien et latin ont été rassemblés dans la même classe : la 5e 3. L'effectif de cette dernière, composé par ailleurs de nos meilleurs éléments, est devenu de fait non modulable. Jonglant avec cette première contrainte, les collègues sont parvenus, après maints tâtonnements, à constituer une 5e 4 et une 5e 1 au profil « borderline » : beaucoup de bavards et quelques individualités au caractère difficile mais un niveau scolaire plutôt correct dans l'ensemble. Pour préserver ce fragile équilibre, ils ont donc décidé de ne pas les « charger » davantage… ce qui leur laissait sur les bras un trop-plein de pénibles qu'il fallait bien caser quelque part. Dès lors le « sacrifice » tacite de la dernière classe disponible : la 5e 2, était inévitable. C'est ainsi que

Frankie et Antoine, potes depuis le CE2 et séparés en 6e sur le conseil pressant de leur enseignant de primaire, furent surpris – et ravis – de se retrouver à la rentrée.

Nous devons frapper fort pour ne pas être débordés.

Le souci, c'est que notre arsenal répressif n'est pas très fourni. La sacro-sainte heure de colle est tombée en désuétude : elle paraissait inadaptée au nombre et à la gravité des incidents quotidiens. À sa place a été adopté un « système à points » dont la simplicité a eu la faveur des profs : à chaque infraction mineure, les élèves reçoivent un point. Arrivés à onze points (personne n'a su m'expliquer la raison de ce nombre précis), ils sont sanctionnés par une exclusion temporaire. Outre nos doutes sur l'efficacité et le caractère dissuasif du dispositif, nous sommes confrontés à une situation regrettable : nous n'avons pas de paliers intermédiaires entre la remontrance (ou le point) et la sanction suprême : l'exclusion.

Cependant, au dire des surveillants, si nous voulions « là, maintenant, tout de suite », rétablir l'heure de colle pour insolence, bavardage ou travail non fait, il faudrait envisager le doublement de l'effectif vie scolaire et la location d'une salle polyvalente à la mairie pour le mercredi après-midi.

Romain estime l'exclusion temporaire justifiée… mais pour qui ? Al-Hassane ou les deux zouaves à l'origine de son emportement ? Les trois et Mariama en prime pour lui apprendre à intervenir à bon escient ? De plus, si on se grille cette cartouche dès maintenant, sans gradation, on fera quoi à la prochaine incartade ? Nous décidons finalement d'y aller par étapes : d'abord menacer la classe de conséquences graves si elle ne se calme pas fissa ; en cas de récidive, virer les meneurs pour prouver que nous ne plaisantons pas. Seule notre fermeté permettra d'assurer la continuité du service public d'éducation en 5e 2.

Notre première action « coup de poing » sera une intervention dès la première heure de l'après-midi, pendant le cours de Romain. Il commencera par leur faire un topo sur les enjeux de la scolarité de 5e. Son recadrage terminé, je surgirai pour rappeler aux forces rebelles la toute-puissance de la loi.

Le plan parfait.

*

Pendant la mise en rang de 13 h 20, j'observe le rassemblement anarchique des 5e 2 qui devisent joyeusement. Ils ne savent pas encore ce qui les attend. Romain vient les récupérer. D'un hochement de tête, j'accuse réception du déclenchement de l'opération.

Comme convenu, je lui laisse cinq minutes d'avance.

Pendant mon ascension jusqu'au deuxième étage du bâtiment E, je me prépare mentalement. Arrivé devant la salle, je colle mon oreille à la porte. Romain est en train de finir son discours préliminaire : « Vous êtes partis sur de mauvaises bases. Vous devez vous reprendre et vous mettre au travail dès maintenant. Votre réussite est en jeu ! » L'auditoire semble attentif. Il les a ferrés, je vais porter l'estocade.

Ça va saigner.

Je frappe trois coups secs, entre, salue Romain, puis toise mon auditoire, implacable. La curiosité domine, teintée d'appréhension chez certains. Pas tous. Adoptant une voix de bande-annonce de thriller américain, j'attaque : « Votre classe n'a pas bien commencé l'année, c'est inacceptable. Comme je vous l'ai déjà dit, si vous posez des problèmes, vous me trouverez en travers de votre route. Nous allons protéger la majorité contre les comportements de quelques-uns qui ne respectent ni leurs profs ni leurs camarades. Soyez assurés que nous ne les laisserons pas faire ! »

Échange de sourire entre Frankie et Antoine. Je les fusille du regard. La réaction de Frankie est immédiate : « Quoi ? Pourquoi vous nous regardez ? »

Antoine ricane.

Énervé, j'arrête les fioritures : « Parce que mon discours s'adresse à vous deux en particulier ! Continuez de faire les malins et vous vous retrouverez dehors avant d'avoir pu dire "zyva" ! »

Antoine explose. Le visage cramoisi, il recule brusquement sur sa chaise et crie : « Hein ? Mais j'ai rien fait ! Il est ouf lui ! »

Frankie ricane.

Romain tente de maîtriser Antoine qui s'est levé et vitupère : « C'est bon, lâchez-moi ! J'parle même pas, j'parle même pas ! »

De mon côté, j'ordonne à Frankie de cesser de se marrer. Il s'en offusque : « Quoi, c'est bon ! On n'a plus le droit de rigoler maintenant ? »

La classe assiste à notre double messieurs, médusée.

Romain parvient à faire asseoir Antoine pendant que je m'égosille sur Frankie pour qu'il arrête de la ramener. Ils finissent par se calmer tous les deux mais le mal est fait : l'intervention est un désastre, j'ai perdu mon flegme. Je comprends mieux le coup de sang d'Al-Hassane : leur duo est d'une efficacité redoutable.

J'essaie de reprendre contenance afin de conclure de manière satisfaisante : « Vous êtes prévenus ! À partir de maintenant, toute attitude déplacée sera sévèrement sanctionnée. Ceux qui n'ont pas saisi le message auront de mes nouvelles ! »

Antoine et Frankie n'ont pas l'air plus inquiets que ça. Mariama lève un sourcil de surprise. Je ne suis pas le seul à ressentir le décalage entre mes propos fermes et l'absence de conséquences de l'incident qui les a précédés.

On avait dit qu'on y allait par étapes, on s'y tient.

Je rends la classe à Romain qui me remercie en dissimulant mal sa lassitude. Puis il invite les élèves à ouvrir leurs cahiers : ils n'ont plus qu'une demi-heure pour attaquer le théorème de Thalès.

Dans l'escalier, les mots de la proviseure de mon lieu de stage sur les « secrets » de ma fonction me reviennent en tête : « N'oubliez jamais que la "crainte" est l'outil principal du CPE. »

À l'époque, ces propos m'avaient glacé. Aujourd'hui, j'aimerais sincèrement pouvoir générer un tel sentiment.

Mais, avec certains, il va sans doute falloir apprendre à s'en passer.

L'épreuve

Septembre. Semaine 1. Vendredi. 16 h 30

Le collège est aux trois quarts vide. Il ne reste plus que quelques classes dans les murs. Dans une heure, ce sera le week-end.

J'ai survécu à la première semaine.

Je savoure cet exploit et le repos bien mérité qui va avec lorsque deux jeunes filles pénètrent dans mon bureau. Sans frapper. Sans rien dire. À vue de nez, elles sont en 3e. Je leur demande ce qu'elles veulent. La plus grande, très bien apprêtée, jean, bustier, cheveux finement tressés ramenés en arrière découvrant un visage gracieux mais hautain, s'appuie contre le mur et me regarde fixement. L'autre, beaucoup plus menue et bien moins flamboyante, semble être venue assister sa camarade dans sa démarche, quelle qu'elle soit. Elle ne peut retenir un gloussement gêné. J'insiste : « Oui ? C'est pour quoi ? » La grande continue de me toiser en silence. Un sourire goguenard lui mange le visage. Je répète ma question, trois fois. En vain.

OK, j'ai compris : c'est encore un test.

Soupir.

L'approche est différente de celle des garçons de 3e 2 mais l'intention est la même : éprouver mes limites. Je ne vais pas tomber dans le piège. Puisqu'elles n'ont rien à me dire, je les prie calmement de sortir : « J'ai à faire, vous reviendrez quand vous serez décidées à me parler. » Elles ne bougent pas. La grande m'observe comme si j'étais un insecte : mes ordres, elle s'en tamponne.

L'impact sur mon ego est terrible mais je ne veux pas que cela se voie. Augmentant ma fermeté d'un cran (d'un cran seulement), je leur demande à nouveau de sortir de mon bureau. Une fois. Deux fois. L'effet reste nul. L'une persiste à me scruter d'un air amusé, l'autre à produire son ricanement embarrassé.

Je commence à m'énerver : « Vous cherchez quoi, là ? Des ennuis ? Continuez comme ça, vous allez les trouver ! » La copine, de moins en moins à l'aise, fait mine de tourner les talons. La meneuse reporte un instant son attention sur elle : « Reste là ! » L'ado se fige aussitôt, revient sur ses pas. Ayant obtenu gain de cause, l'autre peut reprendre son activité : me signifier son mépris silencieux.

C'est la goutte d'eau.

Je m'emporte : « Je n'ai pas que ça à faire, si vous avez du temps à perdre en bêtises, ce n'est pas mon cas donc vous sortez de mon bureau TOUT DE SUITE ! »

Mon cri se dissout dans l'air. Je ne récolte qu'un grand éclat de rire. En retrait et de plus en plus mal à l'aise, la copine est coincée : elle reconnaît en moi une figure d'autorité, certes…, mais qui ne pèse pas bien lourd face à sa redoutable amie. Exaspéré, j'accepte l'affrontement et pose la main sur son épaule pour la pousser dehors. Elle se dégage : « Me touchez pas ! » Je retire ma main mais continue de hurler : « Je fais ce que je veux, maintenant tu arrêtes ta provocation si tu ne veux pas te retrouver exclue toute la semaine prochaine ! » Nouveau rire… Puis, d'un geste de la tête, elle invite sa comparse tétanisée à la suivre. Elle quitte mon bureau. Mais uniquement parce qu'elle l'a décidé. Sur le trajet qui les mène vers la sortie, j'entends le commentaire cinglant de ma nouvelle camarade de jeu : « V'là le bolosse ! » Suivi de son rire désormais familier.

Je viens de faire la connaissance de Diénéba.

Vocabulaire

Septembre. Semaine 2. Lundi. 12 heures

Claude est le doyen de la salle des profs. Agrégé de sciences et vie de la terre, cela fait trente ans qu'il est au collège. Il a survécu grâce à un détachement salvateur et à son investissement dans un atelier scientifique qui initie les élèves volontaires aux mystères de l'univers. Claude est une légende vivante : il a réussi à faire de la photosynthèse un sujet de conversation à la récré.

Claude est surtout le professeur principal de la 3e 3 dont fait partie Diénéba. J'ai pris mon courage à deux mains : profitant d'un trou dans son emploi du temps, je suis venu le trouver dans sa salle – j'étais ainsi sûr que nous serions seuls – afin de lui décrire la façon dont elle m'avait traité avant le départ en week-end… et obtenir le mode d'emploi pour le phénomène.

Il ne sait pas trop quoi me dire.

Diénéba est une élève de niveau moyen qu'il a déjà eue en 4e. Elle ne perturbe pas les cours et ne fait pas partie des « cas difficiles ». Il n'a jamais eu de problèmes avec elle. Devant mon désarroi, il concède qu'elle peut avoir un côté « intimidant ». La mort dans l'âme, j'en conclus qu'elle a tout simplement décidé, comme beaucoup de ses camarades en ce début d'année, de jouer avec les nerfs de son nouveau CPE.

Claude me sent miné, il compatit. Toujours obsédé par le risque de ne pas être crédible, je décline toute aide : « Ça va aller. » Je me vois mal lui faire une requête du style : « Tu peux lui demander d'arrêter de m'embêter ? » Je change de sujet pour ne pas trop lever le voile sur mon état semi-dépressif :

« Sinon, ça veut dire quoi, "bolosse" ? »

La question illumine son visage. Il me livre une définition complète du terme : un bolosse est un ringard, un naze, un minable. Par extension : un premier de la classe. J'oscille entre la fascination pour la précision de sa réponse et l'amertume : cela confirme la haute estime dans laquelle me tient Diénéba. Passionné par le sujet, Claude poursuit son cours de langue, m'éclairant sur la richesse du dialecte haut-montreuillois : un mélange d'argot, d'arabe et de gitan, dont tout bon professionnel doit posséder les rudiments. Il a même élaboré un lexique dont il me confie une copie (il en a toujours une dans son sac). D'après lui, « ça me détendra ».

Pas sûr que comprendre tout ce que me disent les élèves me redonne la pêche.

En même temps, je suis curieux de savoir ce que veut dire : « Rodave l'autre narvalo, y croit trop qu'il a le mort avec ma racli ! »

Un premier exercice de travaux pratiques se présente peu après la sonnerie de midi. Un élève vient me signaler une « kourave » dans la cour. Trente secondes plus tard, Fédoua m'amène deux élèves de 4e, Driss et Abdel, qui se sont battus. D'accord : kourave = bagarre. Je les invite à m'exposer les raisons de leur coup de sang.

Abdel : « C'est Driss qui m'a chicané ! Il a dit que ma daronne avait un gros boule, ce narvalo ! »

Driss : « Sale poukaveur ! »

Abdel : « Zyva ! Ferme ta mouille ou je te marave ! »

Driss : « C'est bon, je faisais crari ! En plus c'est lui qu'avait commencé en me traitant de rabouin, zynda ! »

Abdel : « Il est beau, lui ! V'là le mytho ! Sur le Coran de La Mecque, je suis égaré ! »

Saisissant mon lexique, je décrypte :

Selon Abdel, Driss lui a cherché querelle (*m'a chicané*) : il a prétendu que sa mère (*daronne*) avait un imposant postérieur (*boule*), fou (*narvalo*) qu'il est !

Agacé, Driss a traité Abdel de rapporteur (*poukaveur*).

Abdel l'a sommé de fermer sa bouche (*mouille*) s'il ne voulait pas qu'il le frappe (*marave*).

Pour sa défense, Driss a assuré qu'il plaisantait (*faisait crari*) et ne faisait que répondre à Abdel, coupable de l'avoir traité de gitan (*rabouin* : à éviter avec un vrai gitan…).

Zynda, simple interjection, ne visait qu'à souligner la révolte de Driss face au culot d'Abdel.

Partageant son sentiment d'injustice, Abdel a reproché à son adversaire d'exagérer (*il est beau, lui*) voire d'être un fieffé menteur (*mytho*). Enfin, il m'a certifié sur ce qu'il y a de plus sacré (*le Coran de La Mecque*) son écœurement face à la situation (*je suis égaré !*).

Fort de ma compréhension de la situation, j'en conclus que les torts sont partagés : ils seront tous les deux punis. La sentence provoque une brève reprise des hostilités :

« Je vais te marave, enculé !

– Va te faire bouyave, sale trimard ! »

J'abrège les échanges d'un ton sec. Un instant je suis tenté de lâcher : « Fermez vos mouilles sinon j'appelle vos darons ! À partir de maintenant, plus d'embrouilles jusqu'à ce qu'on aille kryave. »

Je m'abstiens et m'exprime en français courant.

S'ils savaient que je maîtrise leur langage secret [1], ils seraient « égarés ».

1. Le lexique complet se trouve à la fin de l'ouvrage.

Le pôle culturel

Septembre. Semaine 2. Jeudi. 12 h 30

Mes perspectives de vie professionnelle me minent. Je vais passer mon existence à vider un hall, à mettre des élèves en rangs, à organiser leur passage à la cantine, à sermonner les classes « infernales », à me battre contre les trente gamins les plus pénibles du bahut.

Au secours.

Avant la rentrée, j'avais envisagé de reproduire le club « bande dessinée » que j'avais animé pendant mon année de stage : il avait été source de grande satisfaction. Il pourrait mettre un peu de joie dans mon quotidien morose.

J'en ai parlé à notre professeure documentaliste ce matin. Le désintérêt avec lequel elle a accueilli l'idée a douché mes ardeurs : elle n'aurait pas réagi autrement à une proposition d'atelier mytiliculture.

La bédé, ça n'a pas l'air d'entrer dans ses cases. Un CPE qui lui parle lecture, non plus. Enfin, à deux ans de la retraite (la veinarde), les projets impliquant la présence additionnelle d'élèves dans son centre de documentation et d'information (CDI) ne semblent pas soulever son enthousiasme.

Dépité, je suis retourné dans mon bureau pour voir si je n'avais rien de plus intéressant à faire, comme saisir une absence sur mon ordinateur ou engueuler un élève exclu de cours.

Il n'a pas fallu grand-chose pour me faire renoncer : je n'ai déjà plus le feu sacré. Trop de bordel à affronter, je n'aurai de l'énergie pour rien d'autre.

La mort dans l'âme, je me rends au réfectoire.

Je retrouve un peu le moral devant le sourire d'Olivier, notre chef cuistot. Contre toute attente, la cantine est *le* point fort du collège. Olivier aime son boulot, il aime travailler avec et pour des enfants, et fait de la très bonne cuisine. Le jour de la prérentrée, le repas qu'il nous a servi a détruit tous mes *a priori* sur la restauration scolaire : crudités *fraîches* puis délicieuse assiette mêlant ratatouille, friand de pommes de terre et poisson *pas* pané. Après ça, on lui aurait pardonné un petit-suisse périmé au dessert : il nous a achevés avec des profiteroles au chocolat du tonnerre ! Tous les « nouveaux » comme moi en ont momentanément retrouvé le sourire : quoi qu'il advienne, au moins on allait bien manger !

Aujourd'hui, c'est rôti de bœuf et gratin de courgettes. Ça a l'air bon mais je n'ai pas très faim.

Dans la salle réservée aux adultes, je vais me blottir contre l'épaule accueillante de Claude, sa promesse de soutien dans ma gestion du « cas Diénéba » et son aide dans mon apprentissage du dialecte local ont fait de lui une figure paternelle réconfortante.

Je lui confie mes états d'âme. Il tente de me requinquer, me rappelle que ce n'est qu'un boulot, que la vraie vie est ailleurs : j'habite à deux pas de Paris, la Ville lumière, le monde m'appartient. Mais pour moi, aujourd'hui, le monde est gris, bruyant, cerné par des grilles. Je lui fais un compte rendu amer de ma rencontre avec la documentaliste et de mon renoncement à toute « action culturelle ».

Un bruit de chaises entrechoquées retentit à l'autre bout de la table.

Il a été provoqué par les mots « action culturelle ». Jean-François, le prof de musique, se précipite vers moi : « T'es un mec cultivé ? Rejoins-moi ! On va faire des trucs terribles ensemble ! » Son ton ne laisse aucune place à un quelconque contre-argument.

Jean-François est un phénomène.

La quarantaine, sourire jovial et le « bonjour » percutant. Chloé et moi l'avons découvert pendant la semaine administrative. Il était venu nous saluer dans les locaux de la vie scolaire… avant d'aller voir le principal pour lui remettre sa démission. Devant notre air stupéfait, il nous avait expliqué sa décision. En juin dernier, Jean-François avait organisé la fête du collège dans le stade voisin. Avec spectacle de chorale, musiciens et tout le toutim. Un « truc énorme »... gâché par l'agression dont il avait été victime : à l'issue de la représentation, un ancien élève devenu « caïd » lui avait vidé une bombe lacrymo dans les yeux avant de le rouer de coups. Dégoûté et traumatisé, Jean-François avait eu le sentiment de n'avoir pas été soutenu par l'institution : il voulait « marquer le coup » en plaquant tout.

Finalement, il était repassé un quart d'heure plus tard pour nous dire qu'il était content de voir de nouveaux CPE et qu'il serait ravi de travailler avec nous cette année. Car il avait changé d'avis, il ne démissionnait plus ! Vider son sac dans le bureau du chef – et obtenir ses excuses et la garantie de son soutien – avait suffi.

Je le regarde, subjugué : ce type a des facultés de récupération étonnantes. Il me convie à assister à la réunion plénière du foyer : toutes les activités culturelles proposées par l'établissement y seront présentées. Chloé m'en avait parlé mais, perdu dans mes sombres pensées, j'avais oublié : c'est aujourd'hui à 12 h 45.

Dans deux minutes donc.

Je me redresse sur ma chaise. L'espoir renaît. Il a reconnu en moi un amateur d'arts prêt à participer à l'ouverture culturelle de nos jeunes. Je fais le deuil de mes vingt minutes de pause post-repas et engloutis mon dessert avant d'emboîter le pas de mon nouveau mentor.

Dans le réfectoire, Jean-François signale l'imminence de la réunion aux élèves. Il vide la moitié des tables en cinq minutes : un véritable meneur d'hommes ! Nous empruntons l'escalier et débouchons dans un hall étonnamment vide.

Où sont-ils tous passés ?

J'ai la réponse en arrivant en salle de permanence : une bonne centaine d'élèves, de tous niveaux, tous âges, y sont entassés. Je repère Chloé et Fédoua, notre aide-éducatrice « culture », ainsi que Marine, une jeune prof de français en poste depuis trois ans. Je me fraie un passage dans la foule pour les rejoindre. Jean-François vient se placer au milieu de la pièce, guitare à la main, ampli au pied, entouré de ses musiciens : des élèves affectés à un piano électrique, une basse, une flûte traversière et une bonne dizaine de djembés et congas. Parmi eux, le commando de 3e 2 qui a envahi mon bureau le jour de la rentrée.

Même eux, il les a dans sa poche.

Il obtient le silence grâce à trois accords bien sentis (la classe !), salue l'assemblée et entre dans le vif du sujet : les différents clubs dans lesquels seront travaillés les spectacles de la fête de fin d'année. Les rangs frémissent d'excitation. Il donne la parole à Fédoua : prof de hip-hop à la « maison des jeunes » de la cité, elle propose d'animer un atelier similaire sur le temps de demi-pension. Je jette un œil interrogatif à Chloé qui me rassure aussitôt : elles en ont parlé, l'atelier se tiendra le jeudi, jour où notre effectif est le plus fourni.

Si Chloé est d'accord, alors tout va bien.

Sont également mentionnés le club cuisine encadré par Olivier, notre cuistot, et le club capoeira[1], assuré par un intervenant extérieur financé par le foyer.

Jean-François termine par le club qui l'a fait entrer dans la légende : la chorale. Jouant des débuts de mélodies à la guitare, il égrène ses propositions de répertoire pour la saison à venir : « *No Woman No Cry* » de Bob Marley puis « Un soir de pluie » de Blues Trottoir (un obscur groupe des années 1980). S'il accepte le débat sur ces deux premières propositions, il est intraitable sur « Musique » de Michel Berger, immortalisé par France Gall. Ça ne moufte pas dans les travées. Même mes zouaves de 3ᵉ 2 semblent valider sa sélection. Assis dernière une grosse conga, Achour, « l'avocat » rigolard de la bande, commente sans malice les suggestions avec son voisin de djembé qui n'est autre que Temba, le « break-dancer » qui m'avait suggéré de rester « cool » le jour de la rentrée.

Toutes les vedettes sont là.

Jean-François ayant obtenu *quitus* sur sa direction artistique, il en vient aux consignes d'organisation. C'est du lourd. La chorale se réunira les lundis et les mardis sur le temps de midi. Une carte de cantine spécifique permettra aux membres de passer en priorité au réfectoire. Chloé et moi échangeons un regard perplexe : cette fois, même elle n'était pas au courant. Nous n'avons pas le temps de questionner

1. Art martial brésilien pratiqué à l'origine par les esclaves.

Jean-François sur ce sujet : la sonnerie de 13 h 20 retentit. Il est temps de mettre fin à la réunion pour que tout le monde rejoigne les rangs.

Fédoua prend une minute pour faire circuler une liste d'inscriptions au hip-hop sur laquelle se ruent Laura et ses copines.

Marine, la collègue de français, me fait part de son enthousiasme : elle trouve formidable que des mecs comme Jean-François se bougent pour faire vivre les activités périscolaires. De son côté, elle a envie de monter un atelier théâtre. Ne voulant pas être en reste, j'évoque mon projet avorté de promotion de la bande dessinée. Elle hausse les sourcils : « Qu'est-ce qui t'empêche de le faire ? » Dans un petit sursaut d'orgueil, je lui assure que je n'abandonne pas. Je préfère juste attendre quelques semaines pour mieux évaluer le temps que me laisse la gestion du désastre disciplinaire ambiant. Elle comprend. Puis elle me demande si, « à ce propos », nous pourrions nous voir dans l'après-midi : professeure principale des 5e 4, elle a quelques soucis avec sa classe.

Soupir.

Le choc des titans 1

Septembre. Semaine 3. Mardi. 11 h 30

Rien ne va plus entre Jérémy et Fatoumata.

À l'issue de la réunion du foyer, Marine m'a alerté sur la grave incompatibilité de caractère entre ces deux élèves de 5e 4. Leur relation est électrique. Comme elle estimait que cela restait « gérable en classe », j'ai pensé qu'on avait le temps de voir venir.

J'avais tort.

Une élève est venue me chercher à sa demande : « Faut qu'vous veniez, c'est urgent, m'sieur ! »

Débarquant en cours de français, je découvre Fatoumata assise au premier rang, le visage inondé de larmes, furieuse. Au fond de la classe, Jérémy prostré sur sa chaise, en larmes lui aussi, désespéré. Marine me résume les dix minutes précédentes : Fatoumata a voulu « maraver » Jérémy. Marine l'en a empêchée *in extremis*, ce qui n'a fait que renforcer la colère de Fatoumata : elle n'a pas supporté que la prof l'empêche de « lui fermer sa grande bouche » ! Comme il reste un quart d'heure de cours, je propose d'emmener les belligérants discuter de tout ça dans mon bureau. Marine n'aura qu'à nous rejoindre à la fin de l'heure pour le bilan.

Jérémy est un élève « atypique ». Depuis l'école primaire, il plonge ses enseignants dans la plus grande perplexité. D'un niveau scolaire « préoccupant », il est gentil, vif… mais aussi très volubile. Curieux de tout, il interrompt les cours sans arrêt pour évoquer ses multiples sources d'intérêt : le résumé du film de la veille, les mangas, la géopolitique du Proche-Orient, le dossier de fond du dernier *Tuning Magazine* ou la cuisine, le tout bien entendu sans se soucier de leurs liens avec l'enseignement dispensé. Il a ainsi déstabilisé son prof de SVT en lui affirmant que le « Kaméhaméha » (une boule d'énergie destructrice) générée par Sangoku dans le manga *Dragon Ball*, « c'est possible ! » : il suffit de bien se concentrer pour rassembler son « chi ».

L'équipe ne saurait dire s'il est génial ou complètement à l'ouest. En attendant, elle ne sait pas trop comment le prendre : dès qu'on lui demande de se taire et de se concentrer sur le sujet du moment, Jérémy le vit mal. Il boude, geint, pleure.

C'est quelque chose, Jérémy.

En tant que professeure principale de la classe, Marine se sent investie de la mission de trouver la meilleure tactique pour travailler avec lui et améliorer ses résultats. Depuis la rentrée, elle a tenté de valoriser ses (rares) propos *en lien direct* avec ses séquences et d'ignorer tous les autres. Elle espère que, ainsi, il réduira son débit verbal et se concentrera sur l'essentiel. Pour l'instant, le résultat n'est pas très probant : elle dépense beaucoup d'énergie pour le canaliser, Jérémy persiste à bouder… et la « patience » dont elle fait preuve est loin d'être partagée par tous.

À commencer par Fatoumata.

Du strict point de vue académique, Fatoumata est une très bonne élève. Mais elle a aussi son petit caractère. Très à cheval sur la notion de « justice », elle a déjà défrayé la chronique en 6e par ses prises de parole contestataires : elle ne supporte pas les remarques des enseignants si elle les estime injustifiées. En cas de désaccord avec elle sur un point de droit, mieux vaut avoir des arguments en béton armé. Partisane d'une égalité républicaine stricte, Fatoumata a beaucoup de mal avec la pédagogie différenciée dont bénéficie Jérémy en cours de français.

Marine tente donc depuis le début de l'année de maintenir l'équilibre entre la sécurité affective de Jérémy et l'exaspération grandissante de Fatoumata. Je l'avais invitée à me les envoyer si les symptômes s'aggravaient.

Elle n'en a pas eu le temps.

Assis dans mon bureau, Jérémy sanglote tandis que sa rivale fixe le mur en contenant sa rage. Après un discours sur la maîtrise de soi, les règles de comportement en collectivité et l'interdiction de casser la gueule à quiconque, je lui demande d'expliquer son geste. Elle ne desserre pas les dents. Face à ce mutisme buté, je décide d'attendre la fin de l'heure et le renfort de Marine pour tenter de relancer la discussion.

Jérémy et moi accueillons la sonnerie avec soulagement, la présence de Fatoumata rendant l'ambiance plutôt pesante.

Deux minutes plus tard, Marine nous rejoint et me demande si on a « avancé ». Un rapide coup d'œil à Fatoumata douche ses espoirs. Sur un ton pédagogue, elle lui rappelle que c'est aux adultes de gérer les problèmes de discipline dans la classe, pas à elle. Cette affirmation sort la jeune révoltée de son silence : « Les adultes, ils tiennent pas leur classe ! Lui, il soûle, il parle tout le temps, il arrête pas de mettre le dawa[1] et personne fait rien ! On dirait que les profs ils ont peur de lui ! » Marine est prise de court par cette attaque : « Mais non… pas du tout ! » Fatoumata produit un bruit de bouche très désagréable, mélange de succion et de claquement de langue sur le palais communément appelé « tchip ». « C'est ça, ouais ! » ajoute-t-elle. J'entre dans la danse : « Ça suffit ! Tu n'es pas habilitée à faire la loi en cours, ton comportement est inadmissible ! Et si tu veux que ta parole soit prise en compte par les adultes, il va déjà falloir que tu apprennes à mieux nous parler ! » Elle se referme aussitôt. Secoué par un nouveau sanglot, Jérémy renifle. Fatoumata le transperce d'un regard haineux. J'appelle un

1. Bazar.

surveillant : je préfère l'exiler vers la vie scolaire avant qu'elle ne lui décoche un uppercut. Avant son départ, je lui en remets une couche : sa prof et moi allons nous concerter afin de sanctionner son attitude.

Elle nous gratifie d'un nouveau « tchip ».

Restés seuls avec Jérémy, nous abordons le sujet qui fâche : il doit comprendre que sa prise de parole anarchique perturbe les cours. Cela peut agacer ses enseignants… comme les autres élèves. Il doit se souvenir qu'il n'est pas seul en classe. Malgré mes précautions oratoires, Jérémy se remet à vagir : « C'est pas de ma faute si je participe, quand même ! » Sa sincérité éplorée m'arrache un sourire involontaire. Marine lui rappelle les règles établies en cours : lever la main, attendre qu'on l'interroge, donner des réponses en lien avec les questions posées *et rien d'autre*. Si jamais elle ou un de ses collègues ne lui donnent pas la parole, ce n'est pas pour l'embêter, c'est parce qu'il a vingt-quatre camarades qui méritent tout autant leur attention. Jérémy baisse la tête, abattu d'être incompris. Notre argumentaire n'a pas fait mouche.

Je lui demande de nous attendre à l'extérieur du bureau pendant que nous délibérons.

Marine propose une sanction symbolique pour Fatoumata : travail supplémentaire et appel informatif à la famille (dont elle veut bien se charger). Une exclusion temporaire serait envisageable mais Marine plaide pour du sursis : malgré mes dénégations, elle se sent un peu responsable de ce qui s'est passé. Elle veut tester le dialogue avant de passer à l'artillerie lourde.

En ce qui concerne Jérémy, elle pense avoir détecté derrière ses innombrables « digressions » une vraie envie d'apprendre et de bien faire. Elle veut l'encourager. Mais il faut aussi prendre en compte les autres élèves, Fatoumata et le reste de l'équipe lassés de ses interventions chaotiques. Je lui propose d'organiser une rencontre avec Sabine, l'assistante sociale du collège, et les parents. Tous les renforts seront les bienvenus dans notre quête de solutions pacifiques.

Vu les caractères en présence, je ne suis pas sûr que le *statu quo* tienne éternellement.

Le nouveau

Septembre. Semaine 4. Lundi. 8 h 30

Le nouveau principal adjoint vient d'arriver dans nos murs. M. Moreau est proche de la retraite. Il a fait beaucoup de coopération dans des établissements français en Afrique et une bonne partie de sa carrière dans les DOM-TOM. C'est son premier poste en métropole depuis longtemps. Il n'était pas enthousiaste à l'idée de se coltiner le climat glacé du Nord-Est parisien mais des raisons familiales l'ont poussé à renoncer au soleil des tropiques.

La cérémonie d'accueil est brève : toujours accaparé par ses problèmes d'emplois du temps, M. Pontet fait des présentations succinctes et sans chaleur. Sympathique et souriant, M. Moreau propose de le sauver du *burn-out* en lui filant un coup de main. Le chef refuse son aide en le gratifiant d'un de ses grognements qui invitent à ne pas insister.

Nous répondons à son regard surpris par une moue désolée.

Farah, toujours aussi morose, surgit de son secrétariat et nous annonce une inscription d'élève en 5e. Le chef retrouve le sourire et se tourne vers son nouveau bras droit : « C'est pour vous ! » À l'instar des CPE, les deux têtes de l'exécutif se sont partagé les niveaux : les 6e et les 3e pour le principal (entrants et sortants du bahut), les 5e et les 4e (le tronc central) pour l'adjoint. Je propose d'aller chercher la famille et de les recevoir avec lui.

Farah me tend le dossier. L'élève s'appelle Haroun. La famille vient d'emménager dans le quartier. D'après elle, c'est une histoire « étrange ».

Assis entre ses deux parents, Haroun fait la tête. M. Moreau lui demande où il était inscrit avant leur arrivée. Il garde le silence. Le père répond à sa place : « On vient de déménager, Haroun doit être inscrit au collège. » Comme cela ne répond pas à la question, M. Moreau insiste. Le père se mord les lèvres puis finit par lâcher : « À Bagnolet. Dans un établissement difficile aussi ! » La mère secoue vigoureusement la tête pour confirmer. Un peu surpris par leur fébrilité, l'adjoint sort les bulletins de 6e du dossier. Il blêmit. Les parents s'affaissent sur leurs chaises.

C'est catastrophique.

Pas une note au-dessus de la moyenne, des comportements « alarmants » signalés dans chaque discipline. M. Moreau interroge Haroun : qu'a-t-il à dire pour sa défense ? Le garçon le fixe d'un air morne. La mère se met à l'invectiver en arabe. Haroun lève les yeux au ciel. Le père tente de nous rassurer : leur fils veut bien faire, il va être sage « maintenant ». « C'est un bon petit », ajoute la mère. L'adjoint veut que le « bon petit » réponde en personne : « Alors, Haroun, tu vas être sage à l'école, tu vas te mettre au travail ? » Haroun murmure un « oui » à peine audible. La mère hausse le ton. Haroun lâche un « oui ! » excédé.

La mère est heurtée, le père soupire. Tous deux semblent très fatigués.

M. Moreau ne lâche pas l'affaire : « Tu vas être sage ? Tu le jures sur le Coran, wallaï ? » Je me tourne vers lui, interloqué : il semble avoir gardé quelques habitudes éducatives de ses séjours africains. Il répète plusieurs fois sa question jusqu'à ce que Haroun, poussé à bout, jure enfin sur le Coran (wallaï !) qu'il se tiendra à carreau. Ayant obtenu gain de cause, l'adjoint met fin à l'entretien. Les parents vont remplir les formalités administratives avec Farah et Haroun devra se présenter le lendemain à 9 heures pour intégrer sa classe d'affectation.

Une fois le trio parti, je renonce à faire part à M. Moreau de mes réserves sur son utilisation pédagogique du Coran. Un sujet plus épineux nous attend : dans quelle classe mettre Haroun ? Il ne fait ni italien ni latin et ne peut donc pas aller en 5e 3. La 5e 1 et la 5e 4 comptent déjà 25 élèves, ce qui est la limite haute fixée en ZEP.

Reste donc la 5e 2 : le repaire des terreurs.

Pour compenser son « casting » désastreux, l'équipe a limité son effectif à 21 élèves. Elle n'en est pas plus simple à gérer mais la logique administrative s'en moque : puisqu'elle est la seule où « il reste de la place », elle est qualifiée automatiquement pour accueillir tout nouvel arrivant. Haroun va donc se joindre à la bande de Frankie et Antoine. J'ai hâte d'apprendre la bonne nouvelle à Romain.

M. Moreau tient à me rassurer : il en a « maté » des plus durs.

Mais l'avenir nous diras que des « comme Haroun », il n'a pas dû en rencontrer des caisses…

La somme de toutes les peurs

Septembre. Semaine 4. Jeudi. 9 h 30

Trois jours après l'arrivée d'Haroun, Romain entre dans mon bureau pour faire un point sur sa classe.

Il n'est pas content.

Au début, Haroun est resté dans son coin sans participer à l'agitation de la classe. J'ai failli croire aux vertus pédagogiques des serments sur le Coran, wallaï ! Malheureusement, il n'a pas fallu longtemps pour qu'il se mette à participer au dawa. Et pas qu'un peu.

Les profs de la 5e 2, pourtant aguerris, n'ont jamais été confrontés à un truc pareil.

Même Antoine et Frankie ont été surpris. La phase d'observation terminée, Haroun a montré son vrai visage : il est complètement « narvalo » ! Son comportement n'obéit à aucune règle rationnelle. Pour lui, la vie semble être une vaste blague, et n'importe qui, adultes et élèves confondus, peut être la cible de son humour particulier. À son dernier cours de maths, il a interpellé Romain d'un chaleureux : « Hé, m'sieur, je vais vous casser la tête, crari[1] ! » suivi d'un rire rafraîchissant. Pas un élève n'a ri plus fort que lui aux blagues ou aux provocations de Frankie ou Antoine, rapidement tombés sous le charme.

Les plaintes se sont mises à affluer à chaque heure et de toutes parts. Romain est démuni… et très agacé qu'on lui ait balancé ce zigoto dans les pattes alors qu'il n'était même pas sûr de dompter la 5e 2 d'« avant Haroun ». Il a demandé audience auprès de la direction. Les deux chefs l'ont reçu hier en fin de matinée. Ils l'ont assuré de leur « compréhension » tout en rappelant aussitôt les contraintes d'effectifs : pas question de revenir là-dessus. D'autant plus que M. Pontet s'est dit convaincu de la capacité de Romain à mettre « tout ce petit monde » au travail.

Il va falloir plus que des mots pour l'apaiser.

Je l'assure de tout mon soutien : que lui et ses collègues n'hésitent pas à m'envoyer Haroun dès qu'il passe les bornes. De mon côté, je vais lui parler, le recadrer, convoquer ses parents. S'il ne veut rien entendre, il sera viré. Je promets à Romain qu'on va lui « calmer sa joie » ! Il me remercie du bout des lèvres : il attend de voir.

10 h 10. Dix minutes et une récréation plus tard, je fais mettre les élèves en rang dans la cour avant la montée en classe. Quelqu'un me tape sur l'épaule.

---

1. Je plaisante.

Quand on parle du loup… Haroun.

Hilare, il me demande comment je vais. Piqué au vif, je réplique que nous ne sommes pas copains. Sa bonne humeur n'en est pas atteinte. Je lui résume ma conversation avec son professeur principal sur son attitude en rupture avec les engagements qu'il a pris devant l'adjoint, sur le Coran wallaï qui plus est ! Il garde le silence un instant puis pousse soudain un hurlement de forcené sans se départir de son sourire.

Il conclut sa vocalise par « crari » pour me rappeler que tout ça – bien sûr –, c'est pour rire !

10 h 30. Trois jours après notre première rencontre, ses parents sont de retour dans le bureau de M. Moreau.

Nous n'y allons pas par quatre chemins : leur fils « pose problème ». Aucune surprise de leur part, ils sont juste un peu plus abattus que la dernière fois. L'entretien est édifiant : ils partagent notre impuissance. « Nous aussi, il nous fatigue ! » Haroun est sombre : seule la présence de ses parents semble en mesure de « calmer sa joie ». De notre côté, nous nous en tenons à notre doctrine de la « dernière chance » : à la prochaine incartade, il sera exclu. La mère devient livide : « Vous voulez dire… le renvoyer à la maison ? » La perspective la terrifie. Paniquée, elle nous promet aussitôt qu'il va changer, qu'il va se calmer. Elle lui parle en arabe, il répond sur le même ton exaspéré. Sans que l'adjoint lui demande quoi que ce soit, il jure de nouveau « sur le Coran wallaï ! » : « J'ai compris, je vais arrêter, zynda ! » Les parents nous remercient de notre patience et s'enfuient vers la grille avant que nous ne changions d'avis.

Restés seuls avec leur fils, nous insistons une nouvelle fois sur les enjeux de sa scolarité et les limites de notre patience. Un changement perceptible s'opère sur son visage. La morosité disparaît, l'œil se rallume, le sourire revient : il est en train de repasser en mode « narvalo ». Je comprends mieux la précipitation de ses géniteurs : ils savent leurs facultés à le calmer très limitées dans le temps.

Le plus terrible, c'est que nous ne sentons pas de malignité chez lui : il est juste content d'être ici, il adore ses nouveaux camarades, ses profs, son CPE et son principal adjoint. Pour Haroun, le collège, c'est l'éclate !

La sonnerie retentit : une nouvelle heure de cours va commencer. Je l'avertis une dernière fois : au moindre écart, il dégage ! Il a fait une première impression désastreuse, il n'a plus le droit à l'erreur. Il bondit hors du bureau en beuglant : « J'ai compris. »

Pas question pour lui de rater son cours d'histoire-géographie.

Qu'est-ce qu'on va faire de lui ?

Gisèle

Septembre. Semaine 5. Mardi. 12 h 05

Gisèle débarque dans mon bureau, à la fois furieuse et bouleversée.

« On » vient de lui cracher dessus.

Ça s'est passé dans l'escalier. Elle a entendu à l'étage supérieur le rire tonitruant des 3e 2 qu'elle avait en cours juste avant. Selon elle, cela signe le forfait. Elle sollicite mon intervention, en urgence : « On peut pas laisser passer ça. Sinon c'est foutu ! » Elle veut savoir ce que je compte faire.

Je n'ai pas encore la réponse.

Gisèle est professeure d'arts plastiques depuis une quinzaine d'années. Elle a commencé sa carrière dans un établissement plutôt tranquille de Seine-et-Marne mais, il y a deux ans, par envie de se rapprocher de Paris, elle a demandé sa mutation à Montreuil. Elle a atterri dans notre collège. Pas très loin de Paris, certes, mais à des années-lumière des conditions de travail de son poste précédent.

Elle a vite regretté sa démarche.

Circonstances aggravantes, elle enseigne une des matières les moins considérées par l'institution. Ayant traité dans mon mémoire professionnel de «l'action culturelle et [des] pédagogies de l'imaginaire» (défense de rire !), j'ai fait l'amer constat que – malgré les beaux discours sur l'«ouverture culturelle» et l'épanouissement des élèves – les matières artistiques, tout le monde s'en fout ! Il n'est pas rare d'entendre en conseil de classe des commentaires du type: «OK, cet élève a la moyenne, mais il faut prendre en compte un 18 en arts plastiques qui fausse la donne.» L'éducation physique et sportive et la musique sont habituellement logées à la même enseigne mais les choses sont un peu différentes ici: l'EPS jouit d'une forte attractivité car de nombreux garçons rêvent de devenir sportifs professionnels (footballeurs si possible) ; quant à la musique, l'énergie déployée par Jean-François autour de sa chorale lui octroie une aura non négligeable.

Moins performante en communication, Gisèle enseigne donc une matière dévalorisée. Et pas que par les élèves.

Il y a un dernier souci: sa manière de gérer ses classes ne lui facilite pas la tâche.

Au début des cours, les élèves sont très agités et peu attentifs: toute consigne donnée trop tôt risque de se perdre dans le brouhaha des premières minutes. L'enseignant doit donc «donner de la voix » pour obtenir le calme et répéter ses attentes. Le degré de concentration de certaines classes étant assez bas, il n'est pas rare que deux ou trois élèves redemandent « ce qu'il faut faire » alors que le reste de l'effectif est déjà en train de bûcher (« ce qu'il faut faire » ayant déjà été exposé trois ou quatre fois). Ça peut vite être agaçant. Les réactions du professeur divergent selon les caractères : sidération, hurlements, déprime. La plupart réprimandent les élèves inattentifs et répètent une ultime fois la consigne en espérant que tout le monde aura enfin saisi.

Histoire de préserver ses nerfs, Gisèle a décidé de procéder autrement : elle demande *une seule fois* aux élèves de s'installer dans le calme puis expose *une seule fois* le travail à faire dans l'heure. Elle se mure ensuite dans le silence, ignorant ceux qui ont préféré finir leur conversation de récré plutôt que de lui prêter attention. C'est son moyen de se protéger et de fixer la règle. Malheureusement, cela dresse contre elle le front uni des élèves dissipés… et de leurs camarades qui n'ont pas, « de bonne foi », entendu la consigne à cause de l'agitation des premiers.

Laura et Slimane ne sont pas les derniers à lui rentrer dedans.

Je suis déjà monté deux fois dans son cours depuis le début de l'année. J'y trouve à chaque fois le même climat de tension. Gisèle exprime sa fatigue d'avoir affaire à des élèves qui n'écoutent pas, ne sortent pas leurs affaires, ne se mettent pas au travail. En face, les plus virulents dénoncent sa mauvaise humeur, sa rigidité, le fait qu'elle leur met « v'là les vents[1] ! » quand ils lui demandent ce qu'il faut faire.

Je procède alors par étapes : d'abord un cadrage virulent des meneurs de la fronde dont je pointe la mauvaise foi et, le cas échéant, la volonté de nuire ; ensuite un rappel général à la classe de l'obligation d'écouter l'enseignant et ses consignes.

Les élèves outrés m'accusent alors d'être toujours du côté des profs.

Je le reconnais volontiers : « Ils sont là pour vous transmettre leur savoir et leurs compétences. Excusez-les de vouloir faire leur travail ! L'énergie que vous déployez à les en empêcher me dépasse ! Ne vous étonnez donc pas que je m'en prenne à vous plutôt qu'à eux ! »

Je laisse reposer quelques instants.

Enfin, je me tourne vers Gisèle et, avec diplomatie, en appelle à sa magnanimité pour qu'elle redonne *exceptionnellement* les consignes aux élèves troublés par le brouhaha de début de cours. Elle y consent en insistant pour que ce soit la dernière fois.

C'est devenu un rituel bien rodé.

Avec cette histoire de crachat, nous avons franchi un nouveau palier : comment gérer un truc pareil ? Je n'ai pas le matériel pour effectuer un test ADN et je me vois mal exclure tous les élèves qui ont emprunté l'escalier du bâtiment E à 9 h 55. Je demande à Gisèle si elle a un souci avec un élève de 3e 2 en particulier. Elle se tend aussitôt : c'est l'ensemble de la classe

1. Qu'elle les ignore.

qui lui est hostile depuis le début de l'année ! Elle dénonce un climat détestable, alimenté par le « mauvais esprit » des quatre rigolos qui m'ont malmené en tout début d'année : Djibril, Jonas, Khalil et Achour « l'avocat ». Ils semblent prendre un malin plaisir à lui mettre « la misère ». Sauf qu'un crachat, ce n'est plus du « jeu » : on est plus proche de l'agression que de la bonne blague. Mais si le coupable est l'un d'entre eux, elle ignore lequel.

Je m'engage à enquêter, à interroger des élèves et à l'informer dès que j'aurai du nouveau. Je propose également d'intervenir au début de son prochain cours avec les 3e 2 pour leur signifier la gravité de l'acte. Et essayer d'apaiser le conflit qui les oppose à leur enseignante.

Gisèle reste dubitative. Elle est très heurtée par ce qu'elle vient de subir. On le serait à moins. Là encore, des mots de réconfort et une tape amicale dans le dos ne suffiront pas à réparer l'outrage.

J'ai une semaine pour résoudre l'affaire.

Les quatre cavaliers de l'Apocalypse

Octobre. Semaine 5. Mercredi

Haroun n'a pas tenu.

Hier après-midi, il s'est associé aux zouaves de la 5e 2 pour pourrir le cours de Camille, leur prof d'histoire-géo. Frankie et Antoine ont remis le couvert avec Al-Hassane et les vannes sur les parties intimes de sa mère. Sauf que, cette fois, Al-Hassane a décidé de marquer son mécontentement en allant les maraver. Camille a voulu intervenir mais Haroun s'est interposé entre elle et ses camarades : « M'dame, j'vous protège ! » lui aurait-il balancé, mort de rire. Le pas de tango qu'il lui a imposé a laissé le temps à la bagarre de dégénérer.

Après avoir demandé un rapport à Camille, j'ai porté l'affaire devant le principal adjoint qui n'a pas tergiversé : il faut siffler la fin de la récré. Avec la bénédiction du grand chef, nous sommes tombés d'accord sur une sanction unique pour les quatre Dalton : quatre jours d'exclusion. Ils vont disparaître jusqu'à la fin de la semaine.

Les professeurs et les autres élèves de la 5e 2 ont bien mérité une pause.

J'ai appelé les familles pour qu'elles viennent récupérer leur progéniture.

Il n'y a plus qu'à leur annoncer la sanction et les convaincre une à une de sa légitimité.

Premier round (8 h 15) : Antoine

La mère d'Antoine est divorcée. C'est elle qui a la garde de son fils. Malgré un travail prenant, elle est aussi présente que possible et se montre très solidaire du corps enseignant : elle connaît le caractère du gaillard. Outrée par le barnum qu'il a engendré, elle participe à l'engueulade : « Tu vas arrêter de faire n'importe quoi à la fin ? » Antoine ne se laisse pas faire : « Faut arrêter de me prendre la tête aussi ! » Il en résulte un vif échange mère-fils auquel il ne manque que la vaisselle cassée. Je viens à la rescousse de la maman : « C'est pas comme ça que ça marche ! Tant que tu mettras le bazar, les adultes seront sur ton dos ! Tu veux qu'on te lâche la grappe ? Tu sais ce qu'il te reste à faire ! » Je me fais ensuite le porte-parole de la « déception » de Romain devant sa persistance à saboter une scolarité qui pourrait être tout à fait honorable s'il s'y mettait sérieusement. Mais il n'en a cure : « J'en ai marre de l'école ! Moi, ce que je veux, c'est travailler ! » Il sait déjà ce qu'il veut faire : plombier. Comme son père. La maman dissimule mal sa lassitude.

C'est une bonne idée. Sauf que le moyen le plus rapide d'accéder au métier est l'apprentissage, envisageable à partir de 15 ans seulement (et encore, sur dérogation). Antoine n'en a que 12. Même si c'est tentant, je ne contreferai pas sa carte d'identité pour lui faire plaisir. Il devra donc patienter et améliorer son attitude pour ne pas nuire à son projet : « Si jamais tu postulais chez un employeur et qu'il m'appelait pour avoir mon opinion sur toi, qu'est-ce que je pourrais lui répondre ? Que tu es un garçon épatant, respectueux de l'autorité, qu'il n'aura pas de problèmes avec toi ? Je ne mentirai pas pour toi, Antoine !

– Ah mais là, ce sera pas pareil, je serai tranquille !

– QU'EST-CE QUE J'EN SAIS ? »

J'obtiens enfin son attention et en profite pour dérouler mon argumentaire : il ne peut pas aller plus vite que le temps scolaire. Il doit tenir jusqu'à la 3e, obtenir *grâce à de bons résultats* une orientation en BEP plomberie, décrocher son diplôme et se donner ainsi les moyens d'entrer dans la vie active dans les meilleures conditions possibles.

Il reste songeur un instant. Puis explose de nouveau : « Oui, mais j'en ai marre là, aussi ! » Sa mère réagit au quart de tour : « Tu vas à l'école et tu te tiens à carreau, c'est tout… Pour le reste, on verra plus tard ! » Elle et moi échangeons un sourire : on fait bloc, on ne va pas le lâcher, ça finira peut-être par payer. Antoine pousse un soupir de force six qui ne présage pas des trésors de patience, mais il s'avoue vaincu. Pour l'instant.

M. Moreau tend alors la feuille d'exclusion à la maman. La date de retour lui coupe le souffle : « Tout ça ? » Sa solidarité vacille. Qu'est-ce qu'elle va faire de lui pendant quatre jours ? Quel sens a une telle sanction : son fils ne veut pas aller à l'école… et on lui donne gain de cause, où est la logique ? M. Moreau rappelle la gravité de l'incident et notre obligation de protéger le plus grand nombre. Notre décision est irrévocable. Mal à l'aise devant son dépit, je lui promets de faire passer à Antoine les devoirs et les cours par un camarade (autre que Frankie).

Avant de la laisser partir, je la remercie de sa compréhension mais son visage demeure fermé. La durée de l'exclusion lui a fichu un coup. Antoine non plus n'est pas de bonne humeur.

Il n'aime pas faire de la peine à sa mère.

Deuxième round (8 h 45) : Haroun

Les parents d'Haroun n'ont pas moufté quand je les ai appelés. Ils étaient presque surpris que j'aie attendu aussi longtemps. Ils ne savent plus quoi faire. Le père écarte les bras en signe de résignation, la mère nous répète qu'il est gentil « au fond ». M. Moreau et moi n'en doutons pas : la joie qui émane de lui le rend plutôt sympathique mais il est urgent d'en cadrer les manifestations. Nous dressons la liste de ses exploits depuis son arrivée jusqu'à son pas de deux avec Camille. Je décris le désarroi des profs, l'impossibilité de le mettre au travail, ses délires permanents. Rien de nouveau sous le soleil pour eux. Haroun fait la tronche comme chaque fois qu'ils sont là. M. Moreau leur signifie l'exclusion. Les parents en restent abasourdis une seconde… puis contestent avec véhémence : « C'est pas la solution ! » Ils crient sur Haroun, lui ordonnent de jurer sur le Coran qu'il va arrêter ses bêtises.

Mais M. Moreau ne croit plus à la méthode. Sensible à mon malaise (on peut parler avec M. Moreau), il a renoncé à invoquer le livre saint et usera désormais de moyens de pression cent pour cent laïcs avec les élèves. Nous restons inflexibles, rappelons la gravité des faits et précisons que c'est la dernière étape avant le conseil de discipline. Sous-entendu : Haroun ne s'en sort pas si mal. Les parents restent mécontents, nous demandent une dernière fois – mais sans grande conviction – d'essayer de comprendre leur fils, de lui donner une autre chance.

Au fond, ils sont juste accablés : pendant quatre jours, ils vont devoir se coltiner Haroun à la maison.

Troisième round (9 h 30) : Frankie

La mère de Frankie n'aime pas le collège. Quand je lui ai annoncé notre décision de l'exclure, sa réaction a été éloquente : « Quand c'est que vous allez arrêter de vous acharner sur mon fils ? »

Le conflit qui oppose la famille à l'établissement est ancien : d'après Sabine, notre assistante sociale, une grande sœur est passée chez nous deux ans plus tôt et présentait les mêmes caractéristiques que son petit frère : tendance lourde au bavardage, contestation systématique de la parole adulte, fort absentéisme. Et soutien indéfectible des parents en cas de conflit avec les enseignants. La mère, seule interlocutrice connue de l'équipe – le père refuse de se déplacer –, est devenue une légende urbaine : on ne sort pas indemne d'un entretien avec elle.

Petite blonde boulotte, vêtue d'un jean et d'un sweater, elle débarque au collège déjà énervée. Nous comprenons vite que ce n'est pas contre son fiston qu'elle fulmine mais bien contre nous :

« Vous en voulez à mon fils : j'ai des preuves ! »

Elle demande à Frankie de sortir son carnet de correspondance. Il ne se fait pas prier.

Pour rappel, le carnet de correspondance est le livret qui contient le règlement intérieur, la photo, l'identité, la qualité d'externe ou de demi-pensionnaire ainsi que l'emploi du temps de l'élève. C'est également l'outil grâce auquel les adultes, qu'ils soient professeurs, éducateurs ou parents peuvent « correspondre » les uns avec les autres. Y sont notés les dates de réunion et de conseils de classe, les déplacements de cours, les sorties scolaires, etc. C'est surtout le moyen le plus simple d'informer les familles des problèmes de discipline posés par leurs enfants. Dans le cas de Frankie, voici ce que ça donne :

« Frankie commence mal l'année : il perturbe le cours et se moque de ses camarades lorsque je les interroge. Il faut qu'il se calme ! »

La professeure d'anglais.

« Frankie refuse de travailler en classe et ne fait aucun effort pour comprendre le cours. Il devra faire pour mardi les exercices n°s 8, 9 et 10 de la page 54. Ce travail sera noté. »

Le professeur de maths (et professeur principal).

« Frankie mange en classe. Mon cours n'est pas une salle de restauration. De plus, il me répond avec insolence quand je lui en fais la remarque. Dernier avertissement avant sanction. »

Le professeur de français.

« Frankie court, hurle dans les couloirs et, après que je l'ai raccompagné dans la cour, insulte ses camarades. Ce comportement est inacceptable ! »

Le CPE.

« Non seulement Frankie fait n'importe quoi en classe, mais il refuse de chanter quand je le lui demande. Il faut changer d'attitude. »

Le professeur de musique.

« Madame, monsieur,

« Depuis le début de l'année, Frankie est très désagréable en classe, il arrive en retard, ne sort pas ses affaires, s'agite, ne travaille pas, bavarde et peut se montrer très insolent. Je suis très inquiet et souhaiterais vous rencontrer pour en discuter rapidement. »

Le professeur principal (et professeur de maths).

« Vous avez engendré le mal. Soyez maudits [1]. »
La professeure d'arts plastiques.

« Il y aura piscine le mardi 18/10 de 15 h 30 à 17 h 30. »
Le professeur d'EPS.

Nous sommes rentrés depuis à peine plus d'un mois et la moitié du carnet est déjà remplie.

La mère dénonce ce qu'elle considère être du harcèlement et exige de rencontrer ses enseignants pour qu'ils s'expliquent.

On a beau être prévenu, ça surprend.

Je lui réponds que si les remarques émanaient d'un seul professeur, nous pourrions imaginer un problème relationnel… mais, en l'occurrence, Frankie fait l'*unanimité* contre lui ! Qu'elle en croie mon expérience, ce n'est pas une victime.

Elle le conteste. M. Moreau bout sur son fauteuil. Notre dialogue de sourds est interrompu par l'arrivée de Romain. Il vient de finir son cours et souhaiterait se joindre à nous. Elle est ravie : elle va pouvoir lui dire ce qu'elle a sur le cœur. Romain, qui a compris que l'entretien avait pris un tournant un peu particulier, se contente de déplorer que Frankie sabote sa scolarité : s'il continue ainsi, il va droit dans le mur. La mère répond en trois temps :

« Il peut pas travailler si les profs arrêtent pas de s'en prendre à lui ! »

1. Je paraphrase mais c'est l'idée…

« De toute façon, l'école, c'est qu'une perte de temps ! »

« Qu'est-ce qu'il en a à foutre du brevet quand il gagnera deux fois comme vous en vendant du métal ? »

La démonstration nous laisse sans voix.

Toujours aussi détendu, Frankie compte les points. À bout de patience, M. Moreau décrète la fin des pourparlers et remplit l'avis d'exclusion. La mère sort de ses gonds, dénonce notre acharnement. L'adjoint se met à crier aussi fort qu'elle pour la faire taire. Alerté par le niveau sonore des échanges, le principal débarque et s'enquiert de la situation. La mère accuse « ses » profs et son « collège pourri » ! Outré, le chef lui ordonne de baisser d'un ton.

Elle n'obtempère pas.

L'entretien se termine par une volée d'insultes. M. Pontet fait passer de quatre à huit le nombre de journées d'exclusion de Frankie pour apprendre la politesse à sa génitrice. Elle déchiquette le nouvel avis et claque la porte en réitérant son percutant : « Collège pourri ! »

Les chefs sont hors d'eux ; Romain et moi atterrés.

Frankie, quant à lui, s'est plutôt bien marré.

Quatrième round (10 h 30) : Al-Hassane

Après la corrida précédente, ce n'est pas l'enthousiasme qui m'étouffe à l'idée de recevoir le papa d'Al-Hassane. Sous tension, je me blinde. Mon objectif : couper court à tout débat. La violence de l'acte est caractérisée, nous n'avons pas à nous justifier.

J'attaque donc le paternel bille en tête : Al-Hassane met en danger sa scolarité en se laissant entraîner par les provocations de ses camarades. S'il a un problème, il doit faire appel aux adultes et ne pas se faire justice lui-même. La violence n'est *jamais* la solution. Romain exprime son mécontentement face à ce « gâchis » qui nous « oblige » à prendre cette sanction que nous considérons comme un échec pour lui comme pour nous. Le père, ouvrier dans le bâtiment, nous a écoutés avec attention, l'un après l'autre. À mon grand soulagement, il hoche la tête : il est d'accord avec ce que nous venons de dire.

Il se tourne vers son fils et lui retourne la baffe du siècle.

Al-Hassane est éjecté de sa chaise. Le père lui dit sa honte de l'avoir pour fils. Il s'adresse à moi, me donne « carte blanche » : « N'hésitez pas à le taper s'il recommence ses bêtises. » Tout en aidant Al-Hassane à se relever, je tente d'expliquer que ce n'est peut-être pas la meilleure méthode. Le père en tombe des nues : « Mais qu'est-ce que vous voulez que je fasse alors ? » Je bafouille qu'il vaut peut-être mieux lui parler, pour qu'il saisisse l'importance de sa scolarité, du respect des adultes... Tout ça, quoi.

Mon discours bascule dans une défense bancale d'Al-Hassane : ce n'est pas si terrible, il peut se ressaisir, il a fait des efforts, ses camarades jouent avec son caractère impulsif, il ne doit pas se laisser piéger... Le père balaie mes arguments : « Tout ça, c'est du bla-bla ! » Humilié par sa présence dans ce bureau, il menace son fils d'un « renvoi au bled ». Romain tente un timide « Nous n'en sommes pas là », répète à Al-Hassane, qui tente de retenir ses larmes, que nous comptons sur lui : il doit se remettre au travail… et éviter ce genre de situation à l'avenir. Le grand ado acquiesce d'une voix morne. Le père lui ordonne de s'excuser. Al-Hassane murmure, dents serrées. Le père s'emporte, lève de nouveau la main. Son fils rectifie aussitôt le tir en criant un « Je m'excuse » aussi dénué d'amertume que possible.

Le père interrompt son geste.

Avant de partir, il nous serre la main d'une poigne forte et chaleureuse : « Encore pardon pour tout ça. » Je lui assure qu'il n'a pas à s'excuser : nous travaillons ensemble pour faire progresser son enfant, c'est notre métier. Je lui tends l'avis d'exclusion. Il ne fait aucun commentaire sur la durée de la sanction. Il quitte le bureau et s'engouffre dans le couloir qui mène à la loge. Al-Hassane, tête baissée, le suit deux mètres derrière.

Un profond embarras flotte dans le bureau. Nous demandons aux parents de prendre les « mesures adéquates » pour « calmer » leurs enfants… tout en espérant que les mesures en question correspondront à des principes éducatifs qui nous conviennent : fermeté certes, mais dans le dialogue et sans violence physique. Cela commence à faire un bon paquet d'implicites à maîtriser. Il va falloir apprendre à se parler, à se comprendre, à être constructif avec les familles. En attendant, je viens d'acquérir un réflexe professionnel indispensable : toujours mettre une chaise vide et une distance raisonnable entre un parent et son enfant lors d'un entretien désagréable.

Jeudi noir

Octobre. Semaine 5. Jeudi. 9 h 50

La cinquième semaine de cours est sur le point de s'achever. Chaque jour est une nouvelle aventure, un nouveau combat. Je me sens très « surveillant général ». Chargé de gérer la tension ambiante et d'éviter toute flambée de violence, j'essaie d'occulter mes doutes, mes états d'âme et de jouer pleinement mon rôle de froide machine qui applique le règlement intérieur.

Je passe mon temps à hurler, à faire la chasse aux déviances, à repérer les meneurs, à leur tomber dessus et à leur inculquer avec plus ou moins de succès que professeurs, CPE et surveillants ne sont pas des partenaires de jeu mais des adultes qu'il faut respecter. Je fonds sur quiconque court dans un couloir, tape sur un camarade ou dévie de la trajectoire menant à son rang ou à sa salle de classe.

Mes injonctions continuent de recueillir plus de rebuffades ou d'amusement que de réactions terrorisées et soumises. La période de « test » commence à être longue.

Et je me rends toujours dans la cour avec au ventre la peur d'être chahuté.

J'essaie de me convaincre que nous gagnons du terrain, que le hall se vide plus facilement qu'avant. Le « Tout le monde dehors ! » que j'éructe en sortant de mon bureau à chaque récréation incite la majorité des élèves à rejoindre l'extérieur. La majorité, c'est déjà formidable ! J'essaie de me réjouir des réactions agacées qui se multiplient à mon approche : je suis en train de devenir une source de contrariétés qui compte.

Mais aujourd'hui, c'est différent : aujourd'hui, il pleut à verse.

Absence de préau oblige (merci l'architecte), et à l'exception de quelques irréductibles adorant sauter dans les flaques, tous les élèves s'entassent dans le hall.

La sensation de trop-plein est oppressante, le bruit infernal.

Nous avons réparti l'équipe de surveillants aux points stratégiques : à l'entrée de chaque bâtiment, devant les toilettes, devant le local vie scolaire. Leur mission : circonscrire les espaces de jeu, canaliser les énergies, prohiber toute activité (courir, crier, sauter, se battre) pouvant alimenter un dawa déjà impressionnant.

Chloé et moi nous sommes postés au cœur de la horde pour prévenir tout débordement. J'observe la masse grouillante en tâchant de me persuader que tout est sous contrôle. Les minutes paraissent des heures. J'interromps une course-poursuite puis un début de bagarre, refuse de recueillir le billet d'absence d'un élève de 6e éploré (« C'est pas le moment ! ») et esquive Jérémy venu m'entretenir de la sévérité de son prof de maths (« Plus tard ! »).

Chloé surnage à quelques mètres de moi. Je me fraie un chemin jusqu'à elle et lui crie dans l'oreille comme en discothèque : « On fait comment pour la reprise des cours ? » La pluie n'a pas diminué : la mise en rang dehors est inenvisageable. Vu le chaos ambiant, l'improviser dans le hall relève de l'utopie. Une seule option nous paraît réaliste : organiser la fin de la récréation comme un interclasse. Lorsque la sonnerie retentira, les élèves devront se rendre directement devant leurs salles. Chloé passe le mot aux surveillants tandis que je vais supplier les enseignants de ne pas traîner pour rejoindre les bâtiments à l'issue de leur pause.

Sonnerie de 10 h 10.

Sensibles à notre appel à l'aide, les profs déboulent dans le hall. Ce qui nous donne le feu vert pour déclamer en chœur « Tout le monde en cours ! » et pousser les élèves vers les couloirs.

Malgré la pluie battante, une vingtaine d'entre eux ont cru bien faire en ralliant les emplacements numérotés dans la cour. Avec un pincement au cœur, je les exhorte à rompre les rangs qu'ils avaient formés de leur plein gré et à rentrer.

La confusion règne devant le bureau de Chloé qui est assaillie par une meute de 6e déboussolés. Jusqu'à présent, ils n'ont jamais été autonomes sur cet horaire : ils suivaient aveuglément leurs enseignants. Chloé épluche leurs carnets de correspondance et leur indique le chemin vers le cours suivant. Claude, mon collègue de SVT spécialiste ès patois montreuillois, vient me trouver, implorant : « T'as pas vu ma 3e 3 ? » Il n'a pas entendu mon exposé tactique en salle des profs : il était aux toilettes. Je l'invite à rejoindre rapidement sa salle devant laquelle doivent déjà s'agglutiner ses ouailles.

Au bout de quelques minutes, il ne reste plus qu'une poignée d'élèves errant dans le hall. Dans un cri perçant, Sophie les prend en charge : « Ceux qui z'ont perm', on y va ! »

Je reste un instant à goûter le silence, uniquement troublé par le bruit des trombes d'eau percutant le plexiglas du sas qui mène vers le patio. Nous avons encore la demi-pension et la récré de l'après-midi à affronter avec cette météo.

La journée va être longue.

La récréation a chauffé les esprits. Les premières exclusions de cours ne se font pas attendre. Je reçois un élève toutes les dix minutes, ce qui réduit le temps d'entretien avec chacun et rend pathétique mes tentatives de convaincre le contrevenant que :

– oui, c'est bien sa faute s'il a été viré,

– non, le prof n'est pas contre lui et personne ne le déteste.

Ma patience s'érode au fur et à mesure du défilé, ma prestation se réduit bientôt à un coup de gueule mécanique qui me vaut en retour quelques désormais classiques : « De toute façon, vous êtes toujours pour les profs ! »

À midi, un sentiment de soulagement m'envahit : la moitié de la journée est passée, plus que six heures de boulot ! Je vais donner un coup de main pour le passage à la demi-pension avant d'aller manger et me détendre : je dois reprendre des forces.

Je retrouve la foule bruyante et affamée des demi-pensionnaires devant l'entrée du réfectoire. Les cris des surveillants tentent de couvrir le brouhaha pour donner l'ordre de passage. Je reste en soutien de l'équipe pour calmer les plus turbulents mais j'ai la tête comme une pastèque. Avant que le bruit ne vienne à bout de mes nerfs, je décrète que « tout se passe bien » et que j'ai mérité ma pause repas.

Cinq minutes plus tard, j'ai trouvé refuge dans la salle de restauration réservée aux adultes. Je peux enfin souffler et déguster mon sauté de bœuf-purée (Olivier est magique !). Je tente de me fermer aux collègues désireux de me confier leurs soucis disciplinaires de la matinée. J'ai épuisé mon stock d'énergie, j'ai besoin de me ressourcer.

Ma méditation est soudain interrompue par des éclats de voix venant du réfectoire.

Luc surgit et m'interpelle : « On a un gros problème. Tu peux venir ? »

De retour dans l'arène, je cerne la situation en un coup d'œil : deux tablées d'élèves ont décidé de rompre la monotonie du repas en déclenchant une bataille de bouffe.

Je rappelle que, au menu, c'est purée.

Les trois quarts des gamins sont debout. Il y a plus de nourriture par terre et sur les vêtements que dans les assiettes et les estomacs. Olivier, consterné, a quitté sa batterie de cuisine pour nous aider à circonscrire le foutoir. Chloé débarque de l'autre côté du réfectoire (elle gérait une kourave beaucoup plus traditionnelle dans le hall). À force de cris et d'interventions ciblées, nous parvenons à mettre fin aux hostilités et à isoler une poignée d'énervés : ils crient vengeance, rapport à l'état de leurs joggings Adidas couverts de Flamby caramel (la mise en cause exclusive de la purée était prématurée).

Après recoupement des témoignages des surveillants, nous sélectionnons les heureux gagnants d'une exclusion temporaire de la demi-pension. Face à cet événement grave, le principal décide en sus de frapper un grand coup : le Flamby caramel sera banni des menus jusqu'à nouvel ordre (Olivier a plaidé – et obtenu – l'acquittement de la purée).

Dommage collatéral : les demi-pensionnaires sortent du réfectoire dans un état de surexcitation encore inédit. Les externes débarquent dix minutes plus tard et s'adaptent vite à l'ambiance.

Une accalmie météorologique permet aux élèves de retrouver la cour au moment de la sonnerie mais la mise en rang est laborieuse : les bonnes habitudes se perdent vite. La plupart restent dispersés sur l'ensemble du périmètre et nous devons recourir à la bonne vieille méthode de la tenaille pour les amener à leurs emplacements. Alors que tout semble (enfin) rentrer dans l'ordre, des cris de surprise s'élèvent.

Je me retourne et découvre la raison de cet enthousiasme soudain.

Mon premier incendie de poubelle.

Une flamme impressionnante sort de la corbeille de métal située à proximité du perron. Les élèves, fascinés, quittent les rangs pour se rassembler autour du foyer. Pendant que les surveillants forment un cordon de sécurité, je file à mon bureau récupérer la bouteille d'eau dont l'existence vient de prendre tout son sens.

Il me faut deux voyages pour venir à bout des flammes.

Mon exploit accompli, j'observe la foule, essayant de repérer parmi les visages souriants celui d'un suspect. Mais ils sont trop nombreux à jubiler : impossible d'avoir une certitude.

La montée en classe se fait dans un calme tout relatif.

13 h 40. Tout le monde est enfin en cours. J'ai bien mérité une pause café. Dans le patio d'accès à la salle des profs, je ne peux ignorer le chahut qui émane de la salle de permanence. Mon éthique professionnelle m'oblige à y jeter un œil. Deux classes s'y entassent : Souella s'échine à mettre au travail une troupe de 6e tandis que Thomas, gentiment venu en renfort, tente de calmer les 3e 1. Au moment où j'entre, Slimane traite un camarade de « fils de pute ! ». Je le sèche : « Slimane, tu veux que je t'aide ? »

Mon intervention l'a saisi. Son sursaut fait rire toute l'assemblée. Je réclame le silence et ordonne à tout le monde de se mettre au travail. Les 6e sortent enfin leurs affaires. Les 3e sont moins réactifs : Slimane boude, les autres arguent qu'ils n'ont « rien à faire ». Je serre les dents : « Ça m'étonnerait : vous sortez vos cours, vos manuels, ce que vous voulez et vous révisez ! » Sentant que je ne partirai pas avant qu'ils ne s'exécutent, ils finissent par sortir un cahier ou un livre pris au hasard dans leurs sacs. J'essaie de me convaincre que j'ai fait mon boulot et laisse le duo Souella-Thomas gérer la suite. À peine la porte refermée, le brouhaha reprend comme si je n'avais pas existé. Je n'ai pas la force d'y retourner.

J'ai besoin de ma boisson chaude.

15 h 25. La récréation de l'après-midi tient toutes ses promesses. Alors que je pensais pouvoir me consacrer à la réception des justificatifs d'absence, une clameur monte dans la cour. Le pyromane a remis ça. Cette fois, dans une poubelle située près des bancs au fond de la cour.

J'en viens à regretter la pluie.

Ma bouteille d'eau à la main (prudent, je l'avais de nouveau remplie), je rejoins stoïquement le nouvel incendie. Cédric et Anissa empêchent les élèves de s'approcher à moins de dix centimètres du brasier. Drapé de dignité, je verse l'eau sur les flammes. L'expérience aidant, j'en gère mieux le débit : une seule bouteille suffit. Ma tâche accomplie, je déclare l'incident clos et disperse l'assistance. J'interroge ensuite les surveillants : toujours aucune idée sur l'identité du malfaiteur ? Aucune. J'ai du mal à contenir ma contrariété. Je lui aurais bien fait passer l'envie de jouer avec des allumettes, à ce crétin.

Le ballet des exclus continue après 15 h 30. J'ai même la surprise de recevoir de nouvelles têtes : impuissants à déterminer l'origine exacte d'un bavardage incessant, les profs en prennent un ou deux au hasard et les évincent sans fournir d'explication écrite. Ils n'obéissent plus qu'à un besoin vital : faire baisser le niveau sonore et leur consommation d'Efferalgan. Renonçant à toute démarche éducative, je beugle sur les bannis pour marquer le coup et les envoie finir l'heure en vie scolaire.

16 h 30. Dernière heure de cours : cette journée va *enfin* finir !

Sarah, jeune collègue d'espagnol, apparaît à ma porte : « Tu as une minute ? » Je suis épuisé mais je me vois mal lui demander de repasser demain : « Qu'est-ce qui ne va pas ? » Gênée, elle m'explique qu'elle vient d'avoir les 3e 4 : après avoir chahuté pendant toute l'heure, ils ont fait tomber deux tables et quelques chaises en sortant de classe.

« Je tenais juste à te le signaler, rien de plus… »

Un voile noir me couvre les yeux. Une rage préhistorique m'envahit.

Je consulte les emplois du temps de 3e et me rue en direction du bâtiment E.

Je vais me les faire.

Dans l'escalier, je croise Luc et Thomas en train d'effectuer leur tournée des locaux. Je les informe de mon projet d'Armageddon. Impressionnés par ma détermination, ils me suivent pour assister au carnage.

J'entre en trombe dans la salle E21. J'explique à Freddy, leur professeur de sciences physiques, qu'il y a eu un problème avec les 3e 4 et que j'ai à leur parler. Il sent qu'il ne faut pas me contrarier et s'efface. 25 élèves avachis sur leurs chaises me fixent, incrédules. Je les invective : « Votre attitude est lamentable ! Si vous croyez qu'on va vous laisser faire, vous vous fourrez le doigt dans l'œil ! C'est clair ? » J'ai rugi la question. Je ne vois aucune contrition, pas la moindre crainte dans leurs yeux. Juste de l'étonnement.

Ma colère glisse sur eux.

J'ai donné tout ce que j'avais… et réalise soudain avec effroi qu'il ne me reste rien. Une émotion irrépressible s'empare de moi. Ma gorge se noue, mes yeux s'emplissent de larmes.

Je suis en train de craquer devant les 3e 4.

Je lutte pour ne pas m'effondrer. J'essaie de terminer mon intervention le plus vite possible, sans autre choix que de me retourner trois fois, et de manière totalement incongrue, vers le tableau pour dissimuler ma détresse. Ils ne font pas un bruit. Avec curiosité, sans animosité, ils me regardent m'enfoncer. La colère m'a quitté, seul demeure un profond sentiment d'impuissance. Pathétique, je bafouille : « Ça ne va pas se passer comme ça, vous allez voir ! » Je m'enfuis vers le couloir. Luc et Thomas m'emboîtent le pas, sans dire un mot. Une question me brûle les lèvres. Je renonce à la leur poser car je n'ai aucun doute sur la réponse.

Ça s'est vu.

La déprime

Octobre. Semaine 5. Vendredi soir

Pour fêter l'arrivée du week-end, Chloé et quelques collègues ont prévu de prendre un pot « en ville », dans le Bas-Montreuil. Je n'y vais pas. Je suis fatigué, j'ai « des trucs à faire ». En vrai, je veux juste rentrer chez moi, m'affaler dans mon canapé, cédé pour une bouchée de pain par un collègue bienveillant, et ne plus en bouger.

Je n'ai pas envie de parler.

Bénéficiant d'un logement de fonction, je paie le téléphone et la taxe d'habitation, c'est tout. Pas de loyer, ni de factures d'eau ou d'électricité. Je fais plein d'économies, j'ai un pouvoir d'achat colossal. Je suis le roi du monde.

Pourtant, je passe mon temps libre à me morfondre. Le soir, quand je ne regarde pas la télé, je cherche le réconfort dans la lecture des aventures du lieutenant Blueberry[1] : le héros de ma jeunesse est affecté dans une garnison perdue sur la « frontière », très exposée aux attaques indiennes et commandée par une hiérarchie belliqueuse. Il ne le vit pas très bien non plus.

C'est la première fois que je suis seul et isolé à ce point. Je suis adulte, autonome, j'ai un métier, un salaire correct, peu de frais, la vie devant moi et la sourde tentation de me jeter par la fenêtre.

Je n'appelle personne, j'ai coupé tout contact avec mes camarades de promotion de l'IUFM avec lesquels pourtant je m'entendais bien. C'est au-dessus de mes forces : je n'ai pas du tout envie d'« échanger sur ma pratique » comme le suggéraient nos formateurs.

J'ai déjà été plus en forme.

Debout dans la cuisine, je fais réchauffer une boîte de raviolis au bain-marie. Je mange n'importe quoi. Ma consommation de plats cuisinés a explosé. Pas plus de cinq fruits et légumes par semaine. Heureusement qu'il y a la cantine. Quand je lève la tête de la gazinière, j'aperçois la cour où, quelques jours plus tôt, les élèves dansaient la rumba autour d'un feu de joie. Je repense à mon mardi après-midi « de repos », à ma sieste interrompue par la sonnerie scandant le changement de cours. Et tous les jours, je croise sur le palier l'intendante, le principal adjoint et Farah, la secrétaire du chef.

Difficile de couper dans ces conditions.

---

1. Série western culte de Jean Giraud et Jean-Michel Charlier.

Il n'y a rien à faire dans le quartier : pas de bar où retrouver des amis, pas de librairie, pas de cinéma, aucune rue sympa où flâner. Rien que la cité, son béton et le désœuvrement qui va avec. Tout est dans le Bas-Montreuil ou à Paris. La moindre expédition hors du collège requiert l'usage de la voiture et des heures perdues dans les bouchons ou à chercher une place où se garer.

Je sauce mon assiette avec du pain de mie. Il y a une excellente boulangerie au pied des immeubles de la cité voisine mais je n'ai pas envie d'aller faire la queue avec des gosses hilares qui « tripent » trop de voir le CPE acheter une baguette. Je suis censé être une figure d'autorité au sein du collège (il faut le dire vite), mais en dehors je me sens minuscule, vulnérable. Dès que je sors dans la rue, je les croise. Tous me saluent : ils sont surpris de voir que j'habite dans le coin et sont très sympa avec moi. Au centre commercial aussi, j'ai droit à leurs sourires : c'est l'« éclate » de découvrir que je me nourris et que j'utilise du papier-toilette. Ce devrait être agréable d'être enfin dans un rapport convivial avec eux. Mais je suis mal à l'aise sous tous ces regards, je regrette l'anonymat des grandes villes. J'ai le sentiment d'être au boulot vingt-quatre heures sur vingt-quatre. La cité est un village, une enclave dont je suis aussi prisonnier qu'eux. Je me sens « relégué ». Robinson de la banlieue est, je me réfugie dans les séries télé, les émissions débiles. Et je tue des milliers de méchants virtuels sur mon ordinateur. Je m'imagine un instant vivre comme ça pendant quarante ans.

Je crois que ça ne va pas être possible.

Le soutien

Octobre. Semaine 6. Lundi. 9 h 30

Dès le retour du week-end, Luc vient me voir avec Laurent, prof de maths en poste depuis dix ans dans le collège et professeur principal de la classe de 3e 4. Il tient à me briefer sur les zigotos qui la composent afin de me rassurer : la classe est difficile, ce n'est donc pas ma faute si je n'ai pas réussi à les calmer. Sa compassion confirme mes craintes : ma défaillance a été remarquée. Ma fragilité est désormais de notoriété publique.

Dissimulant ma honte, j'écoute avec toute la dignité qu'il me reste ses commentaires sur l'effectif. Selon lui, la classe est sous la coupe de deux clans.

D'un côté, un trio de filles : Hawa, Laëtitia et Mélissa. En lutte contre le pouvoir adulte, elles ne passent rien à leurs profs et les mettent régulièrement en difficulté avec des petites phrases assassines du genre : « Y a qu'avec vous qu'on bavarde. » « Pourquoi on comprend rien quand vous parlez ? » Ou encore : « Vous pourriez arrêter de crier et reprendre le cours parce que, nous, on aimerait bien travailler ! »

De l'autre, les garçons fédérés autour d'Adama, un grand gaillard froid et intelligent que Laurent tente en vain d'intéresser aux maths depuis la 6e. Je vois très bien de qui il parle : j'ai été marqué par le regard de profonde indifférence qu'il m'a jeté lors de ma désastreuse intervention. Ses résultats sont moyens mais il ne le vit pas plus mal que ça. Pour être franc, Laurent doute de sa volonté de réussir dans la vie par des moyens légaux. Il n'entre pas dans les détails mais Adama aurait eu quelques « problèmes » impliquant la police à l'extérieur. Ses potes, prêts à tout pour entrer dans ses bonnes grâces, le traitent comme une star du rap. Lui-même s'amuse de l'agitation qui l'entoure et a déstabilisé plus d'un prof par son attitude hautaine.

En un mot, il est impressionnant.

Les profs sont donc confrontés à un mauvais esprit généralisé qui confère à la 3e 4 toutes les caractéristiques d'une bombe à retardement. Avec l'image dont je jouis désormais auprès d'eux, je ne suis pas sûr de pouvoir la désamorcer…

Laurent sent à quel point je suis mortifié. Il met les pieds dans le plat : « T'en fais pas. On a tous vécu ça. » Il me raconte l'« enfer » de sa première année, son expédition désespérée devant le principal de l'époque pour lui demander de l'aide. Il en a bavé lui aussi… mais il a survécu et est devenu un vétéran. Il ne vient plus au travail avec la boule au ventre, juste – parfois – un sentiment de lassitude. D'après lui, ce n'est qu'une question de temps. Il suffit de traverser ce moment pénible en faisant sien le mantra du néo-titulaire : « C'est la première semaine/le premier mois/la première année qui est difficile. »

« Tu verras, tu vas t'étoffer. »

La récré vient de débuter. Je dois aider l'équipe vie scolaire à faire sortir les élèves. Je propose à Laurent que nous en reparlions plus tard. Il m'invite à venir le voir au moindre problème : « N'hésite surtout pas. »

Je le remercie.

À mon grand soulagement, il quitte enfin mon bureau.

L'heure de vérité

Octobre. Semaine 6. Mardi. 11 heures

Je ne peux pas rester dans cet état.

À partir de maintenant, je dois cesser de m'apitoyer sur moi-même et prouver ma valeur au monde. Peut-être qu'à force de jouer les Zorro, je deviendrai *vraiment* Zorro et serai habité par la confiance en soi livrée avec la panoplie. En attendant, il suffit de faire semblant : semblant d'être solide, sûr de moi, redoutable, semblant de ne plus avoir peur.

Semblant de ne pas avoir sombré devant les 3e 4.

Je vais avoir besoin de cette assurance pas plus tard que tout de suite : le cours d'arts plastiques de Gisèle avec les 3e 2 est sur le point de débuter.

Je vais plonger au cœur d'un conflit qui ferait passer la crise des missiles de Cuba pour une chamaillerie. Gisèle attend de moi des actes forts susceptibles de soumettre la classe et de faire rendre gorge à l'auteur du crachat dont elle a été victime la semaine dernière.

J'ai malheureusement échoué à le démasquer.

J'ai tenté d'interroger les principaux suspects. D'habitude si volubiles, les quatre membres de la « bande à Achour » sont restés muets. Achour, que je sentais plus à même de s'ouvrir à moi, a été catégorique : « J'vois pas de quoi vous voulez parler, m'sieur. » Marquées du sceau de la décontraction, les déclarations d'Ousmane et Jonas ont été du même tonneau. Seul Djibril s'est montré plus tendu : « C'est normal qu'elle nous accuse… elle nous aime pas ! Vous savez pas tout ! » Je l'ai prié de développer mais il n'a pas daigné m'en dire plus.

Dans l'impasse, j'ai demandé conseil à Henri, leur professeur principal, vétéran de l'équipe de français. « Pépère » et peu enclin à jouer les redresseurs de torts, il a d'emblée exprimé ses doutes sur la culpabilité du quatuor qu'il trouve certes « remuant » mais avant tout « sympathique » : « Je n'ai aucun problème avec eux ! » J'en étais très content pour lui mais ce n'était pas la question. Comme j'insistais, il m'a suggéré de rencontrer Kadidia, une fille très respectée, candidate éventuelle au poste de déléguée : elle aurait un ascendant positif sur ses camarades.

Kadidia aime l'école et veut réussir. Comme elle a des résultats un peu faiblards, elle a besoin de silence pour travailler : du coup, elle n'hésite pas à sommer ses camarades de « la fermer » dès que le niveau sonore l'empêche de se concentrer. Impressionnés par sa personnalité, la plupart des bavards, tous sexes et masses corporelles confondus, ne se le font pas dire deux fois.

Cela marcherait même sur Achour et sa bande.

En entretien, Kadidia m'a soutenu à son tour tout ignorer de cette histoire de crachat. En revanche, elle avait des choses à me confier sur Gisèle : « Le problème, m'sieur, c'est qu'elle est raciste ! » À l'entendre, Gisèle « aurait » tenu l'année dernière des propos peu flatteurs à l'encontre des « Noirs » : il y en a trop, on ne peut pas travailler avec, etc. Kadidia ne sait pas quand ça s'est passé, ni dans quelle classe, ni d'où vient l'info, mais elle s'en fout. Très revendicative sur ce thème, elle est convaincue que la mauvaise humeur chronique de son enseignante prend sa source dans son rejet des élèves « de couleur » majoritaires en 3ᵉ 2.

Malgré toute sa colère, Gisèle n'a jamais blâmé autre chose que l'agitation et le manque de concentration des élèves : quelle que soit leur couleur de peau, du blanc endive au noir d'ébène, ils l'irritent tous de la même façon. Laurent, qui la côtoie depuis plus longtemps que moi, confirme son éthique en la matière. Il m'a de plus rapporté que les mêmes élèves n'ont pas fait un tel foin avec un ancien prof aujourd'hui à la retraite qui, lui, ne se gênait pas pour tenir des propos douteux sur l'impact négatif de la population « issue de la diversité » sur les résultats du collège. Comme il était plutôt « bonne pâte » et respecté dans l'enceinte de la classe, personne ne l'a jamais embêté avec ça.

Le racisme a bon dos : Gisèle a juste le chic pour fédérer l'hostilité de nos petits anges.

Le fait est que je suis moi-même un peu énervé contre elle. Quand je lui ai avoué l'échec de mes investigations, elle s'est plainte auprès de Myriam, sa collègue de SVT : alors que beaucoup ont bénéficié de notre politique de rigueur disciplinaire, aucune exclusion n'a encore sanctionné les incidents qu'elle a subis. Selon elle, il y aurait « deux poids, deux mesures ». En sus, elle a participé avec quelques autres profs à une campagne de critique sur l'absence de surveillants dans les couloirs lors des interclasses… ce qui n'est pas très juste puisque son agression a eu lieu au moment de la sortie de midi, quand ils sont tous dans la cour, à la grille et dans le hall. J'ai toujours répondu présent à ses appels à l'aide, je ne l'ai jamais laissée tomber, j'aurais aimé qu'elle admette que je fais de mon mieux. Restons calme : si j'arrive dans la classe avec le même état d'esprit que les élèves vis-à-vis d'elle, autant lancer tout de suite la collecte pour une couronne mortuaire.

Je grimpe les deux étages qui me séparent de la salle d'arts plastiques. Les élèves étant à peine entrés en classe, j'espère les surprendre en train de mettre le dawa. Le flagrant délit me permettra de les réprimander (« Vous voulez être respectés mais vous faites n'importe quoi ! ») et d'apaiser Gisèle (mes hurlements contre ses classes ont cet effet sur elle).

Face à la porte, je fais le vide, frappe et entre.

Tout est calme. Un silence pesant règne tandis que Gisèle distribue nerveusement des feuilles

Canson aux élèves. Je la salue. Kadidia m'interpelle : « Pourquoi vous êtes là, m'sieur ?

– Parce qu'il y a un problème avec votre classe. »

Gisèle s'est figée. Elle attend beaucoup de ma prestation, elle a autant le trac que moi. Une élève a le malheur de lui réclamer une feuille. Elle s'emporte : « Ce n'est pas le moment ! Tu dois écouter ton CPE ! » Cette sortie décuple mon taux de stress et crispe tout l'auditoire. Vingt-cinq paires d'yeux la fusillent. La jeune fille impatiente réagit vivement : « C'est pas la peine de crier ! » Avant que Gisèle ne passe la deuxième couche, j'ordonne à la rebelle de se taire car mon temps est précieux et qu'elle peut bien attendre cinq minutes que j'aie fini de parler.

Les regards hostiles changent de cible. J'ai toute l'attention requise, je peux commencer :

« Votre professeure d'arts plastiques m'a rapporté un climat détestable en classe, l'impossibilité de travailler ainsi que la multiplication des insolences verbales à son encontre. Cela ne peut plus durer. »

N'ayant pas la preuve formelle que le crachat émanait de l'un d'entre eux, je n'évoque pas l'incident. Gisèle ne partage pas cette opinion : elle m'interrompt et dénonce l'agression dont elle a été victime. Cette « accusation sans preuve » génère aussitôt une tempête de protestations. Kadidia hurle à la diffamation : « M'sieur, c'est pas normal qu'elle nous accuse comme ça ! » Djibril, Achour et leurs deux potes en rajoutent : « Zyva ! Elle est belle, elle ! » Les trois derniers affichent un sourire qui permet de douter de la sincérité de leur révolte. Seul Djibril paraît sincèrement remonté : « Elle s'en prend à nous… comme par hasard ! » Gisèle en froisse ses Canson d'exaspération. Djibril reprend : « On comprend rien à ses trucs et elle fait genre qu'elle nous calcule pas, zynda ! Et après quand on pose des questions, elle crie ! » Avant que j'aie pu réagir, Gisèle explose : « Il y en a marre de ces élèves qui n'écoutent rien, qui mettent le bazar et qui se plaignent après de ne rien comprendre ! » Son ton est haché, débordant d'anxiété. Elle semble à bout. Kadidia ne se laisse pas démonter : « Vous voyez, m'sieur… qu'est-ce que je vous disais ? Elle a un problème avec nous ! » Gisèle, saisie par cette dernière remarque, se tourne vers moi, effarée : « Qu'est-ce que c'est que cette histoire ? »

Je décide de prendre le taureau par les cornes.

Plantant mon regard dans celui de Kadidia, je lui assure que j'ai appris à bien connaître leur enseignante : j'affirme que les propos qu'« on » lui a prêtés ne sont pas avérés et ont été colportés par des gens malveillants. Bref, je *sais* qu'elle n'est pas raciste ! Un brouhaha de contestation monte des rangs. Djibril lève les yeux au ciel : « C'est ça, ouais ! »

Abasourdie par le tour que prend la discussion, Gisèle proteste : « Mais c'est n'importe quoi, ça n'a rien à voir ! » Elle est sincèrement révoltée. Je lui pose la main sur le bras. À la fois pour l'apaiser et pour la supplier de me laisser faire.

Si on ne fait pas redescendre la colère, on ne s'en sortira pas.

« Votre professeure a une manière d'enseigner, une méthode de travail qui n'a qu'un seul but : que vous fournissiez le meilleur travail possible dans le très court temps dont elle dispose avec vous. Elle est exigeante, *très* exigeante même… quoi que vous en pensiez, cette exigence est une marque de respect envers vous. Ce que vous lui reprochez est vrai : elle ne répète pas les consignes qu'elle a données en début de cours… mais uniquement parce qu'elle considère que le manque d'attention de certains n'est pas digne de "grands" de 3e. »

Je jette un œil à Gisèle qui hoche la tête : mon discours semble lui convenir. Kadidia fait la moue mais ne moufte pas. Son absence de réaction semble avoir un impact sur ses camarades : la classe reste à l'écoute. Djibril persiste à serrer les dents mais me laisse poursuivre.

« Si vous faites preuve de sérieux et d'écoute, vous la découvrirez sous un nouveau jour… mais le voulez-vous vraiment ? Il est peut-être plus confortable pour vous de ne faire aucun effort et de rejeter la responsabilité de votre échec sur elle et son prétendu "problème" avec vous. » Piquée au vif, Kadidia finit par sortir de ses gonds : « Nous, on veut bien être sérieux ! Mais faut qu'elle arrête de nous agresser aussi ! »

Je ne vais pas y arriver.

À bout d'arguments, je m'apprête à répondre qu'ils ne sont pas en mesure d'exiger quoi que ce soit mais Gisèle tient à prendre la parole. D'une voix tremblante d'émotion, elle se défend : « Je n'ai jamais prononcé de paroles racistes – jamais je ne ferais ça –, ce n'est pas "ça" la question. Tout ce que je veux – comme l'a dit votre CPE –, c'est vous aider à donner le meilleur de vous-mêmes, ni plus ni moins. Mais il faut réunir de bonnes conditions de travail pour que cela soit possible. Du silence, de la concentration. Du respect. Si tout le monde est d'accord avec ça, il n'y a pas de raison que cela se passe mal. »

Des soupirs et des commentaires dubitatifs accueillent sa profession de foi.

Kadidia et Djibril restent de marbre.

Il est temps de conclure. Remerciant intérieurement Gisèle pour sa sortie conciliante, je réaffirme devant les élèves sa volonté de dialogue, puis les mets au défi de réussir à modifier leur comportement. Ils feront ainsi mentir les vrais racistes qui débinent les jeunes de banlieue et ont décrété de longue date que, à quelques exceptions près, ils sont perdus pour la cause. « Qui vous traite mal ? Ceux qui vous estiment inaptes à suivre quelques règles et à progresser ? Ou celle qui va vous prendre la tête à chaque instant pour que vous respectiez les consignes et que vous vous mettiez au travail ? Maintenant… en êtes-vous capables ? » Un ange passe.

La voix de Kadidia retentit : « Bien sûr qu'on l'est, vous allez voir ! »

Je ne laisse rien paraître de mon soulagement. Je me tourne vers Gisèle : « Très bien… Attendons de voir. » N'osant croire à la résolution du conflit, elle m'adresse un rictus que j'interprète comme amical. Parvenu à la porte, je croise le regard dur de Djibril. Il répète les mots de Kadidia avec force : « Vous allez voir ! »

Je préfère ne pas spéculer sur le contenu de cette promesse. Je leur souhaite un bon cours et quitte la salle pendant que Gisèle finit de distribuer leurs travaux aux élèves.

Dans le plus grand silence.

Le retour de Slimane

Octobre. Semaine 6. Jeudi. 9 h 15

Slimane a encore été viré.

Une fois de plus « égaré » par l'injustice dont il se dit victime, il tempête : « Je fais tout pour me calmer, mais les profs, ils cherchent aussi ! » Il réagit de plus en plus mal aux réprimandes, encore moins bien aux exclusions. Être envoyé chez le CPE est devenu pour lui la pire des sanctions. Ce n'est pas tant qu'il craigne d'être réprimandé : en fait, il ne veut pas me décevoir. Notre lien de confiance est devenu une nouvelle source de conflits : qu'un adulte ose suggérer qu'il a trahi ses « engagements » vis-à-vis de moi le met hors de lui. « Ils sont toujours sur mon dos ! Ils s'en prennent qu'à moi ! Alors qu'il y a les autres aussi ! »

Le fait est qu'être élève en 3e 1 ne lui rend pas la tâche aisée.

À l'instar de la 5ᵉ 2, la classe a hérité d'un nombre critique d'élèves en difficulté et/ou chahuteurs. La dynamique de groupe est catastrophique : ils bavardent, s'interpellent, s'amusent, se « chicanent » sans arrêt. Leur âge, avancé pour certains, leurs formats de basketteurs NBA et leurs voix de ténors rendent plus délicats, et souvent vains, les rappels à l'ordre. Le temps moyen de concentration est de trente secondes, ce qui constitue une fenêtre de tir étroite pour y caler la diffusion des savoirs. Il n'y a pas un début de tête de classe pour inverser la tendance : le foutoir est permanent, le travail globalement inexistant et le niveau – déjà bas – continue de se dégrader. Nous n'en sommes qu'à la moitié du premier trimestre et les enseignants n'en peuvent déjà plus. Le professeur principal de la classe, Pascal, a fini par convoquer les parents à une réunion de « régulation » : seul un tiers d'entre eux se sont présentés, plutôt issus du camp des élèves subissant le climat délétère. Ceux des principaux fauteurs de troubles n'ont pas fait le déplacement. Ce fut un moment de dénonciation de l'état de délabrement du collège par des géniteurs inquiets. Alors que nous souhaitions « taper du poing sur la table », nous nous sommes retrouvés sur la sellette et avons dû garantir à la petite assemblée que tout serait fait pour améliorer la situation. Ce n'était pas le but premier de la rencontre.

Malgré tout, dans ce contexte désastreux, Slimane a *vraiment* fait des efforts : Myriam, sa prof de SVT qu'il avait malmenée au début d'année, m'a certifié qu'il était plus tranquille que jamais auparavant ! Quelques collègues l'ont trouvé plus posé, ses réactions moins épidermiques. Pascal a néanmoins tenu à remettre les choses en perspective : ce n'est pas parce que c'est mieux que c'est bien.

Slimane demeure « difficile à gérer » et explosif.

Fils unique, il a été élevé par sa mère. Le papa a disparu des écrans radars depuis belle lurette. La maman ne l'a pas bien vécu : Sabine et le personnel éducatif qui s'occupe de son fils depuis trois ans ne l'ont connue qu'en colère. Contre le monde, contre la vie. Contre son fils. Elle n'est pas tendre avec lui. Il faut dire que sa scolarité lui a fourni peu de motifs de satisfaction : en 6e, Slimane était dans la catégorie des agités au niveau inquiétant. En 5e, il a intégré celle des perturbateurs au niveau alarmant. La 4e l'a promu élève insupportable au niveau catastrophique. Il fallait s'attendre à ce que la 3e soit coton.

Il a traversé les années sans que soit jamais envisagé le redoublement. Démunies face à ses difficultés et ses débordements, les équipes successives ont estimé préférable de l'amener au plus vite en 3e pour qu'il construise un projet professionnel réaliste. Et s'en aille dès que possible vers de nouveaux horizons.

Pendant qu'il tourne comme un lion en cage dans mon bureau, je lui livre l'analyse de Pascal sur son compte : il n'est pas – loin de là – le plus « méchant » de la bande. Mais il est celui qui fait le plus de bruit. Ses colères interrompent les cours et amusent ses camarades. Toujours prêts à nourrir sa tendance naturelle à « mettre le dawa », ils l'interpellent, le vannent, Slimane répond, s'emporte. Son prof le reprend, son sentiment d'injustice s'active illico : « On me parle, je fais que répondre et c'est moi qui prends, comme par hasard ! » Et c'est le clash.

Il tombe dans le panneau à chaque fois.

Je cesse de prendre des pincettes avec lui : « Ça ne te dérange pas d'être le jouet de tes potes ? »

Il ne répond pas. Il boude. J'essaie de le convaincre que ses enseignants sont plus compréhensifs qu'il ne le pense. En grande partie d'ailleurs parce que je leur assure que « Slimane fait ce qu'il peut ». Mais ses sautes d'humeur commencent à leur courir sur le haricot et à moi aussi. Nous ne les tolérerons pas indéfiniment. Surtout pas dans une classe aussi fournie en vedettes.

Mes arguments finissent par porter. Il reconnaît du bout des lèvres qu'il a pu s'énerver, qu'il doit se maîtriser…

Alléluia.

… mais qu'avec ce « narvalo de prof de français », en revanche, il est dans son bon droit, zynda !

Il me fatigue.

Tant qu'il ne reconnaîtra pas qu'il fait partie du problème, on aura du mal à avancer. Il sent qu'il m'a agacé et redevient piteux. Comme d'habitude, il s'engage : cette fois, il ne me décevra pas ! Je lui propose de ne plus m'assommer de serments définitifs : « Prouve-moi déjà que tu peux tenir le reste de la journée sans te faire virer, ce sera un bon début. » Je lui rappelle la tactique : fermeture aux autres et soumission bienveillante aux requêtes de ses enseignants. Qu'il l'applique strictement et il s'épargnera de nouvelles déconvenues.

Il a compris. Il promet.

Un quart d'heure après la récréation de 10 heures, il est de nouveau devant moi avec un mot d'exclusion à la main et un sourire gêné au coin des lèvres.

À mon tour d'être « égaré ».

Exaspéré, je lui dis que « je laisse tomber », que je ne ferai plus rien pour lui puisque ça ne sert à rien. Ma réaction le heurte. Il affiche sa grimace de douleur habituelle et s'enfuit. Je suis fatigué de courir après Slimane. Je le retrouve affalé contre le mur du CDI. Anéanti. Il m'attendait. Il répète que ce n'est pas sa faute, qu'il n'a rien fait, que c'est toujours lui qui prend. Toujours le même refrain et les larmes qui vont avec. Je ne me laisse plus attendrir : je me mets à la place des collègues chahutés qui subissent chaque jour sa fureur.

« Oui mais là j'ai *vraiment* été viré pour rien ! »

Une pause. Puis il ajoute : « Juste parce que j'ai ri ! »

Il ne comprend pas que ses profs n'ont plus la patience requise pour le garder. Il les épuise. Et comme ils savent que j'ai un effet apaisant sur lui, ils me l'envoient au moindre signe avant-coureur d'éruption. C'est un cercle vicieux.

Je lui demande si c'est bien tout, s'il ne me cache rien. Je n'hésiterai pas à l'exclure de nouveau s'il a trop déconné. Il enrage de plus belle et commence à marteler les murs de coups de poing. La porte du

CDI s'entrouvre, la documentaliste jette un œil craintif dans le patio : je la rassure, je « gère ». Pas convaincue du tout, elle se barricade dans son repaire. J'entraîne Slimane vers la salle de permanence, vide à cette heure. Je l'attrape par le bras pour qu'il cesse de balancer les chaises par terre. Il se débat et fonce se réfugier dans un coin de la pièce, la tête entre les mains.

Je ne sais plus quoi faire.

« Ce n'est plus possible. Je ne peux pas m'occuper de quelqu'un qui explose à la moindre contrariété. Tu es en 3e. L'année prochaine, c'est le lycée. Si tu n'arrives pas à te maîtriser en classe et à réagir correctement dès qu'on te fait une remarque, c'est sans espoir : tu ne tiendras pas quinze jours. Qu'est-ce que je peux faire d'un type qui menace de tout péter dès qu'il n'est pas content ? Dis-le-moi parce que, là, je n'ai plus de solution. »

Agité par une rage impuissante, il boxe le vide : « C'est les profs ! Ils s'en prennent qu'à moi. Ils m'en veulent d'un truc, on dirait. » Je hurle : « NON ! Assez avec ça ! Tu peux passer ta vie à accuser le monde entier de tes malheurs, le monde entier s'en moque. Personne n'est focalisé sur ta petite personne : C'EST TON COMPORTEMENT QUI NOUS GONFLE ! Maintenant, si tu veux que ça marche, tu ne peux plus te contenter d'être comme les autres, tu dois être MIEUX que les autres. Ce n'est qu'à ce prix que tes profs commenceront PEUT-ÊTRE à se détendre et cesseront PEUT-ÊTRE de te virer ! »

Pour la énième fois depuis le début de l'année, je le conjure solennellement d'arrêter ses délires, de ne plus répondre aux provocations de ses potes, d'accepter le droit fondamental des adultes de lui dire de se taire. Si ce n'est pas le cas, je ne peux plus rien pour lui.

« Je veux bien aider mais, à un moment, ça suffit ! »

J'ai été un peu long mais il fallait ça. Il est sonné… mais aussi soulagé de voir que j'ai laissé la porte entrouverte. Il s'engage de nouveau à faire l'effort demandé. Il croit bon d'ajouter aussitôt : « Mais il faut que les profs se calment aussi ! » Je le sèche : « C'est pas du donnant-donnant ! C'est à toi seul de redresser la barre : tes profs ont des cours à faire, dans des conditions pas simples, ils ne vont pas se faire suer à tenter de regagner l'amour et la confiance de M. Slimane ! Ils n'ont plus la patience que j'ai pu avoir et JE LES COMPRENDS ! »

Il bougonne. Je m'apprête à le pulvériser s'il ose me sortir que je suis toujours pour les profs de toute façon. Il s'abstient (mais ça lui coûte). Je le ramène dans le bureau, fouille dans mes tiroirs, en extrait un document. Une fiche de suivi. Il s'agit d'une feuille d'emploi du temps vierge. À l'issue de chaque heure de cours, l'élève « sous fiche » la donne à son enseignant qui évalue son comportement pendant l'heure écoulée. Bien que le dispositif s'adresse plutôt aux « petits » (6e et 5e), ça peut être efficace avec Slimane et son besoin de me prouver qu'il est « cap' » de bien faire. S'il arrive à finir la semaine avec une majorité de « B » (pour « Bien ») ou « M » (pour « Moyen »), un espoir subsiste. Sans compter que, en cas de succès, il pourra rapporter la fiche à la maison et brandir devant sa mère la preuve qu'il a été un chic type. Histoire de chatouiller son orgueil, j'émets des doutes quant à ses chances de succès. Piqué au vif, il promet que « ça va le faire ! ». Je souris. Il est rassuré : je crois encore en lui.

Après un « au revoir » plein de promesses, il disparaît avec sa fiche.

*

Alors que je suis en train de superviser le passage à la cantine, Cédric vient me signaler que Slimane l'a bousculé en passant à la grille : « Il commence à me soûler grave, lui ! S'il ne se calme pas, c'est moi qui vais le calmer ! » Cédric est un « sanguin ». J'essaie de temporiser :

« C'est compliqué avec lui en ce moment… mais je suis l'affaire.

– Mouais, enfin, en attendant, il m'a bousculé et il va rien se passer, c'est ça ?

– Je vais lui parler, il va m'entendre. Il sait qu'il n'a pas le droit à l'erreur. »

Cédric fait une moue dubitative et s'éloigne pour aller crier sur des élèves qui courent dans le hall. J'en veux à Slimane de me mettre ainsi en difficulté avec les surveillants. Et je m'en veux de laisser Cédric me parler ainsi. À croire que c'est le lot des CPE de ne jamais faire ce qu'il faut, de toute façon.

Souella me rejoint, l'air embêté. Elle était « de grille » aussi. Elle tient à la main la fiche de suivi de Slimane : elle l'a trouvée roulée en boule par terre en revenant vers le hall. La seule case remplie, celle du cours précédent, contient un « I » rouge souligné.

I comme « Incorrect ».

Le choc des titans 2

Octobre. Semaine 7. Lundi. 10 h 05

Première récréation du matin. J'arpente le hall de long en large en aboyant sur les élèves. La routine, quoi. Marine interrompt ma glorieuse mission éducative pour me parler d'un « truc ». Devant mon air las, elle me rassure : Fatoumata, qui a passé son début d'année à contester sa gestion de classe, semble avoir enterré la hache de guerre depuis notre mise au point. En revanche, Jérémy reste compliqué à gérer : quand on lui demande de se taire, quand Fatoumata le regarde de travers ou quand il reçoit une mauvaise note, il se laisse déborder par ses émotions. En un mois et demi, il est passé d'élève « atypique » à élève « en souffrance ». C'est de lui que veut me parler Marine : « Il m'a fait la tête pendant tout le cours et, en sortant, je l'ai trouvé en train de s'énerver tout seul dans le couloir. Il n'a pas voulu me dire ce qu'il avait mais je crois qu'il m'en veut de quelque chose. »

Jérémy débarque soudain devant mon bureau, bras croisés sur la poitrine, et nous jette un regard noir. L'émotion du jour est donc la colère. Je laisse Marine prendre sa pause afin que l'offensé puisse me dire en toute liberté ce qu'il a sur le cœur. Elle me remercie d'un signe de la main et disparaît vers le patio.

Lorsque je l'invite à vider son sac, Jérémy ne se fait pas prier :

« J'en ai marre ! Marre ! Marre !

– T'en as marre de quoi ?

– J'en ai marre d'ADRIEN ! »

Adrien ? Connais pas. Un simple prénom dans la liste des 5e 4 sur lequel je n'arrive même pas à mettre un visage. Il a dû en faire une belle car Jérémy est en boucle : « J'en peux plus de lui ! Il me cherche, il me traite ! Je vais péter UN CÂBLE ! » Et il pète effectivement un câble : il balance son sac par terre et serre les poings, le visage rouge de fureur et humide de larmes.

Je lui tends un Kleenex puis le prie de m'expliquer en quoi consiste *précisément* son problème avec Adrien. Il se lance : « J'suis entré dans la classe et j'allais me mettre à côté de Moussa. Et là, Adrien, qu'est-ce qu'il a fait, comme par hasard ? Il s'assoit pile à ma place alors *qu'il savait* que c'était MA place ! Je lui ai dit de dégager mais Mme R. (Marine) m'a dit d'aller m'asseoir ailleurs. Elle a pas voulu m'écouter, elle m'a même crié dessus. Alors moi j'ai pas travaillé pour la peine parce que j'étais trop soûlé ! »

Il reprend sa respiration. J'essaie de lui faire admettre que cette histoire de place ne justifie peut-être pas de se mettre dans un état pareil. Il repart de plus belle : « Mais NON, c'est pas ça le problème, j'ai pas fini ! Le problème c'est qu'à la fin de l'heure, je suis allé voir Moussa parce qu'on devait discuter d'un jeu de "play[1]" qu'il devait me prêter. Et là, Adrien, il me dit direct : "C'est bon, tu nous soûles avec ta play, casse-toi !" Alors, moi, j'ai pété un câble parce que, à un moment, y en a marre, y en a marre ! Y EN A MARRE ! »

La sonnerie nous interrompt. Fin de la récréation et du premier acte.

Après avoir vérifié que la mise en rang se passait à peu près bien, je reprends avec Jérémy là où nous en étions restés. Il s'est calmé mais reste bougon. « Ça fait longtemps que vous êtes fâchés avec Adrien ? » Il me balance alors en vrac tous les griefs qu'il a contre son « ennemi juré » (*sic*). Petit à petit, je reconstitue le puzzle d'une relation passionnelle et haineuse remontant à l'école primaire. Cela fait un sacré bout de temps qu'ils se « chicanent » tous les deux. Jérémy ne fait pas dans la dentelle : il exècre Adrien, il rêve de le pulvériser, de l'anéantir, de lui faire « manger ses dents ».

Il ne partagera pas son goûter avec lui.

Épuisé par son exposé, il se tait enfin. J'en profite pour placer un commentaire éducatif : « Je

1. Playstation.

comprends que vous ne vous entendiez pas mais vous êtes dans la même classe, il va bien falloir apprendre à vivre ensemble.

– Plutôt crever ! »

Je bascule de l'écoute amicale à la fermeté : s'il ne change pas d'attitude, c'est moi qui vais m'énerver. Cela ne fait que confirmer sa théorie du complot et la méchanceté du monde : « Comme par hasard, c'est encore moi qui prends ! »

Les sanglots reprennent.

OK.

J'appelle la vie scolaire et demande à un surveillant de venir récupérer Jérémy et à un autre d'aller me chercher Adrien en classe. Il me faut la seconde version de l'histoire. Adrien débarque quelques instants plus tard. Je suis frappé en le découvrant : il a le même format, petit et rondouillard, que son détracteur. Il n'a pas l'air bien méchant. Il est même plutôt effrayé de se retrouver dans mon bureau. J'entre dans le vif du sujet : « Qu'est-ce qui se passe avec Jérémy ? »

Il fond aussitôt en larmes. J'ouvre un deuxième paquet de kleenex.

D'après Adrien, tout aurait commencé le jour où Jérémy l'a accusé de lui avoir piqué son pain au chocolat lors d'une récré en CM2 (j'aurais dû me douter qu'il s'agissait d'une histoire de goûter). Bien sûr, Adrien jure ses grands dieux que ce n'est pas vrai, mais Jérémy n'a jamais rien voulu savoir. Depuis, ils se détestent. Ils ont bien essayé de faire la paix mais, avec Jérémy, « c'est pas possible de toute façon ». Je me permets de lui dire que l'envoyer balader pendant qu'il discute avec un copain n'est pas le meilleur moyen de détendre l'atmosphère.

Il explose : « Il a dit ça ? V'là le mytho ! »

J'estime en savoir assez.

Je fais revenir Jérémy à la table des négociations. Je le place à gauche, Adrien à droite, deux bons mètres et une chaise entre eux pour éviter qu'ils n'en viennent aux mains. Ils se toisent comme sur les affiches de Rocky. D'un claquement de doigts, je ramène leur attention sur moi : « Vous ne pouvez pas vous voir en peinture, c'est votre droit. Si ce n'est que c'est en train de vous créer des ennuis : il va donc falloir faire un effort. À partir d'aujourd'hui, vous allez donc vous parler correctement et vous respecter. Le fait que vous soyez dans la même classe ne simplifie pas les choses mais vous n'avez pas le choix… parce que si vous continuez à vous "chicaner", c'est à moi que vous aurez affaire : je vous punirai *ensemble* sans faire de distinction, c'est clair ? »

J'ai adopté une voix grondante afin de bien asseoir mon rôle de méchant. De fait, ils semblent impressionnés.

Jérémy hoche la tête : « C'est tout à fait clair ! » Il se tourne vers Adrien et lui traduit mes propos : « T'as compris hein ? Tu dois nous laisser tranquilles avec Moussa.

– Quoi ? D'où t'as vu que Moussa il est qu'à toi ? »

Ils recommencent à s'invectiver. Je dois crier « STOP ! » trois fois pour qu'ils arrêtent. Ils ont omis de mentionner un pan non négligeable du problème, leurs Îles Malouines, leur Alsace-Lorraine, leur Jérusalem-Est : Moussa.

Ils se proclament tous les deux « meilleur ami de Moussa ». En exclusivité. La palme de la jalousie maladive va à Jérémy qui exige l'ajout d'une clause à l'accord de paix : la création d'une zone de sécurité autour de lui et Moussa formellement prohibée à Adrien. Au motif incontestable « qu'il les embête ». Égaré, Adrien fait une contre-proposition stipulant que Jérémy « lâche » Moussa qui en aurait marre que Jérémy le « colle tout le temps ».

Nouveaux hurlements. Nouvelle intervention de ma part. Nouvelles crises de larmes.

Enfin le silence, entrecoupé de reniflements amers. Je m'accorde un instant pour réfléchir.

Au bout de quelques secondes, je leur ordonne de me suivre.

Bâtiment E, deuxième étage, salle E24. Je frappe, entre, m'excuse auprès de Claude qui a la 5e 4 en SVT (c'est lui qui m'a rapporté les théories de Jérémy sur le « Kaméhaméha »). Après avoir envoyé Adrien et Jérémy à leurs places, j'appelle Moussa. Un garçon menu, assis au premier rang, se lève et me rejoint à la porte. Ses deux « meilleurs amis » blêmissent.

Puisqu'ils ne parviennent pas à s'entendre, je vais demander son avis à Jérusalem-Est.

Moussa est le meilleur élève de la classe. Très posé, il me confirme qu'il connaît Jérémy et Adrien depuis qu'ils sont petits. Et pour cause : ils habitent dans la même rue, à quelques numéros de distance. Ces trois-là se côtoient en permanence depuis la maternelle. Je lui résume le conflit, il affiche un sourire désolé et écarte les bras en signe d'impuissance. Il m'explique qu'il essaie de les raisonner mais que « c'est dur ». Il arrive parfois que Jérémy et Adrien oublient qu'ils ne se supportent pas et jouent ensemble avec lui. Mais une contrariété ou un mot de travers suffisent à mettre fin à ces accalmies. Toute cette colère le dépasse un peu. Il persiste cependant à jouer les juges de paix, restant envers et contre tout pote avec eux deux. Il émane de Moussa une bienveillance et une maturité que j'ai rarement rencontrées chez un gamin de douze ans.

Je comprends mieux que les deux rivaux aient du mal à le partager.

Estimant que ce n'est pas à lui de faire régner l'entente entre ses copains, je reprends l'idée d'une « zone verte » chère à Jérémy : Moussa doit refuser tout conflit à proximité de sa personne et s'éloigner en cas de « pétage de câble » de la part de l'un ou l'autre. Cette menace pourrait entraîner une trêve durable : être privé de Moussa semble être la pire punition qui puisse frapper ses comparses. Convaincu, il accepte d'être mon allié dans ce long travail d'apaisement.

À l'issue de l'entretien, moi aussi j'ai envie d'être ami avec Moussa.

L'élection des délégués

Octobre. Semaine 7. Mercredi

C'est jour d'élection des délégués. Jusqu'à présent, la procédure et la date du vote étaient laissées à l'appréciation des professeurs principaux. La plupart du temps, ils s'en débarrassaient en fin de cours ou en début d'heure de vie de classe avant de reprendre une activité normale.

Mais ça, c'était avant.

Chloé a décidé de redonner à cette échéance démocratique le lustre citoyen qu'elle a perdu depuis trop longtemps. Elle a donc demandé à la mairie de lui prêter une urne, un isoloir et a transformé une salle de classe en un magnifique bureau de vote. La plupart des enseignants trouvent l'idée « sympa » : c'est une bonne entrée en matière pour les cours d'éducation civique. Certes, il y a aussi des collègues que cela ennuie franchement. Déjà que les délégués élèves, ils n'en voyaient pas bien l'utilité… Mais comme ils ne veulent pas nous faire de la peine, ils ont tous accepté de jouer le jeu.

Chaque professeur principal a sollicité les candidatures une semaine à l'avance afin que les élèves puissent rédiger une profession de foi et exposer leur programme au corps électoral. Leurs camarades peuvent ainsi se prononcer en conscience et pas juste parce que leur favori est bon au foot ou leur a prêté un jeu de « play ». Peut-être cela permettra-t-il en sus de faire naître des vocations chez de futurs leaders de la nation. En attendant, si les candidats parviennent à se présenter sans être mitraillés de boulettes de papier mâché, ce sera déjà formidable.

Depuis deux jours, la salle E4 est animée de discussions, de débats, de cris de joie ou de déception, signes indéniables d'une démocratie pétante de santé.

Alors que vient de débuter la troisième heure de cours de la matinée, je demande exceptionnellement aux surveillants qu'aucun malfrat ne me soit envoyé dans l'heure à venir. Je tiens à assister à un événement majeur : l'élection des délégués de la 5e 2.

C'est pas tous les jours qu'on se marre…

J'y vais surtout pour épauler Romain. Avec les vedettes qu'il doit se coltiner, cela peut vite tourner à la foire : nous ne serons pas trop de deux pour veiller à la sérénité du scrutin.

Romain a réussi à imposer un semblant de calme… que mon arrivée perturbe aussitôt. La moitié des élèves se lève pour m'accueillir tandis que l'autre reprend un bavardage interrompu par leur prof quelques instants plus tôt. Je pousse un cri visant à ramener le silence tout en jetant un regard désolé à Romain. Ce dernier hausse la voix et récapitule les noms des candidats. Antoine, en très grande forme, qualifie chacun d'eux de « bouffon ». Je lui somme de fermer sa mouille, bien vite aidé par Mariama qui est elle-même candidate. Son emportement (« Ferme-la ou j't'en colle une ! ») couvre sans mal mon recadrage. Frankie surprend tout le monde en levant la main. Mais il se rétracte aussitôt : « Crari, je suis pas un bouffon ! » Touché par l'hommage, Antoine lui fait un clin d'œil complice. Mariama réitère ses menaces contre Frankie qui lui répond sur le même ton. Et c'est le bordel.

Les 5e 2 ne déçoivent jamais.

Je me dis qu'on ne s'en sort pas si mal : Haroun pourrait être présent. Mais nous l'avons de nouveau exclu hier : il a éclaté une cartouche d'encre sur la tête d'un camarade et n'a cessé de rire que longtemps après la mise au point musclée de son CPE préféré.

Il n'empêche : la solennité du moment est un peu plombée. J'engueule l'un après l'autre Antoine, Frankie, Mariama ainsi qu'Al-Hassane, habituelle tête de Turc des deux premiers, qui s'est joint aux festivités à cause d'une nouvelle taquinerie de Frankie. Car Al-Hassane a lui aussi décidé de se présenter. J'ai déjà eu le sentiment de ne servir à rien mais rarement à ce point. J'en viens presque à me demander si ce n'est pas ma présence qui les déchaîne. En attente d'ultimes candidatures, Romain, craie à la main, observe les échanges avec consternation. Antoine adresse un « Nique ta mère » à Al-Hassane qui lui rétorque du tac au tac un « Fils de chien » bien senti. Romain saisit la balle au bond et annonce en l'inscrivant au tableau un nouveau candidat :

« Fils de chien » !

Toute la classe éclate de rire, les quatre loustics et moi inclus. Comme par magie, la blague a détendu tout le monde. L'attention se focalise enfin sur Romain qui, grâce à son sens de la repartie, a obtenu un certificat de « total respect ». Le rituel électoral peut débuter.

Après quelques minutes, tous les candidats sont déclarés : Coralie, une grande fille de niveau moyen mais qui travaille pour progresser ; Kévin, bon élève que Romain a convaincu de se présenter ; Mariama, élève en difficulté avec un caractère bien trempé (comme nous venons de le constater) ; Al-Hassane qu'on ne présente plus.

Romain les invite à monter sur l'estrade pour lire leur discours. Les orateurs ont la pression, pas un ne bouge. Antoine et Frankie sont déjà en train d'astiquer leurs vannes. Je m'installe entre eux, prêt à les bâillonner s'ils s'avisent de respirer trop fort.

Mariama finit par se lancer. Elle rejoint Romain, jette un regard de tueuse à l'assistance et nous expose son programme : « Je me présente comme déléguée pour vous représenter et vous défendre contre les profs ! » La classe enthousiaste l'applaudit à tout rompre. Romain et moi poussons un soupir dépité. Il va falloir se fendre d'une formation des délégués pour leur rappeler que nous ne sommes pas leurs ennemis et que la mise en cause des enseignants ne fait pas partie de leurs prérogatives. Mariama retourne à sa place, pas mécontente de son petit succès.

Al-Hassane, copiant le regard noir de Mariama, fait plus sobre : « Ben, je me présente, voilà, quoi. » Il me faut un dixième de seconde pour comprendre que c'est déjà fini et un centième pour hurler « Antoine ! » Seul le « B » de « Bouffon » aura franchi ses lèvres. Al-Hassane étant déjà très tendu par le trac, je nous ai sans doute épargné une belle kourave.

Coralie répète mot pour mot le discours de Mariama : « Euh… je me présente comme déléguée pour vous représenter et vous défendre contre les profs. » Elle a repéré l'approbation que cela avait suscitée chez ses camarades mais comme il y a redite, l'effet tombe un peu à plat. Romain tente bien de la relancer et lui demande s'il n'y a pas d'autres raisons pour lesquelles elle voudrait devenir déléguée. Elle m'observe en train de plaquer ma main sur la bouche de Frankie.

Elle répond « non » et rejoint rapidement sa place.

Kévin passe le dernier. Planté devant la classe, il tient un papier à la main : il a préparé. Néanmoins, il ne semble plus avoir très envie de devenir délégué. Romain l'encourage. De mon côté, j'hésite à étrangler Antoine qui a eu le temps de lâcher un « Bouffon » pendant que je surveillais Frankie. Malgré mes difficultés à cadrer ses camarades, Kévin – soucieux de faire plaisir à son professeur principal – s'exécute : « Je me présente pour vous représenter, être votre porte-parole et vous défendre au conseil de classe. » C'est bien mais on dirait qu'il lit une lettre d'excuses. Après avoir expédié son laïus, il retourne à sa place en espérant que tout cela s'arrête très vite.

Le vote se passe sans incidents… à part Frankie qui ne peut s'empêcher de soulever le rideau de l'isoloir comme si c'était la jupe d'une fille. Après dépouillement, les résultats sont sans appel : Mariama et Al-Hassane sont élus à la majorité absolue au premier tour.

Le soulagement de Kévin est palpable.

Satisfait d'être allé au bout de l'expérience, je prends congé de Romain sous les applaudissements de la classe (destinés aux nouveaux élus, ne rêvons pas). Avant de partir, je signifie à Antoine et Frankie que leur conduite a été une fois de plus lamentable : ils ont voulu faire les malins mais leurs camarades ont au moins eu le courage de se présenter. Ce qui n'est pas leur cas. Et toc !

Frankie s'en cogne mais Antoine paraît un peu vexé.

Cela dit, je n'ose imaginer notre embarras s'ils s'étaient présentés.

Et s'ils avaient été élus.

Retour de bâton

Octobre. Semaine 8. Jeudi. 15 h 45

Diénéba, ma terreur de 3e 3, vient me voir une ou deux fois par semaine. Souvent après sa dernière heure de cours. Une petite humiliation du CPE avant de rentrer à la maison. Toujours le même rituel : profitant du fait que ma porte est toujours ouverte, elle entre et se pose contre le mur. Puis elle me fixe avec son sourire narquois. J'ai tout essayé : la colère, le mépris, tout a échoué.

Je suis en train de me faire bouffer par une gamine de 15 ans.

À part à Claude, je n'en ai parlé à personne car je suis le seul qu'elle persécute. Elle appuie là où ça fait mal : un sentiment de faiblesse et de honte qui m'empêche de prendre des mesures drastiques. Je me vois mal solliciter le chef d'établissement et réclamer une exclusion parce qu'une élève me regarde en souriant.

Je n'ai pas appelé sa famille pour les mêmes raisons.

J'ai tourné le problème dans tous les sens à la recherche désespérée d'une solution qui me permettrait de préserver une estime de moi déjà bien ébréchée.

La lumière est venue au cœur de la nuit dernière.

Je me suis réveillé en sursaut avec en tête un nouvel angle d'attaque. Le moyen de lui rendre la monnaie de sa pièce et d'effacer son sourire pour de bon.

J'attends sa prochaine visite avec impatience.

La fin de la récréation a sonné depuis dix minutes lorsque je la vois arriver. Le ricanement d'Audrey, sa copine, est beaucoup moins nerveux que dans les premiers temps : l'impunité dont bénéficie leur petit jeu a gommé sa gêne. Bien calé dans mon fauteuil, je laisse Diénéba s'installer dans sa posture habituelle. Je décroche le téléphone puis demande à Audrey de quitter mon bureau : je vais être en ligne avec les parents de sa copine, j'estime que notre conversation ne la regarde pas. Son ricanement cesse. Elle quitte le bureau sans que personne ne la retienne. Diénéba ne sourit plus.

L'heure de la vengeance a sonné.

En percevant la voix de son père au téléphone, elle sort de sa sidération et passe en mode colère. Le père a l'air calme, je le suis tout autant. Sur un ton clinique, je lui explique que sa fille a un comportement étrange : « Elle vient me voir tous les trois jours, elle se plante devant moi et affiche un sourire de défi. Je lui demande ce qu'elle veut, elle ne me répond pas. Lorsque je lui demande de sortir, elle devient soudain très insolente. Je ne sais pas où elle veut en venir, je ne comprends pas ce qu'elle fait. Pourriez-vous venir au collège pour que nous en parlions avec elle ? C'est très important… je veux l'aider, vous voyez. » Le père soupire, il arrive tout de suite. Je le remercie et raccroche. La fureur de Diénéba n'est pas désagréable à observer. Content de l'avoir enfin atteinte, je ne résiste pas au plaisir de remuer le couteau dans la plaie : « Tu devrais être contente : d'habitude, c'est toi qui insistes pour rester. »

C'est mesquin mais ça soulage.

Vingt minutes plus tard, le père est dans mon bureau. C'est un homme très âgé, il est vêtu d'un habit africain traditionnel. Irritée par sa présence, Diénéba a refusé de s'asseoir. Je commence l'entretien en prenant des accents de médecin préoccupé par un patient aux symptômes inquiétants. Ma distance de façade et mon ton condescendant la font bouillir. Le père lui parle en dialecte africain, elle répond sèchement « C'est bon ! J'ai rien fait ! » suivi d'un « tchip » sonore. Je porte l'estocade : « Inutile de t'énerver contre ton père, nous sommes là pour comprendre ce qui t'arrive. » Elle a parfaitement saisi que je me fous d'elle et détourne sa colère contre moi : « Toi, tu la fermes ! Je fais ce que je veux ! » Abasourdi par ce tutoiement soudain et la hargne qu'il contient, j'abandonne ma comédie pour prendre le vieil homme à témoin : l'attitude de sa fille est inacceptable ! Je lui résume nos premières semaines de vie commune : intimidation, harcèlement, manque de respect… Je ne l'ai supporté que trop longtemps ! Si elle n'arrête pas son numéro séance tenante, je n'aurai d'autre choix que de demander son exclusion. Le père hoche la tête d'un air las. Il s'excuse et m'expose de but en blanc le fond du problème :

« Elle est mauvaise. » Je reste pantois. Il poursuivit :

« Elle est comme ça depuis toute petite, elle a le diable. » Je ne suis pas sûr de comprendre : « Le diable ?

– Oui. C'est comme ça, on ne peut rien y faire. »

C'est toujours mieux quand les parents sont d'accord avec moi mais je n'en demandais pas tant. Désarçonné par le diagnostic paternel, je tente de redevenir constructif : « Euh… Je ne pense pas que ce soit si grave. Les cours se passent bien. Diénéba n'a ce comportement qu'avec moi… Il suffit qu'elle cesse ses provocations pour que tout rentre dans l'ordre. » Il persiste à secouer la tête de droite à gauche : il n'y croit guère. Son fatalisme achève d'anéantir mes désirs de vengeance. Pour la première fois, je lève un regard compréhensif sur Diénéba : « Tu n'as rien à dire… pour ta défense ? » Elle éructe de rage : « Non ! J'm'en fous ! » Elle s'enfuit du bureau en claquant la porte.

Le père ne bouge pas.

« C'est comme ça, elle est mauvaise », répète-t-il avec résignation.

C'est ce qu'on appelle une bonne base de travail.

L'hiver vient

Novembre. Semaine 9

Les vacances de Toussaint ont passé trop vite.

Je me suis retiré chez mes parents, en Charente-Maritime. Ils m'ont posé toutes les questions habituelles : comment ça se passe ? Tu t'en sors ? C'est pas trop dur ? J'ai répondu « oui » à tout afin de ne pas avoir à entrer dans les détails. Je n'ai pas envie d'en parler. J'ai passé la semaine à manger, à regarder la télé, à dormir, à essayer de ne penser à rien. J'ai pourtant le sentiment de revenir plus crevé qu'au départ.

Je n'étais pas pressé de rentrer.

Beaucoup partagent mon angoisse : les nouveaux profs se sont pris les deux premiers mois de cours en pleine poire. Ils viennent quotidiennement dans nos bureaux nous relater leurs déboires. Pour eux aussi, la période de « test » commence à être longue. Chacun gère comme il peut le chahut quotidien.

Sarah, professeure d'espagnol des 3e 4, garde le moral en s'appuyant sur les classes et les élèves avec lesquels ça se passe bien. Elle vient me voir dès qu'elle est confrontée à de gros problèmes de discipline. Nous en discutons, convoquons les élèves désagréables et prenons des décisions ensemble, ce qui lui permet de faire la part des choses et de garder de la distance.

Eddy, professeur de sciences physiques, est excédé et a opté pour la révolte face à la situation : il me demande de « faire-quelque-chose-parce-que-là-c'est-plus-possible ! ». Je lui propose la méthode Gisèle : intervention musclée en début de chaque cours qui se passe mal. S'il a un problème avec un élève, qu'il me le signale, je m'occuperai de son cas. J'espère qu'il se contentera de ce rappel à l'ordre, de quelques colères homériques, et d'une ou deux exclusions de temps en temps. On verra bien.

Camille, professeure d'histoire-géo des 5e 2 et des deux classes de 4e bien remuantes aussi, est effarée par ses difficultés. Elle se sent attendue au tournant par des classes à l'affût du moindre signe de faiblesse. Elle a le sentiment que chaque mot doit être pesé, chaque décision (voire note) justifiée, sinon c'est la levée de boucliers, une contestation permanente qu'elle se sent incapable d'affronter. Elle est noyée dans un océan de bordel, elle ne sait pas si elle aura le courage d'apprendre à nager là-dedans : elle se sent nulle, incompétente, mauvaise prof.

Elle a honte. Je compatis.

Pour essayer de la réconforter, je lui ai servi tel quel le discours de soutien que Laurent a tenu avec moi et le mantra du néo-titulaire qui va avec : « C'est la première semaine/le premier mois/la première année qui est difficile. »

Il faut s'accrocher à la certitude que cela ne peut qu'aller mieux.

En attendant, je lui ai proposé de s'appuyer sur le binôme professeur principal/CPE pour reprendre le contrôle de ses classes, cadrer les plus turbulents et tâcher de faire enfin cours.

Avec d'autres, la collaboration est moins évidente.

M. Briand, professeur d'histoire-géo aussi, remplaçant sur l'académie depuis six ans et tout juste arrivé dans notre collège, ne se prend pas la tête. Adepte du « chacun pour soi », il a décrété que c'était le boulot de la vie scolaire de stocker les élèves qu'il estime indignes de son enseignement. Il nous les envoie par grappes de cinq ou six à chaque début d'heure. Obtenir un effectif inférieur à dix-sept gamins semble pour lui le seul moyen de faire cours dans de bonnes conditions. Quand je lui propose de discuter de ses innombrables bannis, il rétorque qu'il « n'a pas le temps » : il a des photocopies à faire. Si j'insiste, il clarifie le fond de sa pensée : « Je n'en vois pas l'intérêt. » Devant mon agacement, il consent à me lâcher trois noms d'élèves dont il ne veut plus entendre parler : « D'ailleurs, je ne les prends plus ! » Avant que j'aie pu lui rappeler que c'est interdit, il a disparu dans le couloir. M. Briand est l'exemple extrême d'une gestion du quotidien laissée à l'appréciation de chacun.

Dans ce règne du « ressenti individuel », le « système à points » encensé en début d'année par l'équipe enseignante a vite montré ses limites.

Les micro-incidents qui empoisonnent le quotidien d'une classe ne sont pas perçus de la même façon par tout le monde : cela va du « Tant qu'il ne me tape pas dessus, je laisse faire » à « Il a oublié son manuel, je demande une sanction exemplaire pour cet élève ». Casquettes, blousons, téléphones portables sont interdits en cours… mais les enseignants ont des tolérances variables. Les élèves opèrent ainsi une première distinction entre les profs « gentils » et les profs « méchants » (ou « oufs » ou « narvali »). Ils ne se privent pas de pointer avec malice ces différences de fonctionnement : « Elle me vire parce que j'enlève pas mon casque d'iPod alors qu'en maths on peut les garder, elle va pas bien, elle ! »

Dire que cela facilite notre travail sur l'intégration de la norme serait exagéré.

Sur ce front aussi, les « nouveaux » sont les plus exposés : ils mettent fatalement plus de points que leurs collègues « aguerris » qui en mettent peu, voire jamais. Deux nouvelles catégories apparaissent alors :

– Les profs « à points », identifiés comme « intolérants », « faibles » ou « dépassés ».

– Les profs « pas à points », qui « assurent », qui « n'ont pas besoin de ça ».

Qui ont une « autorité naturelle ».

Dans les classes de « grands » (4e et 3e), nous observons un phénomène étonnant : l'absence de travail ou la fréquence des débordements de certains sont telles qu'ils échappent totalement au système. Les colonnes affectées à leurs noms restent vierges alors que des élèves moins turbulents qu'eux ont leur comptant de petits bâtonnets rageurs. Depuis le début de l'année, Slimane n'en a reçu qu'un seul. La façon dont il a réagi devant cette « injustice » a dissuadé Eddy, son prof de physique, de renouveler l'expérience.

En revanche, les collègues se lâchent sur les élèves des niveaux inférieurs : ceux que nous allons devoir garder encore trois ou quatre (ou cinq) ans et qu'il faut « mater » d'emblée. Frankie et Antoine ont vite atteint des scores de flipper et fait tomber leur record de l'année précédente. Haroun n'est pas loin derrière... mais, à sa décharge, il est arrivé plus tard. Si nous appliquions dans toute sa rigueur « la règle des 11 points » (exclusion automatique), nous assisterions à un assèchement alarmant des effectifs de 6e et 5e et à une impunité quasi totale des élèves de 4e et 3e.

Ou de ceux n'ayant que des profs « pas à points ».

Comme nous le pressentions, le « système » n'est donc pas l'outil miraculeux de régulation sociale annoncé à la pré-rentrée : c'est avant tout – et de manière insidieuse – un bon indicateur des enseignants en difficulté.

Ceci étant dit, l'ambiance n'est pas meilleure du côté des élèves.

Comme nous, ils doivent encaisser des rythmes scolaires délirants : des phases de six à huit semaines d'accélération et de travail de grande intensité alternant avec la brusque décélération des vacances. Sans compter que, sous nos latitudes banlieusardes, un désœuvrement abyssal les frappe dans les périodes de coupure. On part peu en vacances en Seine-Saint-Denis. Le passage permanent du « rien » au « trop-plein » ponctue leur année scolaire. Les emplois du temps à rallonge et les bouleversements physiologiques afférents à la puberté alimentent fatigue et mauvaise humeur. Le froid, le mauvais temps, la nuit achèvent de les abattre. Pour les élèves en échec scolaire, la perspective de se lever avant l'aube pour affronter huit heures de cours avive la tentation de rester sous la couette. Ou de mettre le « dawa ». Nous ne sommes qu'à mi-chemin du premier trimestre, il reste sept semaines à affronter avant la trêve de Noël, la tension est à son comble et le pire est à venir car la plupart d'entre eux souhaitent endurer une épreuve majeure de cette fin d'année : le ramadan.

Il a débuté fin octobre et dure quarante jours. Nos élèves sont pour la plupart de confession musulmane, ils tiennent à le respecter : ils vont donc subir les horaires décalés (coucher tard et lever tôt pour pouvoir manger) et toute la fatigue physique et nerveuse qu'entraîne le jeûne. Nous tâchons de convaincre les plus petits qu'ils sont peut-être encore un peu frais pour tenter l'aventure. Dans leur grande majorité, les parents sont d'ailleurs d'accord avec nous et n'obligent leurs enfants à rien. Mais c'est sans compter le climat de compétition qui règne entre les bambins : pas question de passer pour des « bolosses » ! Nous sommes souvent assez éloignés de la finalité religieuse de purification de l'âme : si les plus âgés – notamment les filles – suivent le rituel avec une conviction sincère, les plus petits – des garçons pour la plupart – essaient avant tout de prouver qu'ils « sont cap' ».

C'est ainsi qu'Antoine m'a annoncé, bravache, qu'il était bien décidé à relever le défi alors qu'il est aussi musulman que ma grand-mère.

La demi-pension s'en trouve désorganisée. À la demande de l'intendante, la plupart des demi-pensionnaires concernés ont signalé leur absence aux repas de midi. Mais pas tous. En effet, certains font un ramadan à temps partiel ou « à la carte » : « Je mangerai à la cantine le lundi et le jeudi, sinon, le reste du temps, je fais ramadan. » D'autres mettent en pratique les principes de bonté et d'altruisme associés à la démarche : ils montent au réfectoire, prennent tous les plats du menu et, tels de petits saints auréolés de lumière, distribuent le contenu de leur plateau à leurs camarades non pratiquants. Les convictions varient aussi selon le moment de la journée : très rigoristes à 9 heures du matin, ils le sont moins à l'approche de midi. Les talents culinaires d'Olivier et les odeurs émanant du réfectoire n'aident pas.

Les piliers de la foi vacillent sévèrement les jours de steak-frites.

Au final, bien malin qui pourra déterminer à l'avance combien d'élèves mangeront à la cantine (Olivier, obligé de gérer ses quantités, s'arrache les cheveux), combien jeûnent pour de vrai ou pour

« faire genre » et, au final, combien d'âmes seront sauvées le jour du Jugement dernier.

La vie scolaire a ouvert une salle pour que les élèves qui pratiquent et ne rentrent pas chez eux puissent rester au chaud et se reposer. La surveillance de la salle est assurée alternativement par Anissa, Souella, Fédoua ou Brahim qui sont eux aussi de l'aventure. Du moment qu'ils assurent sur le terrain et qu'ils tiennent leur poste, ils font ce qu'ils veulent. Souella est par ailleurs une mine d'informations précieuses sur le ramadan et sur ses contraintes. Elle discute beaucoup avec les élèves et se montre très convaincante pour inciter les plus minots à en respecter l'esprit plutôt que la lettre : mieux vaut l'interrompre que de faire un malaise. Qu'ils se rassurent : vu leur âge, Allah se montrera souple.

Au final, l'ensemble se déroule sans trop de problèmes… Il aura fallu attendre ce soir, 17 heures, pour que je sois confronté à mon premier « conflit de norme » dans un cours de Camille.

Elle m'a fait venir car ses élèves de 4e 3, classe plus que houleuse, revendiquent le droit sacré d'ingérer leurs pâtisseries à la disparition du dernier rayon du soleil. À 17 h 08 très précisément… soit dix-sept minutes avant la fin du cours d'histoire. Moi qui ne peux pas tenir l'après-midi sans goûter, je comprends leur position : ils sont affamés ! Néanmoins, le règlement intérieur est très clair sur ce point : il est interdit de manger en cours. « Casser son ramadan » est donc exclu. Je tiens mon rang et m'efforce de faire entrer dans ces petits crânes rebelles la prééminence de la norme républicaine sur tout précepte religieux, bien soutenu dans la démarche par Souella, mon exégète de la parole divine, à qui j'ai demandé de m'accompagner. Motivés par leurs besoins physiologiques, ils bataillent, contestent, dégainent leurs Tupperware. Ils se sont monté le bourrichon, bien décidés à manger à l'heure prescrite. Nous débattons quelques minutes : « Le rythme du ramadan ne peut pas empiéter sur le déroulement des cours. » Une jeune fille me réplique : « Peut-être mais on a faim… et on a le droit ! » Me fixant d'un air de défi, elle commence à déplier le papier d'alu qui entoure ses gâteaux secs. En tant que représentant des forces de l'ordre, je ne vais pas avoir d'autre solution que de l'extraire de la salle pour un « rappel à loi ». C'est compter sans Souella qui sort de ses gonds : elle leur rappelle que le jeûne n'est pas la seule obligation du ramadan. Celle d'être exemplaire fait aussi partie de la performance. Leurs acquis sociaux de l'après-vie ne seront pas rabotés parce qu'ils auront différé de vingt minutes l'ingestion de leurs makrouds. « Vous devez patienter, respecter le cadre scolaire ! Sinon ça veut dire que vous n'avez rien compris ! »

Son intervention fait mouche : la jeune fille et ses camarades font la gueule, les ventres vont continuer de gargouiller pendant le dernier quart d'heure de cours mais les pâtisseries resteront dans le papier d'alu.

Alors que Souella et moi quittons la salle, mon regard croise celui d'une élève dont la main dissimule maladroitement une moitié de Bounty. L'autre moitié gonfle sa joue gauche. Elle se fige, mal à l'aise. J'hésite un instant… puis décide de ne pas relever pour ne pas entacher cette belle victoire de la norme républicaine.

Et puis je suis en empathie : avec cet étalage de sucreries, moi aussi je grignoterais bien un petit quelque chose.

Laura et ses drôles de dames

Novembre. Semaine 9. Vendredi

Nous sommes responsables des enfants sur le temps scolaire. Si un élève est absent, ce n'est qu'une fois les parents prévenus que nous sommes « couverts » et dégagés du devoir sacré de veiller sur lui. Ce qui n'est pas pour nous détendre, au regard de notre taux d'absentéisme.

Outre ceux qui ont une raison valable de ne pas venir (souci de santé ou « raisons familiales »), nous sommes confrontés à la grande confrérie des absents « occasionnels » : ceux qui prennent leur temps pour venir au bahut, ceux qui ne se sentent pas prêts pour le contrôle de maths, ceux qui, à l'instar des chronopsychologues, jugent la journée de cours incompatible avec les rythmes de l'adolescence et s'offrent une grasse mat' et ceux qui écourtent leur présence au collège pour aller tester le dernier jeu de « play » en démo au centre commercial.

Les problèmes de réveil sont fréquents.

Certains parents – dont beaucoup de mères célibataires – se lèvent aux aurores pour aller travailler ; d'autres, en « petite forme » (pour de multiples raisons : chômage prolongé, misère sociale, dépression...), ne se lèvent pas du tout. Dans un cas comme dans l'autre, le « référent adulte » chargé de sortir les marmots du lit est l'alarme du téléphone portable : plus de batterie, plus de référent adulte. Nous avons aussi des élèves qui ne peuvent venir au collège qu'après 9 heures : comme la maman est dans les transports en commun depuis 7 heures du matin, ils doivent gérer le lever, l'habillage et le petit-déjeuner de leurs cadets avant de les déposer à l'école primaire.

Cet absentéisme larvé constitue les trois quarts de nos statistiques.

Ensuite, il y a les « gros » absentéistes.

Pour des raisons diverses, ils « fuient » l'école : échec scolaire massif, entrée délicate dans l'adolescence, difficultés familiales, psychologiques, agoraphobie, déprime, etc. Ils tendent à disparaître des écrans radars au fur et à mesure que l'année avance. Au-delà de huit demi-journées d'absence, nous devons les signaler à l'inspection d'académie et mettre l'assistante sociale dans la boucle pour déclencher un travail de fond. Chez certains de ces cas « lourds », absences et problèmes de discipline sont souvent concomitants : leur temps scolaire alterne entre sabotage de cours, séchage en règle et exclusions temporaires. Ils rechignent à venir au collège et font tout pour s'en échapper. Frankie, emblématique de cette catégorie particulière, met en lumière les contradictions de ma fonction : si le garant de la présence scolaire que je suis doit tout faire pour qu'il soit en cours à temps plein… le défenseur de l'ordre se réjouit de ses disparitions récurrentes.

Enfin, il y a Laura et ses copines.

Elles ont manqué tant de cours depuis septembre qu'elles sont dans le peloton de tête des décrocheurs.

Elles sont pourtant bien présentes physiquement dans l'établissement.

N'ayant pas digéré d'avoir été séparées à la rentrée, elles ont trouvé un moyen de contourner l'arbitraire institutionnel : elles franchissent la grille d'entrée tous les matins mais elles ne vont pas en classe. Elles passent leur temps à traîner dans les couloirs, dans les toilettes, à se planquer dans les recoins des bâtiments pour profiter pleinement de leur amitié.

Laura a confirmé son rôle de leader. Hatouma la suivrait en enfer. Shaïnez, meilleure élève que les deux autres, serait plus encline à retourner en classe mais ne veut pas prendre le risque de s'exclure du groupe.

Nous les pourchassons, les invectivons, les ramenons en cours *manu militari*, rien n'y fait. Elles jouent avec le règlement pour pérenniser leur école buissonnière *intra-muros* : elles arrivent très en retard afin d'être sûres que leurs profs ne les acceptent plus. Si l'un d'entre eux se montre trop compréhensif, Laura joue la provoc' pour le faire changer d'avis et être virée de cours. Il n'est pas rare que je la retrouve dans mon bureau accompagnée d'un mot rageur quelques minutes seulement après l'avoir remise en mains propres à son enseignant. Je l'engueule, me prends sa mauvaise humeur en retour : « C'est la prison ici ! » Je la conduis à la vie scolaire pour la confier à un aide-éducateur qui tentera de la raccrocher au programme de lettres modernes. Son visage jusqu'alors boudeur s'illumine en découvrant Hatouma et Shaïnez déjà assises dans le coin des exclues : elles ont été renvoyées pour cause de retard trop important. La joie des retrouvailles fait plaisir à voir. Les surveillants en ont marre. Et moi aussi.

J'ai fait les signalements à l'inspection académique avant de convoquer leurs parents pour procéder à un « rappel à la loi ». Le manquement à l'obligation scolaire peut avoir des conséquences sérieuses : la justice peut être saisie, les allocations familiales supprimées selon les périodes et les gouvernements…

À plus long terme, il en va de l'orientation et de l'avenir scolaire des trois filles. J'ai donc fini par convoquer leurs familles. Je compte sur elles pour m'aider à les convaincre de revenir dans les clous.

Premier round (13 h 40) : Shaïnez

La mère, employée de mairie, est à l'écoute. Le niveau scolaire de Shaïnez, tout à fait correct jusqu'à la fin de la 5e, s'est mis à chuter à partir de la 4e. C'est le cas de beaucoup d'élèves : la gestion de la puberté oriente l'énergie vers de nouveaux centres d'intérêt, diminuant proportionnellement l'enthousiasme scolaire, voire l'enthousiasme tout court. La maman joint sa voix à la mienne pour exhorter sa fille à déserter le camp du « grand n'importe quoi ». Elle déplore ses fréquentations et la menace d'une séquestration millénaire si elle ne se ressaisit pas.

Shaïnez lève les yeux au ciel en signe d'exaspération.

J'essaie de tempérer : « Tu as le droit d'avoir les amies que tu veux mais il est important de construire son propre chemin… et de ne pas se laisser entraîner dans celui d'une autre.

– C'est bon, je suis pas un chien. Laura, c'est pas mon chef !

– J'en suis sûr… mais j'aimerais que tu nous le prouves en allant en cours et en ne répondant plus présente dès qu'elle te siffle. Si tu veux entrer au lycée l'année prochaine, tu ne peux plus te permettre de perdre de temps. Pour l'instant, tu es loin d'avoir les notes requises pour la 2de générale… c'est pourtant ton ambition, non ? »

Voulant faire des « études longues », elle n'est pas toujours très à l'aise avec la politique d'évasion scolaire de ses copines et je le sais. Déchirée entre ce qui est « bon pour elle » et la peur de perdre leur amitié, elle a sans doute besoin d'un coup de main pour rentrer dans le rang. Jouant les Pères Fouettard, je promets à sa mère de la « pister » et de donner l'alerte si les symptômes persistent. De son côté, la maman s'engage à ne pas la lâcher. Shaïnez ne manifeste plus son agacement, elle a conscience des enjeux. Notre reprise en main n'est pas forcément une mauvaise nouvelle : elle lui permettra de justifier une défection éventuelle auprès de Laura.

La graine de la division est semée. J'espère qu'elle portera ses fruits dès les prochains jours.

Deuxième round (14 h 10) : Hatouma

Le père d'Hatouma est agent de sécurité dans un centre commercial. Il a dû prendre son après-midi et il n'est pas content d'être là. Assise à côté de lui, sa fille ne fait pas la maligne. Je décris le problème en quelques mots. Dans un souffle, il exprime sa colère : selon lui, Hatouma a « changé », elle n'est plus la fille qu'il a élevée. « Elle n'écoute plus rien et n'en fait qu'à sa tête. De toute façon, pour moi, elle est foutue. »

Le visage d'Hatouma affiche une neutralité sidérante : elle doit avoir l'habitude. Je décide de modifier mon discours initial pour infléchir la conviction du papa : « Certes, Hatouma n'est pas sérieuse en ce moment… mais nous ne sommes qu'au début de l'année, tout est encore possible. Nous avons quelques mois devant nous pour déterminer son orientation. Elle doit se remettre au travail pour pouvoir sortir du collège par le haut. Retourner en cours serait un bon début, non ? Tu en penses quoi, Hatouma ? »

Hatouma semble s'être retirée loin à l'intérieur d'elle-même.

Le père n'en démord pas. Ce n'est pas aujourd'hui que j'arriverai à le convaincre qu'elle n'est pas « foutue ». Je lui signifie que je vais continuer à la suivre de près et le tiendrai au courant de ses absences : Hatouma sait ce qu'il lui reste à faire si elle veut retrouver l'estime paternelle. Elle ne réagit toujours pas. Sans un regard pour sa fille, le père part reprendre son poste qu'il regrette d'avoir abandonné « pour rien ».

Comment relancer une démarche constructive après un discours aussi désespérant ? Je devrais commencer à être habitué pourtant : Slimane, Diénéba et même Al-Hassane sont eux aussi éreintés par la critique parentale. Je fais part à Hatouma de mon désaccord avec ce qui vient d'être dit : elle est capable de mieux faire. Elle doit prouver à son père qu'il se trompe. Toujours muette, elle me fixe. J'interprète facilement son regard haineux :

– Mes propos encourageants, elle s'en bat les genoux.

– Rien de tout ça ne serait arrivé si je n'avais pas convoqué son « daron ».

Malgré toute la compassion que j'ai pour elle, je lui suggère de ne pas me la jouer à l'envers. Si elle suivait les règles du bahut, ce genre d'épreuve lui serait épargné : « Retourne en cours, remets-toi au travail et ta vie s'améliorera peut-être. »

Elle se contente de me répondre sur un ton glacial : « C'est bon, je peux y aller maintenant ? »

Il ne va pas être simple de renouer le contact.

Troisième round (14 h 40) : Laura

La mère de Laura est un tout petit bout de femme. Emmitouflée dans une robe en lin, un foulard sur la tête, elle a à peine cinquante ans mais on lui en donnerait soixante-dix. Je lui décris la partie de cache-cache à laquelle nous jouons depuis la rentrée avec sa fille, son absentéisme-fleuve et son insolence lorsque je tente de la recadrer.

D'une voix chevrotante, elle dit se battre depuis quatre ans pour que Laura aille à l'école et « arrête de faire des bêtises ». Laura se crispe : « C'est bon, ça soûle ! » Je la somme de baisser d'un ton. « Qu'elle arrête de me prendre la tête alors ! » La mère écarte les bras, démunie : « Elle est comme ça aussi à la maison. Mon mari est très malade et ne peut plus s'occuper d'elle… Heureusement qu'il y a son grand frère. »

Pour Laura, c'est la goutte d'eau : « MAIS TAIS-TOI ! »

La mère tétanisée obtempère aussitôt. Des larmes coulent sur les joues de l'ado excédée. Difficile de poursuivre dans ces conditions. D'une voix apaisante, je propose à Laura d'aller « prendre l'air » à l'extérieur.

« J'aimerais discuter en tête à tête avec ta maman. »

Resté seul avec elle, je lui confie mon désarroi devant la tension qui habite sa fille.

Elle le partage : elle et son mari sont eux aussi dépassés par sa personnalité… C'est pourquoi ils ont délégué son éducation à son grand frère. Quand elle est « méchante », il la corrige. Mais elle ne se laisse pas faire et – au désespoir de la maman – plus son frère la bat, moins elle est sage. D'accord. Je commence à comprendre le faible impact de mes remontrances et de mes doigts grondeurs. La mère sent que je n'approuve pas. Elle se justifie en décrivant le caractère « infernal » de sa fille. Le problème est insoluble... et en dehors du champ de mes compétences. Impossible de le régler seul.

« Vous connaissez l'assistante sociale du collège ? »

Quelques minutes plus tard, assis entre Laura et sa mère (on n'est jamais trop prudent), je résume l'entretien précédent à Sabine. Elle écarquille les yeux en découvrant l'histoire du frangin. Elle le connaît : c'est un ancien élève, exclu après un conseil de discipline il y a quelques années. La mère nous supplie de l'aider, elle ne supporte plus les cris de ses enfants.

Laura serre si fort ses poings qu'elle en tremble.

Sabine propose une série de rendez-vous pour réfléchir à la situation et tenter de pacifier les relations entre l'ado et sa famille. Mettre fin aux « corrections » données par le grand frère constitue un préalable indispensable.

De mon côté, je suggère à Laura que nous nous attelions à son projet d'orientation de fin de troisième : qu'elle profite de sa présence parmi nous pour trouver sa voie. Mais sa rage est trop forte : elle n'est pas encore en état de saisir une main tendue, surtout si elle vient de moi.

Sabine consulte son agenda et cale la prochaine rencontre : le travail de reconstruction va prendre du temps, le plus tôt sera le mieux. Je serre la main de la maman en tâchant de me montrer rassurant : « On va y arriver ! » Elle prend ma main dans les siennes et me remercie pour tout ce que je fais pour sa fille.

Laura la regarde comme si elle allait l'étrangler.

Conflit de solidarité

Novembre. Semaine 10. Lundi

Notre politique d'exclusion a rassuré les enseignants. Ils se sentent soutenus dans leur combat quotidien contre le dawa. Maintenant, il ne faut pas que cela devienne systématique car si apaiser un prof, c'est tarir une source de conflits potentiels, se montrer trop dur, c'est prendre le risque de générer un sentiment d'injustice qui nous coupera des élèves et de leurs parents.

Le tout est de convaincre les deux parties que la sanction est proportionnée *et* éducative.

Je tiens le même discours à toutes les familles : ce n'est pas parce que je sanctionne leur enfant que je le maltraite. Au contraire, je le respecte, je le considère comme un sujet de droit et non comme un irresponsable, malade de ses humeurs, de ses difficultés personnelles ou de son adolescence. Même si la vie est rude, il n'a ni besoin ni envie de ma pitié, seulement que nous lui signifiions notre désaccord quand il nuit à la collectivité et met en danger sa scolarité et celle de ses pairs.

En réalité, je ne me fais pas d'illusions : l'exclusion est un aveu d'échec de notre part. L'objectif principal est de soulager les classes pendant quelque temps. Nous nous pinçons donc le nez en nous disant que c'est pour la « bonne cause » et nous abandonnons les gamins à la gestion de leurs familles. Il est peu probable qu'ils se ruent sur leurs leçons ou sur les devoirs récupérés auprès de leurs professeurs principaux. À de rares exceptions près, le temps de cours perdu ne sera pas rattrapé. Quant au bénéfice éducatif – un peu de plomb dans la tête –, il est très hypothétique.

Pour combattre ces contradictions, Chloé s'est rapprochée des associations du quartier. Ces dernières ont fait du soutien scolaire et de l'« aide à la parentalité » leurs chevaux de bataille. Leurs éducateurs connaissent bien les gamins et constituent de précieux partenaires pour assurer le lien avec des familles qui, dans leur grande majorité, ne demandent qu'à bien faire. Ils les accompagnent, les aident à comprendre les attentes pas toujours très claires de l'institution. Ils ont également proposé de suivre les élèves exclus afin qu'ils ne soient pas livrés à eux-mêmes et à leurs consoles de jeux. Grâce à eux, nous espérons ne pas les récupérer encore plus largués ou réfractaires à notre autorité. Ce relais nous permet de croire en une certaine continuité du service public d'éducation. Il a aussi le mérite de soulager nos consciences.

Il n'empêche : lorsque des élèves ont déjà été virés trois ou quatre fois depuis le début de l'année, comment éviter le naufrage de leur scolarité ? Comment les extraire de leurs classes – pour bien montrer aux enseignants que je m'occupe de leur cas – sans pour autant les abandonner dans la nature ?

Comment ne pas les perdre définitivement comme je suis en train de perdre Slimane ?

Ses exclusions alimentent le ras-le-bol de sa mère, son sentiment d'injustice et creusent chaque fois davantage un retard scolaire déjà insondable. Sans compter le temps perdu à l'extérieur à s'ennuyer ou à se « mettre dans des embrouilles », comme il dit.

À la suite de son coup de sang contre Cédric, j'ai donc proposé une sanction alternative : l'exclusion en interne. Je l'ai confié à Thomas, notre aide-éducateur « prévention violence », pour un après-midi. Ensemble, ils ont repris ses cours, travaillé sur sa méthodologie. Slimane s'est très bien comporté pendant les quatre heures qu'a duré sa peine. Il aurait besoin de cet enseignement individuel, personnalisé. Il en redemande. Malheureusement, nous n'avons pas les moyens de « détacher » Thomas pour qu'il s'occupe de lui en exclusivité. Après cette bonne expérience, nous avons certes mis en place un tutorat afin de dresser un bilan hebdomadaire de ses progrès et de ses « points à améliorer », mais cela ne peut se faire qu'à la marge. Le reste du temps, Slimane doit être en cours, noyé dans la masse, avec tous les conflits que cela génère.

Pour punir ses inévitables débordements, il fallait trouver autre chose : une sanction constructive, qui l'aide à accepter les contraintes d'un fonctionnement collectif, à y trouver sa place… tout en soulageant la classe et en donnant aux enseignants de 3e 1 le sentiment rassurant que « justice est faite ».

La solution est apparue sous les traits de notre chef cuisinier.

Olivier aime son métier : les bons petits plats qu'il nous concocte en sont la preuve. Au self, il n'est pas rare de voir des files d'attente de candidats au rab' de gratin de courgettes ou de carottes Vichy au curry. Il est fort, le bougre ! Comme, par-dessus le marché, il aime bien transmettre sa passion, il a créé un club cuisine : après le service, son atelier pâtisserie initie les élèves volontaires à ses secrets gastronomiques. Les gamins enthousiastes se la racontent grave avec leurs productions de chouquettes ou de choux à la crème premier choix.

Malgré mes craintes, les quelques combats de bouffe que nous n'avons pu éviter ne nous ont pas disqualifiés à ses yeux : il est plutôt content de la façon dont nous avons repris en main la vie scolaire. Je crois même avoir obtenu son respect en parvenant à faire nettoyer deux tables du réfectoire par Haroun, le cyclone de la 5e 2, qui avait confondu radis et confettis pendant un repas. Bref, nous avons vite repéré la fibre éducative de notre cuistot de compète : c'est ainsi qu'est née l'idée d'un travail d'intérêt général (TIG) en cuisine.

Olivier a tout de suite accepté de faire un premier test avec Slimane.

Avec l'accord de sa mère (« Faites ce que vous voulez, je m'en fous ! »), il a pris son service au réfectoire à 7 h 30 ce matin. Autant dire qu'il n'était pas de bonne humeur : « Je suis pas un trimard ! » Pour éviter qu'il ne sabote la journée dès les premières minutes, je l'ai accompagné et remis en mains propres à Olivier. L'aura dont il jouit et la présence de son staff ont impressionné notre trublion. Il a gardé ses remarques désagréables pour lui puis a revêtu ses chaussures de sécurité, sa blouse et son filet à cheveux sans discuter.

Intégré à l'équipe de restauration, Slimane a été initié à toutes les étapes du service : éplucher les légumes (Olivier cuisine du frais), confectionner les plats, préparer la salle, servir lors du passage des élèves, nettoyer par terre, faire la plonge.

À l'issue de la matinée, il était apte à bosser dans un trois-étoiles.

Alors que les cours de l'après-midi viennent de reprendre, je retourne au réfectoire pour l'inspection des travaux finis. Olivier est satisfait : « Il est bien, ce garçon. » Le sourire de Slimane me réchauffe le cœur. J'évite de sombrer dans le sentimentalisme mais lui dis quand même que j'ai désormais la preuve qu'il « peut bien faire ». Son sourire s'agrandit. Ce résultat propulse le TIG en cuisine en tête de mon arsenal répressif : il donne à l'élève le sentiment d'avoir réparé sa faute tout en étant valorisé un tant soit peu. Ce qui n'était pas arrivé à Slimane depuis longtemps. J'envisage de mettre les trois quarts de mes terreurs sur liste d'attente.

Pour Haroun, je vais me laisser le temps de la réflexion, ce dont Olivier me remercie chaleureusement.

Le seul problème de ce dispositif, c'est que mon « trimard » qui hurlait à la mort à la seule idée de se lever tôt a « trop kiffé » sa journée en cuisine. Se pose dès lors la question épineuse du caractère dissuasif de la sanction. À moins que je change mon angle d'attaque.

Je finis par signifier à Slimane qu'il pourra poursuivre son expérience culinaire avec Olivier en participant au « club cuisine »... à la condition absolue qu'il se comporte bien en classe.

Le miracle

Novembre. Semaine 10. Mardi. 12 h 20

La matinée se passe en douceur. Il fait beau, pas trop froid : les élèves sortent dans la cour sans que j'insiste. Il y a peu d'exclus de cours… et certains me font le plaisir d'admettre qu'ils ont déconné. Je peux m'attaquer à la saisie du gros tas de billets d'absence en souffrance sur mon bureau. D'habitude, c'est une aide-éducatrice, Djamilah, qui s'en occupe mais elle est malade. Savourant mon cappuccino, j'entre les données dans l'ordinateur – nom de l'élève, cours manqués, retards. Tout ce qu'il faut pour connaître notre jauge et ouvrir la chasse aux absents.

Les choses se corsent vers midi.

À la demi-pension, la gestion des élèves participant aux clubs artistiques devient problématique. Les membres de la chorale persistent à se présenter quand bon leur semble et coupent la file en dépit de nos efforts pour organiser le passage de manière rigoureuse. Les surveillants leur répètent qu'ils doivent venir en tout début de service : les retardataires sont donc priés d'attendre le passage de leurs camarades non chanteurs et non danseurs. Les refoulés ne l'entendent pas de cette oreille. Ils reviennent quelques instants plus tard accompagnés de Jean-François qui, en tant que producteur de la fête du collège, les autorise à passer immédiatement : il a besoin de son effectif au complet pour pouvoir « créer » dans de bonnes conditions. Usant de leurs passe-droits, les artistes en herbe achèvent de nous crisper avec leurs sourires triomphants. Aujourd'hui, c'est la fois de trop, Chloé lui rentre dedans : « Tu bousilles notre organisation avec ton système ! » S'ensuit un échange vif, conclu par cette phrase définitive de Jean-François : « Tu n'as pas d'ordre à me donner, tu n'es pas le chef d'établissement ! Faites votre boulot, moi je fais le mien ! » Avant de repartir, il me jette un regard noir pour me signifier que la mise au point vaut pour moi aussi alors que je n'ai rien dit (mais je suis content qu'il m'associe au coup de gueule courageux de Chloé). Pétrie d'éthique et prenant sur elle, Chloé s'abstient de commenter devant les élèves. Nous finissons par mettre en place une file « spéciale chorale » en parallèle de la file officielle.

Nous sommes en revanche sans pitié avec quiconque n'a pas sa carte de club.

Temba, le danseur/joueur de djembé, en fait les frais : incapable de présenter le sésame prouvant son appartenance à la chorale, il devra attendre le passage des 3e. Il a beau brandir la fiche d'inscription chiffonnée qui traîne dans son sac depuis septembre, nous sommes inflexibles. S'il n'est pas content, il n'a qu'à retourner chercher Jean-François qui devra venir confirmer sa participation au grand œuvre.

J'estime avoir mérité mon repas et m'apprête à rejoindre le réfectoire lorsque j'aperçois Gisèle qui sort du bâtiment E. Elle me fait un geste vif de la main. Qu'est-ce qu'elle me veut ? Je réfléchis rapidement. Mon sang se glace. Aujourd'hui, c'est mardi.

Elle vient d'avoir les 3e 2 en arts plastiques.

C'est son deuxième cours avec eux depuis mon intervention. J'ignore comment s'est passé le précédent. J'avoue ne pas avoir osé le lui demander, m'accrochant à l'adage « pas de nouvelles, bonnes nouvelles ». Cette fois, je ne vais pas y couper. L'air le plus détaché possible, je la rejoins pour recevoir la douloureuse. Elle s'adresse à moi avec un pouce levé, enthousiaste : « Écoute, avec les 3e 2, je n'y croyais pas trop mais ça se passe bien. C'est super ! » Abasourdi, je ne trouve rien d'autre à lui répondre que « Tant mieux ! ». Elle n'épilogue pas et se dirige d'un pas guilleret vers la salle des profs.

Je peux mourir.

*

Je consacre tout l'après-midi à mes dossiers d'absentéisme. Ce n'est pas passionnant à remplir (et un peu déprimant) mais Sabine m'a rappelé mes obligations légales. Chloé lui a déjà transmis les siens. Il serait dommage d'entacher mes succès éducatifs avec une défaillance administrative.

La fin de la journée approche tranquillement. À 16 h 30, j'entre en salle des profs pour reprendre un cappuccino à la machine (je suis accro). Les quelques profs présents sont rincés et attendent avec impatience les vacances de Noël. Jean-François surgit soudain : il se dirige droit sur moi. J'en perds ma bonne humeur. Quoi encore ?

Son sourire me détend un peu mais je me méfie. Avec une joie que je ne m'explique pas encore, il m'apprend que, pour mettre fin aux soucis de passage à la cantine, il a fait le forcing pour obtenir des élèves les dernières fiches d'inscription à la chorale. Il en avait marre d'être privé de son pupitre de percus pour une histoire de cartes : Temba a donc (enfin) régularisé sa situation. Compte tenu du nombre de postulants (la chorale a un effectif qui ferait passer les chœurs de l'armée Rouge pour une clique de sous-préfecture), Jean-François n'avait jamais fait spécialement attention à lui.

Il a alors découvert que son percussionniste vedette portait le même nom de famille que son agresseur de l'été précédent.

Il lui a demandé s'ils étaient parents. Temba a baissé les yeux et répondu que c'était son frère. « J'suis désolé, m'sieur ! » a-t-il aussitôt ajouté. Jean-François en est resté comme deux ronds de flan. Le traumatisme est remonté à la surface, la colère aussi : « Tu sais qu'il m'a rendu fou… que j'ai rêvé de le tuer. » Temba a répété ses excuses. Devant l'air honteux du gamin, Jean-François s'est aussitôt ressaisi : « Excuse-moi, tu n'y es pour rien. Bienvenue dans l'orchestre ! » Deux minutes après, Temba, radieux, produisait un solo de djembé endiablé sous la direction d'un Jean-François euphorique : « Je crois que ça nous a libérés d'un truc terrible tous les deux ! »

Un peu de tendresse dans un monde de brutes.

Je croise le regard de Gisèle, occupée à ranger ses affaires dans son casier. Comme moi, elle sourit à l'anecdote. Elle s'apprête à partir, je l'accompagne. Elle me remercie à nouveau pour les 3e 2. Profitant de la fenêtre de détente, je lui donne mon sentiment sur les difficultés qu'elle éprouve avec ses classes : je comprends ses exigences… mais sa manière de prendre les classes de front lui coûte trop d'énergie. Face à sa colère non sélective, les élèves font bloc contre elle : les pénibles deviennent les porte-parole de leurs camarades, et mènent la révolte avec entrain. Elle fait du karaté, je lui conseille de passer au judo. Qu'il n'y ait pas de malentendu : il ne s'agit pas d'abdiquer mais de se protéger en faisant la part des choses. Si elle se concentrait sur les aspects positifs du travail de la plupart des élèves et ne mettait pas toute la classe dans le même sac en cas de pépin, elle isolerait plus facilement les fauteurs de troubles. Et leur retirerait beaucoup de leur pouvoir de nuisance.

Elle m'écoute, trouve ça intéressant, elle va y réfléchir.

La sonnerie de fin des cours retentit. Un quart d'heure plus tard, le collège est vide. Un calme formidable règne. Je traverse le hall le cœur léger. Je croise Chloé et Romain : « Ça vous dirait d'aller prendre un verre dans le Bas-Montreuil ? »

J'ai rétabli l'harmonie entre Gisèle et les 3e 2 : ça s'arrose !

Mélissa

Décembre. Semaine 11. Mardi

Mélissa fait partie du groupe de filles qui persécutent les profs de 3e 4. Depuis quelque temps, elle a perdu de sa superbe et ne participe plus aux joutes oratoires chères à ses copines. À chaque récréation, elle traîne devant mon bureau. Elle hésite à entrer, ne s'offusque jamais de se voir souffler son tour par les élèves et adultes qui déboulent pour justifier leurs absences, signaler une trousse perdue ou se plaindre d'une insolence. Elle semble presque soulagée de pouvoir différer notre rencontre et disparaît jusqu'à la pause suivante. Quelque chose la tracasse. Il va bien falloir que ça sorte.

J'ai fini par prendre les devants, lui proposant de revenir me voir sur un créneau « tranquille », juste après la sonnerie de midi. Les externes sont rentrés chez eux, les demi-pensionnaires sont agglutinés à l'entrée du réfectoire : c'est le moment idéal pour qu'elle m'expose ses tracas en toute sérénité.

Après avoir vérifié que personne ne l'épie, elle franchit le pas de ma porte que je referme aussitôt pour préserver le secret de ses révélations.

« M'sieur, j'ai un problème. » Le ton est lugubre. Elle a peur.

Un bruit de course suivi d'un grand « boum » l'interrompt. La porte s'ouvre à la volée, la tête d'Haroun surgit : il me balance un « Bonjour, m'sieur ! » tonitruant avant de disparaître tout aussi subitement. Horripilé, je me lance à sa poursuite. Sprint, interception, grosse engueulade, menace de nouvelle exclusion (alors qu'il revient à peine). Je l'amène devant Luc et Anissa en poste à l'entrée de la cantine : s'il prend la tête à qui que ce soit, il dégage de la demi-pension jusqu'à la fin de la semaine ! Haroun fait enfin la gueule : il sait comme moi que les surveillants vont être *très* attentifs à ses faits et gestes et ne manqueront pas une occasion de se débarrasser de lui.

De retour dans mon bureau, je retrouve Mélissa pétrifiée : l'autre ahuri a réussi à me la refermer comme une huître. Je lui résume Haroun en une phrase – « T'inquiète, il est narvalo ! » –, puis propose que nous revenions à nos moutons : si elle est venue me voir, c'est que son problème – quel qu'il soit – n'est plus gérable. « Tu as besoin de moi, je t'écoute. »

Elle respire un grand coup et se lance :

« J'ai un problème avec des filles.

– Quelles filles ?

– Les Reines du Mal. »

Ça risque d'être plus long que prévu.

Le nom ne m'est pas inconnu : je l'ai lu sur un graffiti dans les toilettes quelques jours plus tôt : « Les Reines du Mal en force ». Je l'avais occulté car mon attention s'était focalisée sur un « Gaudin, tête de chibre [1] » écrit au marqueur à proximité (le premier « tag » en mon honneur : la gloire !).

Devant mon silence interloqué, Mélissa se mord les lèvres. Elle commence à regretter sa démarche : « Je ne sais pas si vous pouvez m'aider. » Elle s'agite sur sa chaise, des signes de panique dans le regard. J'essaie de la rassurer : rien de ce qu'elle me dira ne sortira de ce bureau, elle peut me parler en toute sécurité des « Reines du Mal ». Elle s'y résout, la mort dans l'âme : « C'est une bande qu'on a créée l'année dernière avec des copines.

– OK. Et pour quoi faire, cette bande ?

– Rien de particulier… on traînait ensemble. Mais j'ai arrêté. Et depuis elles m'en veulent.

– Pourquoi ?

– …

– Passons. Il y a qui dans cette bande ?

– Laëtitia, Hawa… et Koumba. »

Les deux premières sont ses camarades pénibles de 3e 4. Koumba est une figure de la 3e 1. Très bavarde, elle produit un bruit de fond contre lequel ses profs tentent de lutter au quotidien. Au risque

1. Chibre : verge.

d'essuyer une de ses colères épiques. Elle se vexe dès qu'on lui demande de « baisser d'un ton » et hurle de plus belle pour rétablir la vérité : « Je parlais même pas, zynda ! » Koumba, c'est du lourd, du fatigant. Rares sont ceux, chez les élèves comme chez les profs, qui osent s'y frotter… ce qui explique qu'elle soit virée de cours bien moins souvent que Slimane.

Ce n'est pas pour rien que ses camarades l'ont élue déléguée de la classe.

En insistant un peu auprès de Mélissa, j'obtiens l'explication de sa fâcherie avec son ancienne sororité. Pendant les vacances de Toussaint, elle est sortie avec Steven, également élève en 3ᵉ 4. Flegmatique et peu réceptif à tout ce qui se passe en cours, Steven a traversé sa scolarité sans faire de bruit et sans être embêté : il faut dire que c'est une masse de muscles d'un mètre quatre-vingt-dix. « Beau gosse » de surcroît.

Pour le malheur de Mélissa, Koumba « le kiffe grave » elle aussi.

Aiguillonnée par la jalousie, elle a décidé de faire payer à sa copine l'affront de ne pas avoir été choisie par le jeune appolon. Toute la bande a été associée au processus de démolition : éviction du groupe, insultes, rumeurs dégradantes montées de toutes pièces et largement diffusées. Steven n'a pas été épargné : Koumba et ses acolytes font tout pour qu'il arrête de sortir avec « cette grosse teupu ! » (*sic*). Mélissa ne dort plus, ne mange plus. Venir à l'école est devenu un calvaire.

« Elles sont prêtes à tout. »

J'en viens à regretter la simplicité d'une bonne kourave entre garçons. Là, on est dans le harcèlement moral de haut niveau. Il va falloir être habile : mettre fin au travail de sape, gronder et punir… sans exposer la victime à des représailles.

Je la remercie de s'être confiée à moi et m'engage à mettre ses tourmenteuses hors d'état de nuire. Cette perspective la terrifie : « Faites pas ça ! » Elle se lève, éperdue : « J'aurais jamais dû vous en parler ! » J'essaie de la retenir en lui parlant doucement : « Tu n'avais pas le choix, personne ne peut endurer ce que tu endures. » À l'écoute de sa terreur, je lui garantis que je ne ferai rien sans l'en informer d'abord.

« Et je te promets de régler ça en douceur. »

Elle n'est pas rassurée pour autant. Le hall étant désert, je peux l'exfiltrer en toute discrétion jusqu'à la grille. Elle marche cinq mètres derrière moi, regardant dans toutes les directions pour vérifier que personne n'a surpris sa compromission avec les forces de l'ordre. Une fois dehors, elle s'éloigne d'un pas vif vers la cité. Mon sourire amical n'a pas effacé le regret de s'être confiée. Il va falloir trouver un moyen efficace et subtil de mettre fin à son cauchemar.

J'ai la pression.

Le médiateur

Décembre. Semaine 11. Jeudi

Je me suis renseigné sur les « Reines du Mal ». D'après les surveillants, elles sévissent depuis l'année dernière : en 4e, des filles ont reçu des insultes et des baffes à cause de leur physique avantageux et de leurs succès potentiels auprès des garçons. Cataloguées « putes » par ce jury impitoyable, nombre d'entre elles ont vécu l'enfer.

Mélissa n'était pas la moins active du groupe.

La voici désormais dans le camp des victimes. Sa déchéance est officielle et l'histoire prend des proportions inquiétantes : une bonne âme a rapporté à Koumba qu'elle était venue me voir. En quarante-huit heures à peine, la « poukaveuse [1] » est devenue une pestiférée dans la cour. Comme

1. Balance.

personne ne veut prendre le risque de s'exposer à la fureur de Koumba, toutes ses copines participent aux hostilités. Laurent m'a confirmé que Hawa et Laëtitia la battaient froid en classe. C'est l'escalade. Mélissa passe son temps à raser les murs et essaie tant bien que mal d'ignorer les insultes qui fusent de toutes parts. Fait aggravant : Steven lui-même s'est mis en retrait, il ne la soutient que du bout des lèvres.

Lui non plus ne veut pas de problèmes avec Koumba.

Étant donné le caractère délicat de la situation, j'ai mis Sabine, l'assistante sociale, dans la boucle pour qu'elle prenne en charge la détresse grandissante de Mélissa. Vingt minutes avant la récréation de l'après-midi, elle m'appelle pour m'informer que notre protégée s'est réfugiée dans son bureau. Mélissa se sent traquée. Elle ne veut plus aller dans la cour ni en classe. Elle est au bout du rouleau.

Il devient urgent d'agir.

Après les avoir rejointes, j'expose à Mélissa mon plan de bataille : recevoir les « Reines » ; leur faire prendre conscience de la gravité de leurs agissements ; les menacer de sanctions sévères si les hostilités ne cessent pas.

De nouveau paniquée, elle hoche la tête frénétiquement :

« NON ! Ça va être encore pire !

– Franchement, je ne vois pas comment ça pourrait l'être.

– Mais si ! Y a rien à faire. Faut attendre que ça se calme, c'est tout ! »

Sabine vient à ma rescousse : « C'est déjà allé trop loin, Mélissa. On ne peut pas laisser trois filles te martyriser à ce point.

– C'est de ma faute : j'aurais jamais dû venir vous voir. »

Je m'emporte, réfute le terme de « poukaveuse » dont ses ex-copines l'ont affublée : « Ça suffit. Tu n'as pas "balancé". Tu n'as fait que défendre ton droit fondamental à ne pas être emmerdée ! » L'argument la touche mais elle doute que Koumba et sa clique partagent cette analyse. « Je suis désolé, Mélissa, mais nous n'allons pas attendre que ça finisse mal. Le meilleur allié des harceleurs est le silence. Et le sentiment d'impunité qui va avec. Tout ça doit s'arrêter *maintenant.* »

Je quitte le bureau, abandonnant l'ex-Reine désemparée. Après consultation de l'emploi du temps de 3ᵉ 1, je me rends en salle de technologie. Autant commencer par le haut de la pyramide : Koumba et moi allons avoir une petite conversation.

Mon entrée interrompt le brouhaha qui règne dans la classe. Pascal, leur prof principal, met en pause son laïus sur l'orientation pour me laisser l'estrade. Koumba, ado de taille moyenne, un peu enrobée, au visage rond et épanoui, semble sincèrement surprise que j'appelle son nom (et Slimane que je n'appelle pas le sien). Dans le couloir, je refuse de répondre à ses questions sur les raisons de sa convocation : « Tu verras bien. » J'ai envie de la laisser mariner un peu. Sans se démonter, elle mentionne l'absence qu'elle doit justifier, s'inquiète de savoir si le prof de maths est là parce qu'on lui a dit que non puis demande si c'est vrai que j'ai un frère policier parce qu'il y en a un au commissariat de Montreuil qui me ressemble « trop grave ».

Koumba parle tout le temps.

Une fois dans mon bureau, je la prie de s'asseoir. Elle obéit sans se départir de son sourire candide ni cesser de me parler de la pluie et du beau temps. La sonnerie de 15 h 20 annonce le début de la récréation. Tant pis, je ne veux plus perdre de temps.

« C'est quoi le problème avec Mélissa ? »

Disparition du sourire et de la bonne humeur. Si je voulais la faire taire, j'ai trouvé les mots magiques. « Je sais ce que tu es en train de faire. Si, par malheur, Mélissa s'effondre, disparaît du collège ou pire… je te préviens : tu en seras tenue pour responsable.

– Hein ? Mais j'ai rien fait ! C'est cette grosse pute qui cherche les embrouilles !

– T'as intérêt à te calmer tout de suite. Si les agressions contre elle ne cessent pas immédiatement, ce sera au minimum l'exclusion temporaire, au pire, le conseil de discipline et les flics. »

Le hurlement qu'elle pousse la qualifie d'emblée pour la bande-son du prochain *Jurassic Park* : elle est « égarée », zynda ! Et elle promet de crever « l'autre grosse pute ! » à titre de compensation. Rien que pour son attitude dans mon bureau, je lui annonce qu'elle vient de gagner trois jours d'exclusion temporaire.

Ça ne la calme pas.

Elle se précipite dehors, traverse en trombe le groupe d'élèves attirés par ses vocalises et déboule au milieu de la cour, où elle laisse exploser sa rage devant les surveillants et les élèves médusés.

Je la rejoins aussi vite que je peux et essaie de la raisonner tandis que Luc tente de canaliser les élèves venus assister à la corrida. Elle continue d'éructer : « Je vais la CREVER ! » Fédoua vient nous prêter main-forte. Quand je fais mine de la saisir par le bras, Koumba se débat. Cris de protestation, rires et sifflets fusent de toutes parts. Indifférente à son auditoire, elle trépigne, pleure, vitupère.

Je repense, chagriné, à ma promesse imprudente de régler le problème « en douceur ».

Fédoua trouve enfin les mots : « Tu nous fais quoi, là ? Tu veux être virée pour toujours ? » Koumba cesse de résister et la regarde, hébétée. Elle accepte enfin de nous suivre. Nous traversons la foule, gravissons le perron. Je veux croire que le plus dur est derrière nous.

Au moment de franchir les portes, nous découvrons Mélissa, plantée au milieu du hall, tétanisée.

Alertée par le bruit alors qu'elle sortait du bureau de Sabine, elle est venue voir ce qu'il se passait. En un coup d'œil, elle a compris. Koumba la crucifie : « T'es morte ! » Nous l'entraînons aussi vite que possible vers le couloir administratif. J'essaie d'oublier la mine défaite de Mélissa pour me concentrer sur les suites de l'opération.

À proximité de son bureau, j'entends M. Pontet engueuler Farah, sa secrétaire, à cause d'un problème informatique dont il est probablement à l'origine. Je me demande soudain s'il est bien le mieux placé pour gérer mon cas de harcèlement moral…

Je lui résume tout de même les faits. L'évocation du nom de Mélissa sort Koumba de son hébétude : « J'ai rien fait ! C'est cette pute qui a commencé ! » C'est effarant de détester quelqu'un à ce point. Étonné par l'ampleur du phénomène, le chef lui ordonne de se taire et obtient une interruption inespérée de la logorrhée anti-Mélissa. J'en profite pour terminer mon exposé sur l'échec patent de ma tentative de dialogue avec Koumba. Elle repart aussi sec : « Hein ? Je me fais accuser alors qu'elle cherche tout le monde et qu'il y a pas que moi en plus ! C'est bon ! Y va pas bien, lui ! » À bout de patience, M. Pontet sort l'artillerie lourde : il augmente de trois à huit jours l'exclusion promise. Il se réserve ensuite le droit de convoquer un conseil de discipline pour lui apprendre à mieux traiter ses camarades et à nous parler correctement. Il m'ordonne enfin d'appeler la famille pour qu'elle vienne la chercher : « Notre collège ne va pas s'encombrer d'une folle furieuse ! » Passé un instant de stupeur, Koumba s'effondre sur une chaise, en larmes, enfin muette.

Le silence qui suit, c'est encore du Koumba.

La conversation téléphonique avec sa mère dure dix secondes. Elle habite à côté : elle sera là dans deux minutes. Aucun commentaire superflu. Une telle réactivité est rare, j'ignore encore dans quel esprit elle vient. Les sanglots redoublés de Koumba à l'annonce de son arrivée imminente sont *a priori* un bon signe.

Je prépare une chaise à placer entre la fille et la mère.

*

L'entretien est vite expédié : après avoir copieusement engueulé Koumba qui a tout encaissé sans dire un mot, la maman s'est confondue en excuses. Je lui ai exposé la situation avec force détails, insistant sur sa gravité et brandissant la menace de poursuite pénale pour que la cabale cesse également à l'extérieur. La mère a acquiescé de bout en bout, accepté la sanction d'une semaine d'exclusion et juré que sa fille allait arrêter ses bêtises. Koumba s'est enfermée dans un mutisme haineux. Grand bien lui fasse : en attendant, elle est prévenue.

Satisfait de la réaction familiale, je demande au chef l'autorisation de m'esquiver : j'ai laissé la cour dans un état de forte houle : je dois aller gérer la mise en rang avant la reprise des cours.

Passant devant les toilettes des filles, j'y retrouve Hawa, Laëtitia et quelques nouvelles « Reines du Mal » réunies en cellule de crise. Le ton n'est pas à l'apaisement. Je m'invite dans le débat et fais un résumé des menaces institutionnelles qui pèsent sur elles. Ça maugrée sec dans les rangs. Des propos peu flatteurs pour Mélissa sont murmurés, justifiant une mise au point ultime : « On va être vigilants ! Si vous n'arrêtez pas vos délires, vous savez à quoi vous vous exposez ! »

Elles grommellent pour la forme mais se dispersent sans discuter pour rejoindre leurs classes. L'éviction de Koumba a décapité l'organisation : elle absente, les choses vont peut-être se tasser. Si ce n'est pas le cas, les vacances de Noël imminentes finiront de calmer les esprits.

J'espère.

À l'entrée du patio, je retrouve Mélissa. Elle est furieuse :

« Qu'est-ce que vous avez fait ? Je suis morte. »

Déstabilisé par son animosité, je me justifie : cette « crise » était nécessaire pour mettre la situation en lumière. Quiconque s'attaque à elle sait désormais qu'il s'expose à de lourdes sanctions : « Il fallait que cela cesse, je ne vois pas ce que j'aurais pu faire d'autre ! »

Mon argumentaire ne la convainc pas. Gagnée par un abattement désespéré, elle répète :

« Je suis morte. »

L'oasis

Décembre. Semaine 11. Jeudi soir

Depuis quelques semaines, je déteste moins mon logement de fonction : les relations de voisinage avec Farah se sont détendues.

Nous nous sommes croisés matin et soir pendant des semaines en nous contentant des échanges de base : bonjour, bonsoir. Service minimum. J'ai d'abord essayé de plaisanter avec elle pour réchauffer l'atmosphère. Avec un succès mitigé : je la faisais sourire, sans plus. La glace a commencé à se fendiller à la cantine lorsque nous nous sommes découvert un intérêt commun pour le cinéma et la lecture. Elle m'a avoué son amour de Dos Passos et des comédies de Lubitsch. J'ai confessé ma passion pour la bande dessinée. On est vite convenus de procéder à des échanges. Elle s'est engagée à élargir mon horizon littéraire et cinématographique. J'ai promis de lui prêter ma collection de *Blueberry*.

Nous avons scellé cet accord autour d'un apéro chez elle le soir même.

J'ai alors eu la confirmation que je n'avais pas rêvé son hostilité initiale à mon égard : je n'étais pas le bienvenu ! Cela fait dix ans qu'elle est dans le bahut : pour une secrétaire de direction non plus, ce n'est pas un endroit facile. L'année précédente a été un « enfer » (*sic*). Elle n'a échappé à la dépression que grâce au soutien amical de mon ancienne collègue CPE, également ancienne locataire de mon logement. Ayant demandé et obtenu sa mutation, cette dernière l'a de fait abandonnée aux mains d'un parfait – et *a priori* antipathique – inconnu : moi.

Farah devait faire son deuil avant d'admettre que je pourrais devenir un voisin acceptable à mon tour.

Nous avons ritualisé nos rendez-vous culturels autour d'une pizza surgelée et d'un verre de pinard chez elle. Toujours le triptyque bouquins-bédés-cinoche. Surtout pas boulot. Elle me prête des livres sans images très chouettes. Quand je lui avoue ma méconnaissance du cinéma néo-réaliste italien, elle me passe trois films de Rossellini et m'interdit de lui adresser la parole tant que je n'aurai pas vu *Rome ville ouverte*.

Je ne lui fais pas l'affront de l'inviter chez moi parce que mon appartement est un taudis et que Farah n'aime pas la nourriture en boîte. Je squatte donc chez elle. J'amène le pain, parfois le vin. En échange, elle décongèle la pizza et me fait ma lessive.

Mais je l'étends chez moi parce qu'il ne faut pas pousser non plus.

La journée a été dure. Elle l'aurait été plus encore si j'avais dû passer la soirée tout seul à la maison. Je débarque à 19 h 30 avec une bouteille de bordeaux conseillée par le caviste de Rosny 2. Farah n'a pas la pêche non plus. Nous rompons exceptionnellement notre pacte tacite et causons travail. Elle en bave avec le chef, sur son dos toute la journée. Dépassé par l'ampleur de sa tâche, M. Pontet est assommant et confond rapport hiérarchique avec domination brutale. Elle est la première à subir ses foudres.

De mon côté, j'évoque ce sentiment lugubre d'être dans une impasse, d'avoir le collège comme seul horizon.

Mes utopies pédagogiques ont percuté de plein fouet la réalité de ma pratique : j'ai l'impression de n'être qu'une cynique machine à exclure et à rendre supportable un système qui ne l'est peut-être plus depuis longtemps.

Elle me réconforte : je ne suis pas que ça. Les gamins ont besoin de moi. Ils sont contents que je sois là, même les plus chiants. Leurs parents aussi. Ils peuvent compter sur mon humanité pour les comprendre, sur ma fermeté pour leur faire saisir les enjeux de la vie en société. Et que je n'oublie pas les collègues : les surveillants, les profs, Chloé. On a sympathisé. Certains comme Romain, Laurent, Marine et Claude sont en train de devenir des amis. Eux aussi ont douté au début. Ils vont bien maintenant. Une fois le premier choc digéré, je finirai par trouver mes marques et par redonner du sens à ma mission. C'est juste une question de temps.

Je reprends un verre de rouge.

Il est temps de changer de sujet. J'ai fait mes devoirs : un compte rendu détaillé sur l'œuvre de Rossellini pour prouver à Farah que j'ai tout bien regardé, et donc mérité ma moitié de pizza quatre saisons.

Au fond, tout ne va pas si mal : j'ai une grande sœur à trois mètres de chez moi.

Les conseils de classe

Décembre. Semaines 12-13. Tous les soirs de 16 h 30 à 19 heures

Consciencieux, Chloé et moi tenons à assister aux conseils de nos niveaux respectifs. Ça fait un paquet d'heures supplémentaires non rémunérées mais c'est le seul moyen d'avoir une vue d'ensemble de nos classes. Cela permet ainsi de découvrir tout un pan de l'effectif qui nous est inconnu : les bons élèves, les agréables, les « qui travaillent ». Les « gentils », quoi.

En fait, nous ne connaissons vraiment qu'un petit quart de nos locataires. Et pas le quart le plus reposant.

Les professeurs principaux nous alertent aussi sur les enfants qui les inquiètent, ceux qui n'ont « pas l'air d'aller bien » et dont je n'ai pourtant jamais entendu parler. Les enseignants estiment en effet que leurs petits chahuts, sautes d'humeur ou signes de mal-être ne justifient pas la saisine de ma compétence, plutôt réservée, dans l'imaginaire collectif, à la gestion des psychopathes et des crimes de sang. L'existence de ce vivier caché me donne des sueurs froides : pour une Mélissa ou un Jérémy qui sortent du bois et viennent me livrer leur souffrance, combien restent silencieux et traverseront leur scolarité sans que jamais aucun adulte, moi inclus, ne sache rien de leur détresse ? Malgré mes succès mitigés en la matière, j'invite les délégués à me promouvoir comme personne-ressource auprès de leurs camarades « malheureux ».

Et je rappelle à chaque occasion l'existence de Sabine, notre précieuse assistante sociale.

Les conseils de 3e sont les plus pénibles. Le principal les préside avec sa mauvaise humeur habituelle. Le niveau et le climat des classes sont *très* préoccupants. Les profs semblent reléguer l'achèvement du programme au second plan pour privilégier un objectif personnel plus prosaïque : arriver à la fin de l'année scolaire en évitant la maison de repos. Nous nous efforçons d'éviter les termes désespérants ou insultants dans la synthèse de bas de bulletin et, sans trop y croire, essayons de générer des soubresauts d'orgueil pour que les élèves « se reprennent », « se mettent au travail » au deuxième trimestre et essaient d'obtenir des résultats qui leur fermeront le moins de portes possible dans le futur.

C'est la fête.

Seule la 3e 3 de Claude surnage. Elle rassemble les meilleurs élèves du niveau mais accueille aussi quelques individualités compliquées. Le tour de table sur le cas de Diénéba, mon ennemie jurée possédée par « le diable », me sidère : elle ne pose pas de problème particulier. D'aucuns lui reprochent son manque de travail et son refus de participer en classe. Une attitude un peu hautaine parfois. Sa prof de français signale par ailleurs des « qualités littéraires » insuffisamment exploitées.

Il n'y a qu'avec moi qu'elle se comporte mal. Je m'abstiens de le mentionner.

Laura – malgré ma vigilance et le travail commencé avec Sabine et la famille pour que son frère cesse de la corriger – a continué de sécher ses cours. Elle a pourtant confié à Claude son vœu de devenir avocate (sans doute pour mener une action collective contre le collège et son CPE). Mais avec ses absences pléthoriques et son 6 de moyenne générale, le passage en seconde générale, étape nécessaire à la réalisation de ce beau projet, est un rêve illusoire.

La 3e 4 confirme son statut de classe détestable. L'équipe enseignante se plaint d'être prise entre deux feux : la présence intimidante d'Adama et son fan-club d'un côté, l'animosité des filles de l'autre. Elle déplore également la nette dégradation du comportement de Mélissa qui, malgré ses prédictions morbides, n'est pas morte du tout. Après son exclusion, Koumba s'est bien calmée et les « Reines du Mal » ont été plus ou moins dissoutes. Mélissa est certes restée isolée dans la cour mais la campagne menée contre elle a cessé. Pourtant, elle ne me pardonne pas de l'avoir exposée en attaquant ses bourreaux au grand jour.

Elle est devenue odieuse.

Elle refuse de travailler et parle mal aux gens, élèves comme adultes. Même Adama, pourtant friand de tout ce qui peut perturber un cours, a fini par intervenir : « Mais ferme ta gueule ! » Mélissa l'a mal pris et s'est mise à l'insulter, ce qui lui a valu la brève admiration de la classe et de son prof d'anglais. Ce dernier l'a malgré tout exclue pour ne pas laisser le temps à Adama de sortir de sa stupéfaction et de lui faire manger ses dents. Dans l'entretien qui a suivi, je lui ai exprimé mon incompréhension – et ma colère – face à un comportement que j'estimais injuste : « Nous ne méritons pas ça ! » Froide et revêche, elle a interrompu mon monologue avec les questions types des élèves fermés à tout dialogue : « C'est bon, vous avez fini ? J'peux y aller maintenant ? » Elle a refusé de revoir Sabine.

Plus personne ne l'atteint. Moi moins que quiconque.

La 3e 2 constitue finalement une bonne surprise. Malgré nos premiers contacts difficiles, elle se révèle plutôt sympa. Le comportement général s'est amélioré, même chez les quatre zouaves qui m'ont chahuté tout le mois de septembre. La bonne tenue en cours d'arts plastiques s'est maintenue et l'influence positive de Kadidia se confirme.

Le niveau général reste néanmoins très moyen.

L'apothéose vient avec le conseil des 3e 1. La classe de Slimane et Koumba. J'y vais comme à l'abattoir.

À chaque problème soulevé, qu'il concerne l'absentéisme ou l'attitude, le principal ne me rate pas : « Qu'est-ce que vous faites avec ces élèves, monsieur Gaudin ? » Pour les absents réguliers, c'est tout juste s'il ne me reproche pas d'oublier de les réveiller le matin. Rodé par les conseils précédents, je lui oppose le triptyque des mesures adoptées : sanctions, signalements, « pistes de travail ». M. Pontet me suggère d'être « plus ferme » au deuxième trimestre. Pascal et ses collègues essaient de ne pas trop me mettre en difficulté… tout en abondant dans l'exigence de sanctions plus sévères, seul moyen selon eux d'endiguer la dérive anarchique. Koumba prend des notes en évitant de lever le nez de son cahier. Lorsque son tour vient, les profs ne l'accablent pas : malgré son caractère et sa voix « qui porte », son niveau s'avère correct. Ce qui la sauve, c'est que ses coups de gueule concernent plus souvent ses camarades que ses profs. Sont tout de même signalés ses bavardages incessants et une tendance à s'emporter. Je ne peux retenir un hoquet approbateur qui la replonge dans son cahier de notes. Elle recommence à respirer quand nous passons à l'élève suivant.

Je guette avec anxiété l'arrivée du bulletin de Slimane.

Les profs savent que je l'ai pris sous mon aile. Ils en parlent avec précaution, comme si c'était mon fils, mais ne peuvent retenir une plainte unanime : ils n'en peuvent plus ! Je pointe les efforts de mon « protégé », ses difficultés… et relate une anecdote.

Alors que je le recevais pour la énième fois, il m'a dit dans un moment de lucidité terrible : « Monsieur, tous les matins j'arrive, je vais en cours, je m'assois, je comprends rien à ce que dit le prof. À quoi ça sert ? » Je n'ai pas réussi à lui fournir une réponse satisfaisante. Étant donné le côté « marche ou crève » de la scolarité secondaire, il va être dur pour lui de remonter la pente : seule une orientation post-3e adéquate pourrait le remobiliser. Mais ça va nécessiter pas mal de boulot pour la lui dénicher. Pascal comprend… mais pointe le fait qu'il n'y a pas que Slimane dans la classe. Je le reconnais puis le rassure sur notre politique répressive : nous n'hésiterons pas à recourir de nouveau à l'exclusion, pour lui et pour les autres perturbateurs. À charge pour les délégués, qui ont fait office de sténos lors de cet éprouvant conseil, de transmettre l'ultimatum à leurs camarades.

À charge pour moi de préserver cet équilibre précaire et d'éviter le désastre.

*

J'aborde les conseils de 5e beaucoup plus détendu : les élèves sont plus jeunes, il y a moins d'enjeux. Nous disposons d'un peu de temps pour déterminer ce que nous allons en faire. Et avec la bonhomie de M. Moreau à la présidence, la pression est beaucoup moins forte qu'avec le principal.

La 5e 1 et la 5e 3 sont des classes plutôt tranquilles et de bon niveau : pas de problèmes particuliers à signaler. Elles regorgent de « gentils » inconnus de mes services.

Nous sommes à des années-lumière de ce qui se passe en 5e 2. Les dossiers de mes clients réguliers y sont accueillis par des râles de détresse. Romain et moi essayons de convaincre l'assemblée que nous faisons de notre mieux pour canaliser les énergies. C'est difficile. Le seul motif de satisfaction tient dans mon échec à résoudre l'absentéisme croissant du duo Frankie-Haroun. En ce qui concerne Antoine, Romain a la maladresse de mentionner ses bons résultats en maths et son attitude plutôt positive avec lui. Le reste de l'équipe s'insurge aussitôt, accablant le lascar. Le mot « infect » est lâché.

Romain renonce prudemment à proposer les « encouragements ».

En 5e 4, le cas Jérémy continue de soulever beaucoup de perplexité. Tout le monde lui reconnaît des « capacités », mais son attitude décalée le rend difficile à évaluer. Et il continue de perturber les cours par ses interventions anarchiques et ses débordements émotionnels. Marine, prof principale qui l'a en français, estime cependant « qu'on avance » et que le travail accompli en commun avec moi commence à porter ses fruits. Ce qui fait toujours plaisir. Fatoumata, déléguée de classe, reçoit un « tableau d'honneur » sur son bulletin : ses emportements au début du trimestre lui auront coûté les « félicitations », malgré ses excellents résultats. Si elle ne réagit pas durant les discussions qui la concernent, elle demande en revanche la parole à l'issue du tour de table de bilan sur la classe. Je lui jette un petit regard inquiet, espérant qu'elle ne va pas contester la politique de pédagogie différenciée dont bénéficie Jérémy. Bien que pacifiés, leurs rapports demeurent tendus. Elle n'en fait rien. Son intervention vise à dénoncer le déroulement des cours de M. Briand, son professeur d'histoire-géographie : « On n'apprend rien avec lui et il nous parle mal. »

Fort heureusement, l'intéressé est absent. À vrai dire, il n'a assisté qu'à très peu de conseils (il a sans doute des photocopies à faire). Tous les regards se tournent vers le principal adjoint et moi : enseignants et délégués des parents d'élèves attendent une réaction. Nous sommes ennuyés. Habitué à ce que les élèves se plaignent des adultes – souvent injustement–, je n'ai aucun scrupule à défendre des collègues auxquels les gamins ne passent aucun écart. Mais, en l'occurrence, la pédagogie de M. Briand me paraît discutable : ses élèves de 5e et 4e passent leurs cours à colorier des fonds de carte. Il justifie sa méthode par leur niveau « lamentable » : « Je leur donne un travail qu'ils sauront faire. »

Mal à l'aise, je réponds à Fatoumata que ce n'est pas le lieu pour faire ce type de remarque et qu'elle n'est pas habilitée à discuter la méthode d'un enseignant. Les représentants des parents estiment que la remarque mérite néanmoins des réponses. Marine vient à mon secours en rappelant que M. Briand n'est pas le premier à subir les foudres de Fatoumata. Elle-même et d'autres se sont vu reprocher à plusieurs reprises leur façon de faire cours. Un murmure d'approbation traverse les rangs professoraux. M. Moreau clôt le débat en promettant qu'il transmettra la remarque à qui de droit. Fatoumata bougonne mais rend les armes sur le sujet, pour l'instant. M. Briand s'en sort bien.

Alors que nous pensons en avoir fini, Fatoumata annonce qu'elle a quelque chose à ajouter. N'en pouvant plus de ces rebondissements, je m'apprête à couper court mais Marine me rassure : cette fois, c'était prévu. La jeune fille sort de son cartable deux feuilles A4 qu'elle vient remettre au principal adjoint.

Il s'agit d'une pétition dénonçant le poids des cartables.

Elle a obtenu la signature de tous ses camarades de classe. Mise dans la confidence juste avant le conseil, Marine n'a rien trouvé à redire à cette initiative citoyenne. Les parents d'élèves applaudissent, dénonçant à leur tour le scandale des cartables trop lourds et des dos d'élèves de moins de douze ans détruits par des charges aberrantes. Le principal adjoint accuse réception : il s'engage auprès de notre Louise Michel miniature à transmettre la pétition au conseil d'administration qui veillera à apporter des réponses à ce problème récurrent. Pas mécontente de son effet, Fatoumata accueille néanmoins la promesse de l'exécutif avec une moue circonspecte : elle attend de voir.

Si elle apprend à mieux gérer ses humeurs, cette petite ira loin.

Le dernier pour la route

Décembre. Semaine 14. Jeudi. 11 h 30

Sabine a réussi à réunir tous les adultes responsables de Slimane pour dresser un bilan du trimestre, et réfléchir à l'avenir. Slimane fixe ses chaussures, ratatiné sur sa chaise entre son éducatrice, moi et sa mère. C'est la première fois que je la rencontre : elle est habillée très élégamment, porte un tailleur gris et un collier fin. C'est une femme au port très fier dont le visage reflète la fatigue et la dureté de nos entretiens téléphoniques.

J'ai consacré beaucoup de temps à son fils pendant ces quatre premiers mois. Je l'ai engueulé, soutenu, cornaqué, consolé, puni et exclu. Il y a eu des progrès, des efforts indéniables de sa part, mais aussi beaucoup trop d'« emportements » qui ont rendu son maintien en classe impossible. Tous les engagements, la peur de nous décevoir – même si le point de non-retour a été atteint depuis longtemps avec la maman – ne pèsent pas bien lourd face au problème de fond : une nervosité, un besoin d'attention et un sentiment d'injustice incompatibles avec un enseignement de masse.

Le garçon aurait besoin d'un suivi adapté. Malheureusement, à presque seize ans, il est trop âgé pour être éligible aux dispositifs-relais départementaux proposés aux collégiens à la dérive. Quant au tutorat mis en place avec notre aide-éducateur Thomas, il ne suffira pas à combler son retard scolaire.

Il ne nous reste plus beaucoup d'options.

Comme je l'ai mentionné en conseil de classe, la seule solution est de déterminer une orientation post-3e motivante. Pour cela, il faut qu'il tienne jusqu'au mois de juin et parvienne à surmonter ses démons. Égale à elle-même, la mère campe sur ses positions : « C'est de la comédie, il fait n'importe quoi, j'en ai marre de lui ! » L'éducatrice réagit vivement : « Il ne va pas bien et ce n'est pas en le disqualifiant à tout bout de champ qu'on va régler le problème ! » La mère l'envoie balader : « J'ai fait tout ce que j'ai pu, je ne vois pas ce que je pourrais faire de plus. » Sabine tente une synthèse : « Il faudrait sans doute être un peu plus constructive, Slimane a besoin de sa maman pour avancer. »

La maman lève les yeux au ciel, l'éducatrice pousse un soupir agacé. Slimane se recroqueville un peu plus sur sa chaise.

Me faisant le porte-parole de l'équipe enseignante, je rappelle ce qui l'attend s'il ne parvient pas à maîtriser ses nerfs : de nouvelles sanctions, de nouvelles exclusions temporaires et une orientation par défaut. Ma sortie réconcilie les deux femmes qui s'insurgent en chœur :

« Ah non ! Vous n'allez pas encore le virer ! »

L'éducatrice argumente : chaque nouvelle exclusion ruine un peu plus ses chances de se reconstruire. Je ne le sais que trop bien mais elle doit tenir compte de toutes les autres solutions que nous avons mises en place : exclusion en interne, fiche de suivi, TIG dans la cuisine d'Olivier. Nul ne peut contester notre patience et nos efforts pour le garder. L'éducatrice fait la grimace, à bout d'arguments. La mère prend le relais : elle dénonce le climat dans la classe ainsi que la mauvaise influence de ses camarades sur son fils. J'admets qu'il n'est pas seul responsable de la catastrophe que constitue la 3e 1 mais l'argument « Il n'y a pas que moi » – qu'il utilise systématiquement pour se défendre – ne l'aidera pas à sortir de sa problématique autodestructrice. La mère reste muette un instant puis exprime de nouveau son exaspération : « J'en peux plus de lui. »

Slimane perd encore en volume.

Sabine estime qu'il est temps d'envisager une autre piste : « Il serait peut-être intéressant que Slimane aille parler avec quelqu'un. » La mère réagit au quart de tour : « Un psy ? » Slimane se redresse, révolté : « J'suis pas fou ! » J'essaie d'être pédagogue : « Les psychothérapeutes ne sont pas là pour les fous mais pour les gens qui ont besoin d'exprimer des choses et de se libérer de certaines tensions : explorer les sources de ta colère ne peut pas te faire de mal. » D'après Sabine, les thérapeutes du centre médico-psycho-pédagogique (CMPP) du secteur sont très bien. Slimane et sa mère ne se détendent pas pour autant : ils ont pris la suggestion comme un affront.

Je jauge leur susceptibilité, pèse le pour et le contre… puis finis par leur confier que, à l'âge de onze ans, j'ai moi-même été pris en charge par un CMPP. J'avais des « difficultés de communication » avec mon entourage : mon côté renfermé, « dans la lune », inquiétait ma mère et énervait mon père. J'étais l'enfant « à problèmes » de la famille. Pendant une dizaine de séances, une jeune femme très gentille m'avait proposé d'exprimer ce que je voulais par le jeu. Vraiment ce que je voulais.

Avec sa complicité, j'avais mis en scène des batailles effroyables menant systématiquement à la destruction de l'humanité.

Je m'étais bien amusé. Et les séances m'avaient apparemment permis d'exprimer beaucoup de choses. (Tu m'étonnes.)

Voilà, je me suis livré. Cela aidera peut-être à leur faire avaler la pilule, ou au moins à atténuer leur sentiment d'avoir été insultés.

Si mon témoignage touche Sabine et l'éducatrice, il n'ébranle pas Slimane : « Je suis pas fou ! » et encore moins sa mère : « C'est pas ça, le problème. Le problème, c'est qu'il est infernal ! Arrêtez avec votre psy. »

Un coup d'épée dans l'eau.

Insister serait contre-productif : nous en reparlerons après les vacances. Nous bifurquons vers l'autre chantier à entreprendre : la construction d'un projet professionnel. Sabine tend à Slimane une documentation du centre d'information et d'orientation (CIO) de la taille d'un annuaire. Y sont répertoriées toutes les filières professionnelles du département. Ce serait bien qu'il y jette un œil, histoire de revenir en janvier avec une petite idée de ce qu'il souhaiterait faire plus tard. Nous avons besoin de cette première base pour explorer le champ des possibles.

Slimane prend le lourd document, le contemple d'un œil morne. Fin de l'entretien.

Sabine souhaite de bonnes fêtes de fin d'année à tout le monde. Et du repos (beaucoup de repos) à la maman. Je supplie Slimane de se tenir à carreau pendant les deux jours qu'il nous reste avant la trêve. Il murmure un « oui » timide : nous avons cessé de nous faire des promesses. Il quitte la pièce sans que sa mère ait un regard ou un mot pour lui. Elle file à son tour en nous saluant du bout des lèvres. L'éducatrice nous remercie de notre investissement mais ne peut s'empêcher d'ajouter : « C'est pas gagné. »

De retour dans mon bureau, j'essaie d'occulter le travail qui nous attend au prochain trimestre pour me concentrer sur la seule perspective positive du moment : les vacances ! Demain soir ! J'anticipe déjà le feu de cheminée et le farniente dans la demeure familiale.

Thomas apparaît soudain à la porte, catastrophé. Il m'annonce qu'il y a eu un « gros pépin » en arts plastiques. Avec les 3e 1. Des cris de colère s'élèvent dans le hall.

Mon sang se glace : j'avais oublié qu'ils avaient Gisèle à cette heure-ci.

« Slimane ?

– Non. »

Mon soulagement est de courte durée.

Gisèle vient de traiter Koumba de « grosse vache ».

Deuxième trimestre

Un nouveau départ

Janvier. Semaine 15. Lundi. 7 h 50

Une nouvelle année commence. Après quinze jours de vacances festives et reposantes, je reviens au collège plein d'énergie et de bonnes résolutions.

À partir de maintenant, je serai fort et zen. J'ai survécu au premier trimestre, le plus long, le plus dur. Je suis toujours là. Je me suis « étoffé » : les gamins commencent à me connaître, à me donner du « Monsieur Gaudin » avec des modulations de respect dans la voix. Mon dernier « T'es qui, toi ? » remonte à la fin novembre. Et puis, il n'y a que six semaines jusqu'aux prochaines vacances et j'ai réussi à négocier le rattrapage de mes conseils de classe : deux jours de congé exceptionnel qui me permettront de passer un long week-end au festival de la bande dessinée d'Angoulême, fin janvier. Une coupure culturelle en compagnie d'amis bédéphiles.

J'ai donc toutes les raisons d'être de bonne humeur.

Les surveillants viennent d'ouvrir la grille. Le flot d'élèves pénètre dans le hall.

Dès qu'il arrive, Slimane vient me présenter ses vœux. Je lui demande s'il a passé de bonnes fêtes. Un voile triste recouvre son visage. Il n'y a pas eu de miracle de Noël ni de réconciliation mère-fils. Je brise le silence : « Je compte sur toi pour assurer au deuxième trimestre. » Il opine avec gravité. Il va essayer. C'est déjà ça. Il sort dans la cour et ne retrouve le sourire qu'au contact de ses turbulents copains de 3ᵉ 1.

Mon optimisme n'en sort pas renforcé.

Haroun m'alpague en beuglant : « Bonne année, m'sieur ! » Je dois le repousser pour qu'il ne me claque pas la bise. Ses potes de 5ᵉ 2 assistent à la scène, morts de rire. Frankie est de retour parmi nous après avoir manqué les trois quarts de ses cours de novembre et décembre. Il me tend le certificat médical sur lequel sont justifiées toutes les absences signifiées par courrier à sa famille. Frankie a une forme très rare de maladie qui frappe à chaque fois qu'il a la flemme de se lever. Il a surtout un médecin de famille très conciliant.

Le gang des garçons de la 3ᵉ 2 reviennent dans le même état qu'avant la trêve : bruyantes et facétieuses. Fort de mon expérience du début d'année, j'ai pris le parti de me détendre en répondant du tac au tac à leurs vannes : ils semblent apprécier et ne résistent plus à mes injonctions. Leur changement d'attitude en arts plastiques m'a démontré qu'ils n'étaient pas de mauvais bougres. Et je dois admettre qu'ils me font rire. J'essaie cependant de dissimuler la sympathie grandissante que j'ai pour eux car leur côté « boute-en-train » reste contre-productif en classe. Gageons que l'approche de la fin de l'année et les enjeux de l'orientation mettront leur joie en veilleuse.

La voix de Koumba retentit soudain. C'est comme ça : on entend toujours Koumba avant de la voir. Elle apparaît à l'entrée du hall entourée d'un aréopage de copines – dont Laëtitia et Hawa de 3e 4 – tout excitées par leurs retrouvailles. Elle a l'air dans une forme olympique. Je lui jette un regard noir pour lui signifier que je n'oublie pas ses exploits du premier trimestre.

Elle ne me calcule pas.

Les enseignants arrivent au fur et à mesure. Ils semblent reposés, contents de se retrouver. Et même de revoir les élèves. Gisèle surgit du couloir de l'administration aux côtés de Myriam, sa collègue de SVT. Elles interrompent leur conversation lorsqu'elles m'aperçoivent. Je leur dis bonjour mais seule Myriam me répond. Gisèle m'ignore ostensiblement.

Elle n'a toujours pas digéré notre dernière entrevue.

*

Flash-back

Jeudi 20 décembre, veille des vacances, 11 h 55. Thomas vient de m'apprendre que Gisèle a traité Koumba de « grosse vache ».

Cinq minutes plus tard, Koumba est dans mon bureau, bouillonnante de rage, accompagnée d'une bonne moitié de la 3e 1 oscillant entre révolte et hilarité : un faux pas professoral, c'est la fête !

Koumba vocifère, crie à l'outrage tandis que le reste de ses camarades, trop contents de me voir en difficulté, arguent qu'« un prof n'a pas le droit d'insulter une élève ». Slimane soutient que c'est « inadmissible » en affichant un sourire mutin : il a réussi à placer le mot que je lui ai servi à nombre de nos entretiens. Haussant le ton à mon tour, je leur fais remarquer que, pour des gens qui se traitent de « bâtards » et d'« enculés » à longueur de journée, leur réaction me laisse rêveur. Ils m'opposent la critique habituelle : « Vous êtes toujours pour les profs de toute façon ! Mais ça va pas se passer comme ça ! » Face à cette menace, je contre-attaque aussitôt : que comptent-ils faire ? Prévoient-ils de se venger pour laver l'affront ? Je leur rappelle que leur charmante classe a pourri la majorité des cours depuis le début de l'année et fait exploser nos statistiques d'exclusions de classe. Nos démarches pédagogiques et autres réunions n'ont servi à rien : ce sont des saboteurs de première ! À force de pousser leurs profs à bout, ils ne doivent donc pas s'étonner que certains d'entre eux sortent de leurs gonds. Il est même remarquable que ce ne soit pas arrivé plus tôt. En retour, je me prends une volée de « tchips » et de commentaires révoltés. Moi-même gagné par l'impatience, je clos le débat, évacue Koumba et ses comparses de mon antre et leur annonce que je reviendrai vers eux dès que j'aurai eu le rapport de leur enseignante et sa version des faits.

Mais je sais déjà que c'est mal barré : ils vont se monter le bourrichon. Les prochains cours de Gisèle seront pollués par cette histoire et la tension que nous avions réussi à faire retomber va repartir comme en quarante. Je connais Koumba et son caractère exécrable, je sais combien elle peut être insupportable, mais c'est la première fois de l'année qu'un prof lâche un truc aussi direct à un élève. Et il fallait que ça tombe sur Gisèle.

Dire que nous avions presque atteint les vacances…

Gisèle a fini sa journée mais il lui reste quatre heures de cours à assurer demain matin. Sera-t-elle capable de les donner ? Je vais signaler l'incident au chef d'établissement : elle a besoin d'aide, il faut qu'on la reçoive.

12 h 30. Bureau du principal. Gisèle est mutique. Nous lisons le rapport qu'elle nous a remis sans desserrer les dents : « Alors que je donnais les consignes à la classe de 3e 1, Koumba C. bavardait avec sa voisine de table. Lorsque je lui ai demandé de se taire et de se mettre au travail, elle a réagi vivement : "Quoi ? J'ai rien fait !" Je lui ai demandé de me parler sur un autre ton, ce qui a augmenté son énervement. Elle m'a répondu avec une grande insolence : "C'est bon, zyva ! En plus on sait même pas ce qu'il faut faire !" Face à cette attitude inacceptable, je lui ai ordonné de sortir, ce qu'elle a refusé en continuant de crier. »

Le reste ne figure pas dans le rapport mais se devine aisément : Gisèle a crié à son tour, Koumba qui aime avoir le dernier mot n'a pas lâché l'affaire. L'impossibilité de la faire taire a fini par mettre Gisèle hors d'elle. Exaspérée, elle a balancé son insulte agricole.

Dès lors, c'était terminé pour elle.

Koumba s'est engouffrée dans la brèche. Elle a contesté devant moi toute sanction éventuelle puisque sa prof a, *elle aussi*, commis un acte répréhensible. Pour calmer le courroux de sa mère, elle va dénoncer l'arbitraire et le « deux poids, deux mesures » en vigueur dans l'établissement : les élèves n'ont pas le droit d'insulter leurs enseignants mais la réciproque n'est pas vraie. Elle trouvera à n'en pas douter du soutien chez ses camarades et chez certains parents prêts à dénoncer l'« impunité professorale ». Et ce sera une fois de plus à moi de recoller les morceaux.

J'en ai marre. Marre des 3e 1, marre de Koumba. Et, en mon for intérieur, marre aussi de Gisèle qui s'évertue à scier la branche sur laquelle elle est assise. Je ne dis pas que c'est juste mais c'est ce que je ressens.

Avec la bénédiction du principal, j'essaie de la rassurer : nous comprenons qu'elle ait « craqué ». Elle ne dit toujours rien. Je veux être solidaire, je veux la soutenir, mais je sens aussi une grosse pointe d'égoïsme poindre dans mon cœur : je veux juste qu'on tienne jusqu'à la dernière sonnerie du trimestre.

Je suis convaincu que ce serait plus simple si Gisèle disparaissait momentanément de l'équation.

Je lui suggère de prendre un peu de temps pour elle. Elle semble épuisée. Est-il prudent qu'elle reprenne ses cours dans ses conditions ? Ne devrait-elle pas prendre sa dernière journée et s'arrêter ? Aussi rétif aux problèmes que moi, le chef approuve : « Je n'y vois pas d'inconvénients. Faites ce qui est le mieux pour vous, madame B… »

Elle reste muette, sans réaction. Illisible. Sur des œufs, je poursuis : « Tu as le droit de te reposer, de te protéger, de ne pas te mettre en difficulté devant tes classes. Si tu ne veux pas venir demain, nous comprendrons parfaitement. »

J'ai rarement été moins subtil.

Toujours pas de réaction. M. Pontet l'assure une dernière fois de son soutien… et la laisse libre de sa décision. Visage fermé, elle se lève, quitte le bureau sans dire un mot.

Restés seuls, nous discutons des suites à donner à l'incident. Vu son lourd passé, nous pourrions aller jusqu'à une semaine d'exclusion pour Koumba. Au regard des circonstances, je propose plutôt une peine ne couvrant que les quarante-huit heures qui nous séparent des vacances. Si, dans le même temps, Gisèle prend la dernière journée et reste chez elle, je gage que l'affaire se tassera et sera oubliée à la rentrée de janvier.

Il est possible aussi que sa défection soit interprétée comme un aveu de culpabilité et envenime la situation. Mais je m'en fous : à ce moment précis, ce qui m'importe, c'est que tout s'arrête enfin.

Fin du flash-back.

❊

Koumba a très mal pris son exclusion mais a eu l'intelligence de ne pas tout casser dans le bureau du principal. Sa mère n'a pas contesté la sanction, même après que sa fille a mentionné le label bovin dont elle avait été affublée : consciente du caractère de sa progéniture, la réaction de l'enseignante ne lui a pas paru aberrante.

Le lendemain matin à la première heure, Gisèle débarquait dans le hall, déterminée et furieuse.

Il n'était pas question qu'elle abandonne le terrain et soit tenue pour responsable de ce qui s'était passé. En un regard, elle m'a fait comprendre qu'elle ne me pardonnerait pas de lui avoir suggéré le contraire.

À l'inverse de ce que je craignais, il n'y a eu aucun incident pendant ses cours avant la sortie.

Je doute qu'elle me souhaite la bonne année.

Duel au soleil

Janvier. Semaine 16. Jeudi. 8 h 30

Carole, la dame de la loge, m'appelle, paniquée : « Il y a des parents qui s'engueulent devant le collège ! » Allons bon. Je finis d'une traite mon cappuccino avant de me précipiter vers la grille d'entrée.

Une femme bien en chair se prend la tête avec un homme petit et maigrelet. Leurs conjoints respectifs essaient de les raisonner mais ce n'est pas simple : leurs moitiés sont très remontées.

« Tu vas calmer ton fils sinon ça va mal finir !

– Tu touches à mon fils, tu vas voir ta gueule ! »

Il n'y a que des adultes : les fils en question doivent être en cours ou planqués quelque part. Je fais un signe à Carole qui appuie sur le bouton d'ouverture électrique. Je plonge dans l'arène. « Je peux vous aider ? » Mon arrivée surprise a l'effet escompté : la dispute s'arrête net. Le visage du petit maigrelet s'illumine quand je me présente : « Ah, c'est vous, monsieur Gaudin ? » Puis il redevient furibond : « Vous connaissez déjà le problème, il faut faire quelque chose ! » Je suis dans le brouillard, j'ai besoin de plus de détails. Ils ont enfin la présence d'esprit de me révéler leur identité. Tout s'éclaire : ce sont les parents de Jérémy et Adrien.

Je constate avec fascination la proximité de caractère entre gamins et parents : mêmes intonations, même gouaille, même colère. Mêmes arguments : c'est l'« autre » qui a commencé, il faut lui dire de se calmer, le changer de classe, l'exiler sur la Lune, l'éradiquer si nécessaire, n'importe quoi pourvu que leur rejeton soit protégé de la vilenie de l'autre.

J'essaie de ramener tout ça à de justes proportions : j'ai rencontré les enfants en question, je mesure l'étendue de leur inimitié… mais j'estime que nous avons affaire à une simple mésentente entre deux préados. Rien qui justifie l'extension du conflit à toute la région.

Pourquoi ne pas chercher ensemble, entre adultes, les voies de l'apaisement ?

Le papa de Jérémy abonde : « Entièrement d'accord avec vous ! » Il se tourne vers la maman du camp d'en face : « Dites à Adrien qu'il arrête ! » La mère d'Adrien réagit du tac au tac : « Alors que c'est Jérémy qu'arrête pas de l'emmerder ? Ça, c'est la meilleure ! »

Il ne va pas être simple de réconcilier les points de vue.

Je décide de scinder le problème en deux. J'appelle M. Moreau, le principal adjoint, à la rescousse : il gérera les parents d'Adrien tandis que j'essaierai de raisonner ceux de Jérémy. Ce sera l'occasion de parler de leur petit, dont le caractère n'est sans doute pas étranger aux proportions prises par l'affaire. Nous verrons par la suite si un accord de paix est envisageable.

Lorsque nous pénétrons dans le hall, le père de Jérémy devient livide. Il n'est pas content d'être là. Je m'enquiers de son état de santé. Très mal à l'aise, il fait une grimace équivoque. Sa femme me glisse à l'oreille : « Vous en faites pas : c'est l'école, il a jamais trop aimé ça. » Pour ne pas prolonger son supplice – et éviter toute rencontre malencontreuse avec Haroun –, je presse le pas et les fais entrer dans mon aquarium en rassurant le papa : ici, nous sommes en sécurité.

Nous commençons par un point complet sur les démarches que j'ai effectuées auprès de leur fils et de son ennemi juré. J'estime la situation sous contrôle : il n'y a pas eu d'incident (majeur) entre eux depuis ma mise au point de la fin octobre. Le père tombe des nues : « Ah ben, c'est pas ce qu'il nous dit ! Adrien par-ci, Adrien par-là ! On n'en peut plus, nous, d'Adrien ! » La maman confirme : quand il rentre à la maison le soir, Jérémy ressasse sans cesse ses problèmes avec son persécuteur. Ce qui d'ailleurs ne date pas d'hier : elle se souvient parfaitement de l'histoire du pain au chocolat qui a mis le feu aux poudres quelques années plus tôt à l'école primaire.

Jérémy de retour en larmes à la maison, son mari qui file aussitôt voir la mère d'Adrien pour lui dire tout le bien qu'il pense de son « fumier de fils », la mère d'Adrien qui en a autant au service de Jérémy, la fâcherie définitive entre les deux factions rivales. Pire qu'à Beyrouth dans les années fastes ! Ce qui est terrible, c'est que les deux familles aussi s'entendaient bien « avant ». Mais la solidarité avec les enfants et la vigueur des échanges ont semé dans les cœurs, et pour des générations, les graines de la discorde.

Si la mère regrette cet « avant » idyllique, le père conteste qu'il ait jamais existé.

Je leur précise qu'un des principaux motifs de « chicane » des belligérants est désormais la rivalité autour de leur amitié avec Moussa. À l'évocation du garçon, un large sourire éclaire leurs visages : eux aussi sont fans. Ils admettent que Jérémy n'aime pas partager et déplorent sa propension à se mettre dans des « états pas possibles » à la moindre contrariété : « Quand il est parti, on essaie de le calmer, mais ça marche pas. Il nous fatigue, à la fin ! » peste le père.

Cette dernière phrase me met la puce à l'oreille : les problèmes de Jérémy avec Adrien ne sont peut-être que la partie émergée de l'iceberg. J'essaie de creuser dans ce sens : « Et sinon, à part ça, comment ça se passe avec lui ? » Le père se crispe sur sa chaise. Sa femme finit par lâcher le morceau : ça ne se passe pas bien. Quand Jérémy « fait sa crise », son mari s'énerve à son tour et lui crie dessus, ce qui ne fait que renforcer sa détresse. Et c'est le drame. « Il est infernal en ce moment, c'est caprice sur caprice. J'en peux plus de lui », confirme le petit homme dans un soupir excédé.

Là aussi, d'après la mère, il n'en a pas toujours été ainsi entre eux : le papa s'en occupait beaucoup quand il était petit et l'a même initié à la cuisine. Ils étaient très proches. Mais Jérémy a grandi, un petit frère est venu. Il a commencé à s'énerver pour tout et n'importe quoi, l'amour paternel s'est changé en exaspération. Ils sont démunis. Leur volonté de régler « l'histoire avec Adrien » m'apparaît soudain comme une tentative désespérée de faire baisser la tension à la maison.

Le père remue la jambe nerveusement. Il n'aime pas la tournure qu'a prise la conversation : il s'est trop livré. Il n'a qu'une envie : se barrer. Je tente de relativiser : à mon sens, Jérémy traverse une crise d'adolescence classique. Il conteste aussitôt : son frère aîné, aujourd'hui en seconde professionnelle, « n'a pas posé tous ces problèmes ». Je hasarde une hypothèse psychologique : ses soucis à l'école, la faiblesse de ses résultats le font paniquer. Jérémy a sans doute peur de les décevoir, nous devons trouver ensemble comment l'apaiser : « Sa professeure principale et moi allons nous occuper de ses problèmes en classe… Quant aux soucis en dehors, savez-vous que nous avons une assistante sociale au collège qui pourrait peut-être – si vous le souhaitez – vous aider à les régler ? »

À la simple évocation de Sabine, ils blêmissent : « Mais pourquoi faut qu'on aille la voir ? Qu'est-ce qu'il a ? »

Touché par leur effroi, je corrige le tir : « Rien, il n'a rien… Il faut juste que nous le rassurions de toutes les manières possibles… Plus on sera nombreux à s'en occuper, mieux ce sera, non ? » Ils me fixent, les yeux exorbités. Je lâche mon ultime argument : « Vous verrez, elle est très sympa. »

Face à Sabine, ils sont accablés, se demandent ce qu'ils ont bien pu faire de mal pour atterrir dans son bureau. Consciente qu'il faut y aller mollo, elle leur explique qu'elle est une assistante sociale *scolaire* : elle aide à la résolution de difficultés liées à la scolarité – « très répandues chez les adolescents » – et a juste besoin pour ça de discuter *en toute confidentialité* du contexte familial. Les parents ne doivent pas se sentir sur la sellette : nous les considérons comme des partenaires éducatifs avec qui réfléchir à des pistes pour que Jérémy retrouve le chemin de la sérénité et de la réussite.

La mère semble rassurée. Le père, pas du tout.

Sabine propose de passer en revue les tensions familiales. Je les laisse. Nous nous reverrons avant leur départ.

Je rejoins M. Moreau et les parents d'Adrien. Ils se sont calmés mais continuent de supplier l'adjoint de protéger leur gamin des assauts de l'« autre ». Je les tranquillise : « on » a bien parlé avec la partie adverse, Jérémy traverse une passe difficile, « on » va travailler dessus et « on » va veiller à ce que tout se passe bien à partir de maintenant.

Ils ne cachent pas leur pessimisme. Je leur promets d'être vigilant et de veiller au respect du cessez-le-feu.

Nous les laissons partir : il est encore un peu tôt pour que les deux familles se croisent.

Alors que l'adjoint et moi échangeons nos sentiments mitigés sur la situation, les parents de Jérémy nous rejoignent. Sabine leur a donné rendez-vous dans quelques jours, avec leur fils cette fois. N'aspirant qu'à débarrasser le plancher, le père prévient qu'il ne viendra pas. Il s'éloigne d'un pas rapide en direction de la sortie. La maman regarde son petit bonhomme de mari avec tendresse puis m'assure qu'elle sera bien là, elle. Lui serrant la main, j'essaie de finir sur une note réconfortante : « On va y arriver. »

Haroun contre le reste du monde

Janvier. Semaine 16. Vendredi. 14 h 30

On a tout tenté avec Haroun.

Romain et moi n'avons pas arrêté de lui « prendre la tête ». Notre numéro est bien rodé. Je joue le « méchant flic » : je crie, rappelle avec véhémence les règles du collège et le menace de sanctions définitives s'il ne rentre pas dans le rang. Puis je passe le relais à Romain qui, en « gentil flic », s'efforce de lui faire entendre avec des mots choisis que ses enseignants ne peuvent pas travailler s'il joue sans cesse avec leurs nerfs, qu'il doit penser à son avenir, cesser de ruiner sa scolarité.

Haroun est d'accord avec tout ce qu'on lui dit. Sans pour autant cesser de sourire ou de blaguer. Sitôt l'entretien achevé et la porte de mon bureau franchie, il repart « en live » comme si la discussion n'avait jamais eu lieu.

Il a cumulé un nombre impressionnant d'exclusions de cours et d'exclusions temporaires. Son temps de présence en classe est devenu très sporadique. Il est en complet décrochage, ce qui n'entame pas sa bonne humeur.

Nous avons réfléchi à plusieurs choses pour le cadrer tout en le gardant parmi nous. Au risque de crouler sous une avalanche de « I » comme Incorrect, j'ai essayé la fiche de suivi. Ses profs n'en ont jamais vu la couleur. Un surveillant a retrouvé le document au milieu du hall, vierge de tout commentaire à l'exception d'un élégant « Mort aux schmitts[1] ! » écrit au feutre rouge dans la marge.

Dans le cadre d'une exclusion « en interne », Thomas n'a pas tenu une heure en tête à tête avec lui : Haroun ne sait pas rester assis.

Même notre cuistot Olivier n'a rien pu faire : malgré sa bienveillance, Haroun a refusé d'être traité « comme un trimard » et d'effectuer la moindre tâche. Déstabilisé par la patience dont Olivier faisait preuve avec lui, il s'est mis à jongler avec des légumes pour être dispensé de corvée de pluches. Il a fini la matinée consigné sur une chaise dans le réfectoire.

Nous avons dû admettre notre impuissance : le phénomène Haroun nous dépasse.

Sabine l'a reçu à la fin du premier trimestre pour constater *de visu* que je n'affabulais pas. Elle a été confrontée à ses délires, à son sentiment que la vie

1. Flics.

n'est qu'un jeu. Elle en a conclu que le collège était inadapté à sa problématique, qu'il était urgent de réfléchir à une solution institutionnelle pour aider le lascar à se réformer.

De son côté, Haroun a tout de suite adopté Sabine : il était ravi d'avoir un adulte supplémentaire avec qui « faire crari ».

Nous avons fini par convier ses parents à une réunion « de la dernière chance » afin de trouver une solution pérenne pour leur fils.

Nous ressortons la carte du CMPP déjà jouée sans grand succès avec Slimane et sa mère au premier trimestre. Les réactions sont les mêmes : les parents affichent un air effaré – « Un psy ? » – et le fils se dresse sur ses ergots : « J'suis pas fou ! »

Je lève de nouveau le voile sur mon enfance, livre mon expérience personnelle, en vain. L'option n'est pas retenue.

Sabine expose alors ce qu'elle estime être la meilleure option : un institut de rééducation (IR) spécialisé dans la prise en charge d'élèves présentant des troubles de la conduite et du comportement (TCC). Haroun et son hyperactivité correspondent au « profil type » des enfants accueillis dans ce genre d'établissement.

L'institut est situé loin de Montreuil… ce qui impliquera sans doute un internat. Comme le dispositif est *très* demandé en Seine-Saint-Denis, les places sont chères et la constitution d'un dossier de candidature ne peut se faire que sur la base du volontariat.

C'est-à-dire avec l'accord de la famille et de l'élève.

Si ses parents semblent intéressés par la proposition, la réponse d'Haroun est sans appel : « J'irai pas ! »

Sabine insiste : « Ça pourrait te faire beaucoup de bien. » Elle suggère de laisser mûrir la proposition quelques jours avant de donner une réponse définitive. Elle est même prête à organiser une expédition pour aller voir sur place « à quoi ça ressemble ». Mais, pour Haroun, c'est ferme et définitif : hors de question de quitter son collège chéri. « J'suis bien ici, moi ! »

C'est bien le problème : sa façon d'« être bien » est incompatible avec le travail scolaire et la vie en collectivité. J'insiste : « Tu dois entendre que nous ne pouvons pas continuer ainsi. »

Il se ferme définitivement à la discussion : « J'irai pas ! »

De guerre lasse, Sabine tend aux parents un document décrivant le fonctionnement de l'institut, les invite à bien le lire. Elle espère que cela les convaincra de la pertinence du dispositif. Dès que nous aurons leur accord – si nous l'avons –, nous lancerons la constitution du dossier. Par acquit de conscience, nous leur redonnons aussi les coordonnées du CMPP voisin.

Avant de nous séparer, je rappelle à Haroun qu'il a le droit de refuser tout ce qu'on lui propose mais que nous ne tolérerons plus ses débordements très longtemps. À lui de nous prouver qu'il n'a besoin de personne pour s'amender.

S'il aime le collège autant qu'il le prétend et qu'il veut y rester, il sait ce qui lui reste à faire.

Youssef

Janvier. Semaine 17. Lundi. 15 h 25

Récréation de l'après-midi. Assis devant moi, deux élèves de 6e en larmes. Ils se sont battus. Anissa me les a amenés car mon bureau est le plus proche de leur cour. Je vais faire les premières constatations et – si nécessaire – transmettre le dossier à Chloé à l'issue de la récréation.

À ma gauche, un petit rondouillard au visage poupin : Driss.

À ma droite, un plus grand, maigre comme un clou, au visage émacié : Youssef.

D'après le rapport oral d'Anissa, Youssef s'est jeté sur Driss. L'accusé ne conteste pas les faits mais se justifie en affirmant que Driss a « traité » sa mère. Entre deux sanglots, Driss répond maladroitement qu'il disait ça pour rigoler. Youssef lui confirme qu'il n'a pas le même sens de l'humour en le menaçant de lui remettre une patate. Je m'y oppose fermement.

Je leur distribue un kleenex à chacun et leur intime l'ordre de se calmer. Ce qui, pour Youssef, risque de ne pas être simple.

J'ai déjà entendu parler de lui. Il occupe une bonne partie du temps professionnel de Chloé depuis le début de l'année. Elle a évoqué son cas lors de nos réunions hebdomadaires avec le service médico-social[1]. Youssef est un élève quasi illettré qui aurait dû intégrer notre section d'enseignement général et professionnel adapté (SEGPA) : ce dispositif propose un enseignement de type primaire assuré par des professeurs des écoles formés pour prendre en charge la grande difficulté scolaire. Son enseignant de CM2 avait bien insisté auprès des parents : c'était la seule solution pour que Youssef s'en sorte dans le second degré.

La famille avait refusé.

Dans la tête de beaucoup de gens, ce type de dispositif est frappé d'infamie. Y mettre son gamin est le signe d'un échec, d'une mise au rebut. L'institution ne fait d'ailleurs rien pour améliorer cette image. Toutes les sections d'adaptation depuis l'école primaire reçoivent avant tout les élèves dont personne ne veut. Des élèves intelligents mais confrontés à des difficultés cognitives, d'analphabétisme ou tout simplement non francophones côtoient des enfants

1. Rassemblant assistante sociale, infirmière et parfois le médecin scolaire (s'il est présent dans l'établissement).

victimes de troubles du comportement, voire de problèmes « psy » dont l'échec scolaire n'est qu'une des nombreuses conséquences. Le problème n'est pas neuf ni cantonné à la Seine-Saint-Denis : mon père, instituteur spécialisé dans son école primaire charentaise, a été confronté toute sa carrière à ce melting-pot de l'« enfance inadaptée ».

Indifféremment de la qualité des enseignements dispensés et de la formation dès la 4e à des champs professionnels attractifs comme la cuisine, la plomberie ou l'horticulture, le fait d'être incorporé dans ces classes est souvent très mal vécu par les élèves et leurs parents. Ils préfèrent donc intégrer à tout prix le collège classique, quand bien même il se révèle tout aussi violent et disqualifiant pour qui ne maîtrise pas les bases.

Comme prévu, Youssef a pris les premiers cours de 6e de plein fouet, se confrontant rapidement à son incapacité à les suivre.

Chloé et Sabine ont entamé dès le mois de septembre une campagne de conviction auprès de la mère pour lui faire admettre que Youssef relève d'un enseignement adapté. En le maintenant à tout prix dans le cursus « normal », on l'envoie dans le mur. La maman, très gentille, apprécie qu'elles se soucient autant de son petit : pour les remercier de leurs attentions, elle leur a apporté des gâteaux à la clôture du ramadan. Mais dès qu'elles abordent le sujet de l'orientation, elle se ferme et répète une litanie qui frôle l'incantation : « Mon fils est intelligent, c'est un bon élève et un gentil garçon. » Sabine a sans doute repéré dans son dossier un début d'explication à sa réticence : un malentendu survenu à l'école primaire. Alors qu'il était en CE2, Youssef était déjà à la peine. Son professeur des écoles avait insisté pour qu'il redouble. La mère, maîtrisant mal le français, avait donné son accord sans avoir réellement compris de quoi il retournait. Elle n'a pris la mesure des conséquences de sa signature qu'à la rentrée suivante. Elle a d'autant moins digéré le malentendu que le redoublement n'a pas fait de miracle. Depuis, elle se crispe dans une attitude de méfiance absolue dès que l'institution propose une « solution » pour son enfant. La situation est au point mort : sans son accord, le dossier ne peut pas passer en commission d'affectation. Le père, très âgé, s'en remet à son épouse pour ce type de décision.

En attendant, Youssef vit un enfer.

Car, en effet, c'est un gentil garçon. Plein de bonne volonté, il accueille tout nouveau travail avec enthousiasme et se plonge dedans. Mais il constate vite sa difficulté à comprendre les consignes ou à les appliquer. Ses profs viennent à la rescousse mais ils se heurtent à ses lacunes qui freinent ou empêchent la compréhension. Il se bloque. Son impuissance le met en rage. Il a déjà explosé deux ou trois fois en hurlant : « Je suis nul ! » La remise des devoirs et leur correction sont pour lui une souffrance : il a tout mis au propre, bien souligné son nom et la matière, tiré une jolie marge mais répondu complètement à côté de la plaque dans un français phonétique à peine intelligible.

Sa détresse s'accompagne d'une dégradation de son attitude. Après quatre mois de collège, Youssef bavarde, s'agite, s'énerve dès que le contenu du cours lui échappe. Ses colères sont de plus en plus fréquentes, laissant les adultes de plus en plus démunis.

Youssef, c'est Slimane, quatre ans plus tôt.

Aussi, lorsqu'il se prend un « fils de pute » amusé dix minutes après la réception d'une note catastrophique en français, on peut comprendre qu'il réagisse de manière disproportionnée.

Je conclus l'entretien en engueulant Driss : s'il pouvait à l'avenir éviter de taquiner ses camarades sur des sujets aussi sensibles, il éviterait de compromettre son intégrité physique. Puis je me tourne vers Youssef pour lui rappeler ce principe fondamental du collège : en cas de problème, on fait appel à un adulte, on ne « marave pas sa mouille » à un camarade.

Après les avoir remis à la vie scolaire, je passe voir Chloé pour l'informer de cette dernière sortie de route de son poulain.

En pénétrant dans son bureau, je prononce un seul mot : « Youssef ». Elle soupire de lassitude. Je lui résume la situation. Elle exprime son agacement vis-à-vis de Driss qui semble être un champion de l'embrouille. Elle va se faire un plaisir de lui mettre une soufflante avant la fin de la journée. En ce qui concerne Youssef, elle ne peut que déplorer la situation : il est en souffrance, donc coutumier de ces coups de sang. Elle va le recevoir mais ses paroles de recadrage et/ou de remotivation tombent chaque jour un peu plus à plat. Je ne vois que trop bien ce qu'elle veut dire.

Chloé espère que le bulletin du premier trimestre ouvrira les yeux à la maman mais évite de se bercer d'illusions : celle-ci reste intraitable sur le sujet.

Si rien ne se passe, Youssef va rester au collège et traverser les années en s'enfonçant dans son mal-être.

On aurait le numéro de Sisyphe, on l'inviterait volontiers à notre thérapie de groupe.

Le retour de Frankie

Janvier. Semaine 17. Jeudi. 10 h 30

Les courriers, les textes afférents à l'obligation scolaire et les menaces légales ont fait revenir Frankie dans nos murs. Cette victoire provoque des sentiments mitigés au sein de la communauté éducative : son rapport à l'école n'a pas évolué et il n'a pas fallu attendre longtemps pour qu'il refasse parler de lui. Quand, mercredi matin, Joachim, son professeur d'EPS, a demandé à la 5e 2 de courir autour du stade, Frankie a trouvé la demande incongrue. Fort de son droit fondamental à ne rien foutre, il a refusé. Devant l'insistance de Joachim, il a effacé toute équivoque. Du haut de son mètre cinquante et de ses douze ans, il lui a balancé : « J'm'en bats les couilles, j'cours pas ! »

Joachim a exigé que ses parents soient convoqués.

J'avais beau savoir que cela arriverait un jour ou l'autre, je n'en étais pas moins accablé : il fallait que je rencontre de nouveau la maman.

Lorsque je l'ai appelée hier, elle semblait bien lunée. Prudent, j'ai joué la carte de l'inquiétude : après avoir beaucoup manqué au premier trimestre, Frankie ne revenait pas dans de bonnes dispositions et risquait de rater pour de bon son année de 5e. Rassuré par l'absence de réaction vive, j'ai alors évoqué son insolence envers son professeur de sport et la nécessité d'un rendez-vous pour en discuter. Elle s'est aussitôt braquée : « Qu'est-ce qu'il lui a dit, aussi, le prof ? »

Elle n'a pas changé.

*

La convocation est pour 10 h 30. La récréation vient à peine de s'achever, j'ai un peu de temps avant d'entrer dans la fosse aux lions. J'ai extrait Frankie de son rang et l'ai mis en attente à la vie scolaire. La perspective de l'entretien n'affecte pas sa décontraction. Je vais prendre la température dans la salle des profs, voir si je peux compter sur le flegme de Joachim. Je n'ai pas beaucoup d'affinités avec lui : rigide et sans humour, il va souvent au « clash » avec les élèves. Il n'aime guère qu'on lui résiste. Avec Frankie, il a trouvé à qui parler. Je le surprends en train de s'échauffer avec quelques collègues : il leur dit tout le bien qu'il pense du loustic et semble bien décidé à lui faire sa fête.

Il va débarquer à l'entretien avec la mère la fleur au fusil.

Il ignore encore à qui il a affaire.

Je tente avec diplomatie d'infléchir son animosité : bien sûr que nous allons tout faire pour que Frankie arrête de nous ennuyer, mais il serait plus productif d'associer la maman au processus éducatif plutôt que d'instruire son dossier uniquement « à charge ». Il y a un risque de faire chou blanc si on l'attaque de front. Joachim m'écoute, entend et veut bien baisser d'un ton. Peu habitué à ce qu'on lui parle mal, il souhaite néanmoins que Frankie ravale son arrogance.

Je me prépare mentalement à un échange au minimum houleux.

À l'heure prévue, nous retrouvons devant ma porte Mme Frankie-mère et son fils plus rayonnant que jamais. Il va y avoir du spectacle, il le sait. Il « kiffe de mettre sa zone ». Malgré tous mes préceptes sur le respect dû à chacun et les affres de l'adolescence, je fantasme un instant de lui mettre la grosse baffe qui effacerait son sourire.

Joachim dit bonjour à la maman d'un ton froid tout en toisant Frankie avec morgue. La maman le remarque et lui répond sur un ton tout aussi glacial. S'ensuit une courte mais intense bataille de regards à laquelle je coupe court avant qu'elle ne dégénère.

Chacun s'installe sur une des chaises grises et dépareillées qui font l'originalité de mon ameublement.

Les hostilités peuvent commencer.

À ma demande, Joachim relate l'incident qui nous a réunis : les consignes données à la classe, le refus de Frankie de les suivre, son insolence en prime. Convaincu de la force de son exposé, il attend des excuses. L'ignorant complètement, la mère me prend à partie : « D'accord, il a mal parlé... mais il faut voir ce que le prof lui a dit avant aussi ! C'est normal que les gamins ils répondent si vous leur parlez comme à des chiens ! Mon fils fait que se défendre ! » Joachim lève sur moi des yeux incrédules. Espiègle, Frankie ajoute sans y avoir été invité : « Il a dit qu'il en avait marre de moi et que si j'étais pas content, j'avais qu'à rester chez moi, il allait pas pleurer. » Un temps, il ménage son effet : « Et après il a dit que j'étais mal élevé ! »

Devant son aplomb, Joachim confirme en bafouillant : « Mais il faut voir ce qu'il avait dit avant : c'est ce qu'on répond à un enfant grossier. » Frankie, ravi, porte l'estocade : « Vous voyez que j'ai raison, vous l'avez dit ! » Il s'adresse à sa mère : « J'te l'avais dit. » Elle acquiesce puis me fixe d'un air entendu : CQFD.

Joachim et moi en restons muets de sidération.

Le premier round est pour Frankie.

Outré d'avoir été mis en cause alors qu'il est victime, mon collègue sportif se réveille : « Non, mais j'hallucine ! » Il est à deux doigts d'en coller une à Frankie qui n'attend que ça. Je sors enfin de mon hébétude et réagis avant que tout ne parte en sucette : je demande à Frankie de sortir du bureau. « J'aimerais m'entretenir avec ton professeur et ta mère. Sans toi. » Il fronce les sourcils. La maman et

Joachim sont également surpris par la manœuvre. Frankie, un peu interdit par sa mise sur la touche, quitte la pièce sans discuter. Son départ fait baisser la tension, ce qui était le but : je vais pouvoir en placer une.

Je me tourne vers la mère et lui explique la « méthode Frankie » : « Il est très insolent – pour ne pas dire odieux – au point de nous pousser à bout. Ensuite il rentre à la maison et vous raconte *sa* version des faits… dans laquelle il prétend être un "petit mignon" victime des adultes de l'établissement. » Je rappelle un incident survenu au premier trimestre : « pour rigoler », Frankie avait planté la pointe de son compas dans la main de son voisin. Alerté par le cri de douleur, son enseignant l'avait grondé, confisqué le compas, menacé d'une sanction. Plutôt que de reconnaître son geste et faire profil bas, Frankie avait contesté et argué soudain pour sa défense que le voisin en question l'« embêtait ». La mère retourne immédiatement l'argument : « Ah ouais mais, comme par hasard, c'est lui qu'on engueule et pas celui qui l'embête ! » Le regard que lui jette Joachim ne laisse aucun doute : si elle ne se tait pas, c'est elle qui va s'en prendre une ! J'insiste : il lui a *planté* son compas dans la main puis ose ensuite prétendre que c'est lui la victime. Et ça marche ! « Plutôt que de faire front commun, nous passons notre temps à essayer de vous convaincre que les profs "n'ont pas été méchants" et qu'ils ne font que leur travail ! Frankie n'a aucun scrupule à jouer avec votre colère et à vous envoyer en première ligne vous battre pour lui. Le plaisir qu'il retire de nos échanges musclés permet de douter de la sincérité de sa détresse. »

La maman n'en démord pas : « Mais les profs s'en prennent toujours à lui ! » Elle crie cette dernière phrase, une émotion inattendue dans la voix. Elle cesse de parler, se mord les lèvres. Nous ne sommes pas en train de parler de la scolarité de Frankie : c'est d'elle qu'il s'agit. Elle est en train de régler un vieux compte avec l'école.

Face à cette donnée nouvelle, je décide de changer d'approche.

Il faut la convaincre que, quoi qu'elle en pense, nous ne sommes pas ses ennemis.

Je commence par affirmer que toute l'équipe, son professeur principal et moi-même sommes *bienveillants* ! Nous faisons *de notre mieux* pour que Frankie apprenne et progresse. Nous sommes au service de sa réussite, de son bien-être, au même titre que tous ses camarades. Malheureusement, c'est un saboteur de première, spécialisé dans la provocation des adultes. Car il sait qu'il peut compter sur l'hostilité de sa maman contre le collège pour se dédouaner de toute responsabilité dans ce qui lui arrive. Il a réussi ce tour de force : lui faire croire qu'il était victime d'une injustice permanente. Elle-même l'a peut-être été quand elle avait son âge, ce qui a pu abîmer sa confiance en nous… mais Frankie ment en jouant les martyrs. Il répète heure après heure qu'il n'aime pas venir en cours : il ne veut pas que le combat cesse, *il veut être viré.*

Obtenir gain de cause tout en rejetant la faute sur ses enseignants, c'est de la manipulation de haut niveau ! Je ne peux produire aucune vidéo des scènes que je décris, c'est donc sa parole contre la mienne… mais, à la maison, elle ou son mari n'ont-ils jamais été victimes, à l'occasion, de son art d'exaspérer les gens et de la leur « jouer à l'envers » ?

La maman est perplexe. Mon laïus l'a déstabilisée.

Elle finit par esquisser une moue amusée. Elle admet que Frankie peut être « bien énervant quand il s'y met ». La mine de Joachim m'empêche de me réjouir de ce succès diplomatique inespéré. Je reviens sur la façon dont s'est déroulée la séance d'EPS. Cette fois, elle écoute, elle entend, elle hoche la tête : « Je vois ce que vous voulez dire… sûr que c'est son style. » Ivre de reconnaissance devant un tel aveu, je lui suggère de se joindre à nous pour dire à son fils que « ça suffit comme ça ».

Elle reste songeuse. Elle n'avait pas prévu de se calmer.

Frankie est intrigué par ce qu'il découvre en revenant dans le bureau : pas d'éclats de voix, aucune trace de lutte… Les choses ne se passent pas comme d'habitude. Il vire au vert quand je lui demande de présenter des excuses à son professeur, jette un regard indigné à sa mère. Elle ne cède pas : « Vas-y, tu t'excuses et c'est bon ! » Frankie réagit au quart de tour, sincèrement choqué par la trahison maternelle : « Mais j'ai rien fait, c'est lui ! » Il pointe Joachim qui n'a rien dit depuis un bout de temps mais que je sens bouillir. Je me fais le porte-parole de sa colère :

« On en a marre de tes embrouilles, marre que tu te planques derrière ta mère, TU CROIS QU'ELLE N'A QUE ÇA À FAIRE ? ! Tu traites les gens comme des chiens et après tu joues les victimes : ÇA SUFFIT ! Alors maintenant, tu vas présenter tes excuses et arrêter de mal parler aux gens, c'est clair ? » Incrédule, Frankie attend de sa mère une réaction qui ne viendra plus. Elle veut juste en finir avec cette histoire : « Allez, fais-le. » Vexé, il serre les dents. Devant l'humeur noire de Joachim, je ne le lâche pas : « QUAND TU VEUX ! » Il murmure : « Je m'excuse. » Cela ne suffit pas à apaiser mon collègue. Je pousse mon avantage : « JE N'AI PAS ENTENDU !

– JE M'EXCUSE ! lâche-t-il d'un ton rageur.

– PAS À MOI ! À TON PROF ! »

Je tire sur la corde, tout en surveillant la maman comme le lait sur le feu. L'équilibre est fragile. Je prie pour que Joachim ne le rompe pas en s'emportant à son tour. Frankie souffle bruyamment, se tourne de trois quarts vers lui : « Je m'excuse. » Pas de sincérité mais une amertume qui sonne comme une victoire. Il est temps de conclure : « À partir de maintenant, tu vas te comporter correctement, point barre ! » La mère valide : « T'as compris ? » Mais elle ne peut s'empêcher d'ajouter : « Si un prof te prend le chiro[1], tu réponds pas, tu laisses tomber, c'est tout ! » Je complète avant que Joachim ne fasse un collapsus : « Si tu cesses ta provoc', personne ne viendra te chercher. C'est à toi de faire l'effort. Dans le cas

1. La tête.

contraire, on se passera de ta présence ! » La mère ne commente pas. Frankie boude.

On l'a eu.

Je le renvoie en vie scolaire. Malgré la qualité de notre entretien, je ne garantis pas à sa mère de pouvoir garder son fils encore très longtemps parmi nous s'il ne change pas d'attitude. Elle ne s'en formalise pas. Elle a déjà pensé à une autre solution : une inscription au CNED [1], les cours par correspondance de l'Éducation nationale. Comme elle l'avait fait pour sa fille aînée. La demande est en train d'être traitée. D'après elle, c'est sur le point d'aboutir. Je tais l'espoir fou que fait naître en moi cette perspective et l'invite à me tenir au courant.

Elle nous salue puis quitte mon bureau sans insulter personne.

Resté seul avec Joachim, je lui adresse un sourire fatigué : « Ça, c'est fait. » Son visage ne respire pas la joie : « Il aurait dû être viré, ça va bien un moment la démagogie ! » lâche-t-il. Douché par sa réaction, je tente de le convaincre qu'on avance, qu'un tel dialogue avec la maman aurait été impossible il y a encore quelques semaines, que ramener les parents de notre côté fait partie du processus éducatif et sera payant à terme. Qu'il n'aurait pas été cohérent de virer Frankie puisque c'est exactement ce qu'il recherche. Il balaie mes arguments : il a le sentiment d'avoir été maltraité et pris pour un con.

J'avais bêtement espéré des remerciements.

1. Centre national d'enseignement à distance.

J'aurais bien ajouté : « Je fais ce que je peux », mais il est déjà reparti en salle des profs pour partager son mécontentement avec ses collègues.

L'incident Diénéba

Janvier. Semaine 18. Jeudi. 16 h 45

Je suis lessivé. La trêve de Noël est bien terminée. Après seulement deux semaines de cours, tout le monde est déjà sur les rotules, les profs virent à tour de bras, les gamins sont dans un état d'agitation critique. J'ai alimenté la tension générale en hurlant sur eux toute la journée. Dans ce contexte, l'absence de gros pépins avant la dernière heure de cours relève du miracle.

Dans trois quarts d'heure, ce sera fini. Je respire.

Diénéba entre soudain dans mon bureau et me regarde fixement, comme elle le faisait en début d'année.

Je croyais avoir résolu le problème au premier trimestre : la visite de son père avait porté ses fruits. Elle avait cessé de me harceler. Mais Diénéba restant Diénéba, elle avait trouvé un autre souffre-douleur en la personne de Luc. Lorsqu'il tentait de vider le hall, elle venait se planter devant un radiateur qu'elle refusait de quitter. Face à sa résistance bornée, l'aide-éducateur faisait alors appel à moi pour que je l'aide à la déloger. Satisfaite de me voir débarquer, elle sortait aussitôt dans la cour en produisant son rire de joie moqueur.

J'ai parlé à Sabine et Michelle, notre infirmière, de sa personnalité déroutante et des propos tenus par son père : « Elle a le diable ! » Inquiète, Sabine s'est rapprochée de l'assistante sociale du secteur pour en savoir plus sur la situation familiale.

Effectivement, ce n'est pas simple.

Les six enfants de la famille, quatre garçons et deux filles dont plusieurs sont passés au collège (la petite dernière est en 6e), présentent presque tous ce profil d'agressivité et de rejet de l'autorité. Bien que ses frères aînés aient posé bien plus de problèmes qu'elle en classe, elle est la seule à être frappée par la malédiction : « avoir le diable » est quelque chose de très sérieux dans la culture mauritanienne. La noirceur de son âme a été décrétée par des parents très ancrés dans leurs traditions d'origine. Pour eux, ce n'est donc pas un problème éducatif mais bien un « fait » contre lequel personne ne peut rien. Elle est « mauvaise », il faut s'y résoudre.

Sabine et sa collègue ont noué un début de dialogue avec la famille. La confiance installée, elles ont ensuite contacté un ethnopsychiatre réputé dans le département pour travailler avec les parents afin de faire évoluer leur regard sur Diénéba.

L'ethnopsychiatrie s'est développée ces dernières années pour accompagner les souffrances psychologiques des populations migrantes. La méthode consiste à partir du contexte culturel et des facteurs anthropologiques associés aux personnes suivies. Une telle approche permet un travail thérapeutique qui échappe à un « ethnocentrisme occidental », source potentielle d'interprétations erronées, de jugements déplacés et donc de dégâts supplémentaires.

C'est très intéressant et c'est sans doute la meilleure piste pour aider Diénéba à sortir du rôle dans lequel sa famille l'a confinée. Et dans lequel elle s'est fondue.

Mais cela va prendre du temps.

En attendant, la vie continue : Diénéba reste ostracisée dans sa famille. Avec toutes les conséquences que cela peut avoir sur son quotidien : deux jours après la rentrée de janvier, elle s'est présentée au collège avec le visage tuméfié. D'après Claude qui a reçu la confidence d'une camarade, un de ses frères aînés l'a surprise en train de fumer. Voulant la prévenir contre l'adoption de conduites à risques, il lui a mis son poing dans la figure.

Remarquant son énorme coquard sur l'œil droit, j'ai eu le malheur de lui adresser un mot de compassion. Sa réaction a été immédiate : elle a relevé la tête pour afficher orgueilleusement son hématome.

Dès le lendemain, elle recommençait à venir m'embêter.

Depuis, elle a repris son manège hebdomadaire : elle pénètre dans mon bureau sans y être invitée pour me fixer avec son éternel sourire de mépris. Pour éviter ses déboires du premier trimestre, elle s'est juste astreinte à un temps maximum de présence – que j'estime à quarante-cinq secondes – interrompu aux premiers signes d'exaspération de ma part.

Elle sort en riant dès que je fais mine de m'approcher du téléphone.

Je suis compréhensif, je suis désolé pour elle… mais elle l'a senti et cela ne lui a pas plu : plutôt être détestée que faire pitié ! Elle tente de me pousser à bout. Pour être tout à fait honnête, elle est sur le point d'y parvenir. Ma résolution à ne plus me laisser marcher sur les pieds l'emporte désormais sur mon empathie.

Je vais perdre patience.

Après avoir feint de l'ignorer pendant les quarante-cinq secondes fatidiques, je finis par céder et produis le soupir d'agacement qui semble lui faire tant plaisir. Voilà, elle a eu ce qu'elle voulait, elle peut rentrer chez elle. Mais ce soir, elle a décidé de continuer de jouer.

Malgré mes injonctions, elle ne bouge pas un cil, me défiant par son aplomb d'y changer quoi que ce soit.

Elle l'aura voulu.

Je me lève, passe devant elle, sors du bureau et appelle Luc, en faction dans le hall. Découvrant la nature de mon souci, il lève les yeux au ciel puis me rejoint. J'accorde une dernière chance à Diénéba : elle n'a plus cours, elle n'a aucune raison de rester… elle peut encore s'épargner de gros ennuis en partant *tout de suite.* Inébranlable, elle conserve sa pose. Luc débarque : « Peux-tu accompagner cette demoiselle vers la sortie ? » Il l'invite à le suivre. Toujours pas de réaction. Il fait mine de poser la main sur son épaule, elle se baisse brusquement pour l'esquiver. Je la pousse dehors. Elle résiste à notre tentative de lui faire franchir les vingt centimètres qui la séparent de la porte. Je décrète l'état d'urgence : je lui saisis le bras, Luc prend l'autre, direction le bureau du principal. Elle vient de gagner une exclusion temporaire ! Nous la traînons *manu militari* jusqu'au couloir de l'administration. Nous avons beau ne pas avoir du flan à la place des biceps, Diénéba nous donne du fil à retordre : elle se débat comme une furie, sans proférer le moindre mot. D'un geste plus brusque, elle déchire ma chemise, en fait sauter deux boutons. Très bien : cela fera un motif supplémentaire pour allonger la sentence. Nous atteignons enfin la salle du trône. Diénéba, toujours muette, a cessé de résister. Elle se contente de nous jeter ses regards gorgés de haine que son silence rend encore plus glaçants. Je demande à Luc de rester avec elle dans le couloir pendant que je parle au chef. Je frappe, entre, expose la situation à M. Pontet : « Ça ne peut plus durer ! » Je lui remets en mémoire les exploits passés de Diénéba avec moi, lui fais part de mon désarroi devant sa brusque rechute. Il accuse réception : il va lui expliquer la vie. Je m'apprête à ouvrir la porte pour faire entrer la reine de mes insomnies.

J'interromps mon geste : le bruit d'une claque vient de résonner dans le couloir.

Je ferme les yeux, priant pour que ce ne soit pas Luc qui l'ait donnée.

J'ouvre la porte. Luc pointe un doigt furieux sur Diénéba. La trace rouge sur sa joue droite ne laisse aucun doute : c'est lui qui s'est mangé la beigne.

Tous mes principes, mon empathie pour Luc, ma colère, mon dépit sont brusquement balayés par un froid sentiment de satisfaction : elle est bonne pour le conseil de discipline.

Je suis débarrassé de Diénéba.

Le projet « Jérémy »

Janvier. Semaine 18. Mardi. 9 heures

Les parents de Jérémy sont de retour au collège. La maman a réussi à traîner le père qui n'était pourtant pas chaud. Il déteste être ici, entouré de profs, d'élèves, il jette des coups d'œil anxieux à droite et à gauche. Pendant la traversée du hall, j'essaie de le détendre : « Alors ? Content d'être là ? » Si ma petite blague le fait marrer, il se crispe de nouveau lorsque nous entrons dans le bureau de Sabine.

Jérémy ne va pas mieux.

Plus ou moins patients avec lui en début d'année, ses enseignants sont désormais unanimes : ils commencent à en avoir marre de son « sketch ». Ils s'énervent de plus en plus souvent contre lui quand il chouine… ce qui le fait chouiner de plus belle. Seul avantage : la multiplication des engueulades à son encontre a focalisé ses colères contre les adultes, mettant ainsi en veilleuse ses conflits avec Adrien et Fatoumata. Les résultats stagnent, Marine désespère de le voir remonter la pente. Une chose est sûre : les méthodes d'enseignement classique sont inadaptées à sa personnalité.

Jérémy n'est pas présent à l'entretien, ce qui permet de tout se dire. Avec diplomatie, nous posons de nouveau notre diagnostic devant les parents : Jérémy n'entre pas dans les cases. Son faible niveau semble en grande partie dû à sa difficulté à se concentrer et à canaliser ses émotions. Certes, il maîtrise à peu près l'écrit – si on n'est pas trop regardant sur l'orthographe et la grammaire – et a « plein de trucs intéressants » à dire… mais il interprète mal les consignes, répond très souvent à côté. Voulant toujours trop bien faire, réussir à tout prix, il remplit des pages de copie avec tout ce qui lui passe par la tête, estimant que la quantité lui vaudra une bonne note. Mais le hors sujet est systématique, le trop-plein, l'absence de clarté aussi. C'est l'échec. Qui, chaque fois, le dévaste.

Les parents implorants nous posent la question à mille euros :

« Et faut qu'on fasse quoi, alors ? »

Nous n'avons pas encore la réponse. Persévérants, nous commençons par aborder la possibilité du CMPP. L'évocation d'un « psy » est une fois de plus mal accueillie. Mais pas pour les mêmes raisons que d'habitude (« J'suis pas fou ! »). Il s'avère que Jérémy a déjà rencontré un thérapeute pendant son année de CM2. L'expérience avait été pénible : le praticien l'avait fait asseoir en face de lui puis l'avait observé pendant une demi-heure, sans rien lui dire. Jérémy n'avait pas aimé. À la deuxième séance, il n'avait pas tenu cinq minutes et s'était barré sans que le « psy » n'ouvre la bouche pour autant. Tout ce qu'il avait trouvé à dire aux parents en conclusion de ce brillant travail était que leur fils était « perturbé ». Un cador, à n'en pas douter.

Nous admettons que la méthode était contre-productive avec Jérémy. Le CMPP a une approche différente, fondée sur le dialogue. Et le jeu. Je relate une fois de plus mon passé d'usager. Cela suffit à les convaincre : les parents me font confiance. Et Jérémy aime bien mon histoire de destruction du monde en compagnie d'un personnel agréé.

Ils prendrons rendez-vous pour une première séance dans quelques jours. J'en suis ravi même si je ne me fais pas d'illusions : c'est un travail au long cours, une fois de plus incompatible avec le rythme effréné du temps scolaire. Cela fera sans doute du bien à Jérémy, sans pour autant résoudre la question de sa place dans le système.

Pour répondre à ce dernier point, Jérémy va être « testé » par la conseillère d'orientation du collège, présente deux fois par semaine à partir de février (pour s'occuper de l'orientation des 3e). Le but est d'obtenir un bilan concret de ses difficultés dont les résultats seront transmis à l'académie. Jérémy passera ensuite devant une commission d'affectation composée d'« experts » (inspecteurs, psychologues et enseignants), qui nous éclaireront sur son profil et – le cas échéant – détermineront le dispositif le mieux à même d'accueillir sa « différence ».

Les parents ne cachent pas leur consternation devant un tel programme.

Cela fait beaucoup d'informations à digérer : les termes administratifs que nous avons employés pourraient laisser croire que leur fiston entre à l'hosto. Sabine sent le flottement : « Tout ce que nous voulons, c'est aider Jérémy à retrouver le chemin de la réussite. » De mon côté, je leur garantis que « tout va bien se passer ». Mon sourire bienveillant ne parvient pas à les apaiser.

Le conseil de discipline de Diénéba

Janvier. Semaine 19. Lundi. 18 h 30

Je n'ai jamais assisté à un conseil de discipline. Celui de Diénéba est mon baptême du feu. J'ai le trac. Il n'y a pas beaucoup de doute sur l'issue : Diénéba a giflé un adulte devant le bureau du principal qui a entendu le coup et constaté l'impact. *A priori*, c'est plié : jamais le jury ne lui laissera le bénéfice du doute.

Ne vendons pas la peau de l'ours : le conseil est composé de représentants des parents et des élèves qui ne verront pas les choses comme les enseignants et l'administration. Il va falloir affronter la tension, les débats, le regard de Diénéba. Assumer de la bannir et de confier son destin scolaire à un autre collège.

Les parents d'élèves sont remontés contre le principal et plutôt défiants vis-à-vis des adultes de l'établissement : l'équipe de direction élargie aux CPE a été attaquée au dernier conseil d'administration sur le nombre croissant d'exclusions temporaires. J'ai argumenté que ces mesures, certes très insatisfaisantes, répondaient à la nécessité de poser des limites fortes aux élèves les plus turbulents. Et de protéger la scolarité et le droit de travailler sereinement du plus grand nombre. La discussion a été vive. Certains parents ont acquiescé, bien contents que l'on protège leur progéniture des débordements de nos terreurs. D'autres ont parlé de « démission » et d'« arbitraire » : ils ont demandé à connaître le contexte de chaque exclusion pour découvrir ce qui pouvait bien mettre les élèves dans cet état... Cela revenait *in fine* à mettre en cause notre responsabilité d'éducateurs : avions-nous pris les bonnes décisions, adopté les bonnes attitudes et fait tout ce qui était en notre pouvoir pour éviter les problèmes ?

C'est donc dans cette ambiance de franche camaraderie que les membres de l'assemblée s'installent dans la salle de permanence réaménagée en tribunal. Notre disposition autour des tables placées en rectangle est très symbolique : le principal, son adjoint, l'intendante et moi sommes assis face à Diénéba, toujours aussi impressionnante dans sa dureté, et son père. Cinq mètres nous séparent. Sur les côtés s'opposent, à gauche, les représentants des professeurs : Romain, Laurent et Pascal ; à droite, ceux des parents. Les antagonismes (administration contre élève, parents contre profs) sont bien marqués. Dans un coin de la tablée, à proximité de Diénéba, se sont réfugiés les représentants des élèves et les témoins : Claude, le professeur principal de la 3e 3 et les délégués de sa classe.

M. Pontet ouvre la séance. Une fois que tout le monde s'est présenté, il lit mon rapport d'incident. Il conclut par la qualification du fait qui a motivé la tenue du conseil : « Coup porté au visage d'un personnel de surveillance. » Il précise qu'il a fait en parallèle un signalement au parquet et qu'une main courante a été déposée au commissariat de Montreuil. Il demande à Diénéba si elle reconnaît les faits.

Fidèle à elle-même, elle ne répond pas, se contentant de le fixer de ses yeux froids. Le chef réitère sa question. Sans plus de succès. Agacé, il se tourne vers Claude pour qu'il nous décrive la scolarité de son élève. « C'est une jeune fille peu loquace à la scolarité moyenne. Sa professeure de français a néanmoins constaté un "gros potentiel" dans sa matière. Elle a certes un caractère très fort et a pu poser des refus d'obéir "étonnants" par le passé mais, à part cela, elle se tient correctement dans la plupart des cours. » Elle n'est pas la pire élève qu'il ait eue à gérer dans sa carrière.

Je gribouille nerveusement sur la feuille qui traîne devant moi.

La parole est donnée aux élèves délégués qui n'ont rien à dire sur elle, ni en bien ni en mal. Ils ne font pas partie de son cercle d'amis et la connaissent peu.

À l'évidence, ils auraient préféré passer la soirée ailleurs.

Une fois les témoins entendus vient le moment des questions. Une mère d'élève interpelle Diénéba : son silence la surprend, si elle a des choses à dire, c'est le moment, elle doit se défendre. Elle voudrait savoir par exemple pourquoi elle a frappé le surveillant. Est-ce que ce dernier lui a mal parlé ou l'a bousculée ? Après tout, c'est parce que deux adultes l'ont traînée de force jusqu'au bureau du principal que les choses en sont arrivées là.

Il fallait s'y attendre.

Malgré la perche tendue, Diénéba persiste dans son mutisme. Je prends la parole pour couper court aux velléités de mise en cause de notre action et réorienter le débat vers ce qui me semble important : si nous en sommes venus à cette extrémité, c'est qu'il fallait faire cesser une situation de harcèlement à mon endroit qui dure depuis le mois de septembre. J'y suis allé par étapes : dialogue, menace de sanction, convocation de la famille. En vain.

« Le jour de notre dernière confrontation, Diénéba avait décidé de me provoquer au-delà de toute raison. Je ne suis pas allé la chercher… à aucun moment. Je pense qu'elle est en colère. Très en colère, même. Pour des raisons sans doute très légitimes, mais je n'en suis pas la source, j'ai juste servi de défouloir. Il y a des limites à ce qu'une élève peut faire. Elle les a franchies de manière irrémédiable en résistant à mes injonctions et en giflant Luc. »

L'absence de réaction de Diénéba continue de sidérer l'auditoire. Les représentants des parents repartent à la charge : « Mais enfin, tu dois bien avoir une raison d'agir comme tu le fais ? »

La réponse vient de la voix faible et désabusée de son père : « Elle est mauvaise, c'est comme ça. Elle ne changera pas. Je m'excuse. » En trois phrases, il vient d'offrir à sa fille un enterrement de première classe. Les parents d'élèves abasourdis en perdent la volonté de poursuivre leur interrogatoire. Diénéba serre les dents, avec, dans les yeux, une haine irradiante qui m'est toute destinée.

Le principal clôt les échanges. Diénéba, son père et les témoins sont invités à sortir.

Le débat qui suit est de courte durée. Tout le monde est convaincu des ravages du discours paternel. Sans entrer dans le détail, je précise que les services sociaux du collège et du quartier ont entamé un gros travail de fond visant à pacifier les relations entre l'élève et sa famille. Malheureusement, la démarche est trop récente pour qu'elle ait pu en tirer un bénéfice. Diénéba ne nous a pas laissé le temps de voir venir.

Nous passons au vote, à bulletins secrets : pour ou contre l'exclusion définitive. Je contemple mon bout de papier blanc. Mon premier vote en conseil de discipline. Ce ne sera pas le dernier, loin de là. Je réfléchis à peine avant d'écrire : « pour ». Après dépouillement, il y a sept « pour » (*a priori* les profs et l'administration unanimes), quatre « contre » et un vote blanc.

Diénéba est exclue définitivement.

Elle et son père sont invités à revenir dans la pièce. Le principal leur signifie la sanction puis précise que la famille a huit jours pour faire appel de la décision. Diénéba réagit enfin : hors d'elle, elle se précipite vers la porte. Le père remercie l'assemblée, s'excuse encore. Il se lève péniblement. Le principal vient le soutenir, prononce quelques paroles de réconfort. Diénéba revient, enragée, vers son géniteur : « Arrête de leur parler ! Dépêche-toi ! » La représentante des parents, offusquée, intervient : « Dis donc, comment tu parles à ton père, toi ? » Diénéba n'en a cure, elle continue ses allers et retours frénétiques entre la porte et le vieil homme pour lui faire presser le pas et mettre fin à son dialogue avec nous. Inquiets, nous les accompagnons jusqu'à la grille. Après une traversée épique du hall et des bâtiments administratifs qui résonneront encore longtemps de la fureur de la jeune fille, nous les voyons disparaître à l'angle de la rue qui mène à la cité. Un cri de rage retentit encore dans la nuit avant que nous ne retournions dans les locaux.

Diénéba n'a pas fini d'être en colère.

L'incident Youssef

Janvier. Semaine 19. Mardi. 10 h 55

Je suis content.

Nous sommes mardi et ma semaine de boulot prend fin demain à midi. J'ai posé mes deux jours de rattrapage d'heures supplémentaires (merci les conseils de classe) pour aller au festival de la BD d'Angoulême. Chloé a opté pour le début de semaine, ce qui fait que je suis le seul CPE dans le bahut. Mais ce n'est pas grave : dans un peu plus de vingt-quatre heures, je serai au paradis du 9e art pour presque cinq jours festifs avec ma bande de fans de *Blueberry*. Je m'y vois déjà et souris béatement dans mon bureau. Haroun passe en éructant son cri de guerre du jour : « Je vais tous vous crever, crari ! » suivi de son rire cristallin. Il fonce vers le CDI. J'attends avec impatience la réaction de la documentaliste.

Il en faudra plus pour m'atteindre.

Le visage énervé de Noémie apparaît soudain à ma porte. Noémie est une prof d'anglais très sympa, en poste dans le collège depuis quatre ans. Elle a un bon contact avec les élèves et vit plutôt bien son métier : elle ne m'a encore jamais sollicité. Les occasions de se voir vont bientôt se faire encore plus rares : elle en est à son sixième mois de grossesse.

Dans l'immédiat, elle ne respire pas la sérénité maternelle : elle vient de se faire voler son portefeuille. Son sac est resté sur son bureau toute la matinée, elle a eu trois classes depuis 8 heures, elle ne sait pas à quel moment cela a pu se passer ni qui a pu faire ça. Tous ses papiers, sa carte de crédit, envolés. Elle a les boules.

Comme d'habitude dans ce genre de situation, je suis ennuyé : cela fait plus de soixante-dix suspects, sans compter les élèves qui passaient dans le couloir et qui ont pu profiter d'un moment d'inattention. L'omertà d'usage me rend peu optimiste sur les résultats d'une éventuelle enquête. Noémie n'y croit pas elle-même. Elle tenait simplement à me prévenir avant de retourner prendre ses élèves. À midi, elle ira déposer une main courante, histoire de marquer le coup. De mon côté, je m'engage à lui faire part de la moindre information qui me parviendrait d'ici là. Elle fait une mimique dubitative puis repart vers le bâtiment B pour son dernier cours de la matinée.

Elle a vraiment les boules.

*

Quand la sonnerie de midi retentit, ma bonne humeur matinale s'est transformée en anxiété. Il y a eu beaucoup d'exclus lors de cette dernière heure. Les gamins sont surexcités. Il y a de l'électricité dans l'air. Mon départ libérateur me semble soudain très loin. Je surveille le chassé-croisé des externes et des demi-pensionnaires. Comme convenu, Noémie revient me voir. Elle est livide.

Quelque chose ne va pas du tout.

« Je ne prendrai pas mes élèves cet après-midi », murmure-t-elle. Elle semble sonnée. Je m'enquiers de sa santé. D'une voix atone, elle me répond qu'un élève de 6e vient de lui sauter à la gorge dans les couloirs.

Son cours terminé, elle rangeait ses affaires lorsque la porte de sa salle s'est ouverte à la volée sur un petit garçon qu'elle n'avait jamais vu. Il est ressorti aussitôt en claquant la porte derrière lui. Sensible aux intrusions depuis le vol de son portefeuille, elle est sortie en trombe pour lui ordonner de s'arrêter. Son ton devait être convaincant : il a obtempéré. Noémie a réclamé son carnet – il le lui a tendu de mauvaise grâce –, découvrant ainsi son identité : Youssef. Mon bagarreur de 6e que Sabine et Chloé tentent de réorienter depuis le début de l'année.

Elle l'a interrogé sur la raison de son irruption dans sa classe. Devant l'absence de réponse, elle l'a alors menacé d'un mot dans ledit carnet et d'une explication chez le CPE. Youssef a paniqué : il lui a arraché son carnet des mains puis s'est enfui en courant. Noémie a eu le réflexe de l'attraper par le sac à dos avant qu'il ne soit hors de portée. Elle n'était pas assez forte pour l'immobiliser : emporté par son élan, Youssef a fait un virage sec et s'est éclaté contre le mur. Énervé, il lui a sauté au cou sous les yeux d'une classe de 6e excitée par la scène. Enfin, il l'a repoussée violemment avant de se carapater par l'escalier.

Jusqu'à présent, il avait plutôt tendance à s'énerver contre les problèmes de maths, de grammaire et ses camarades irrespectueux, jamais contre ses profs.

Il vient de changer de catégorie.

Noémie est sous le choc : c'est une matinée dont elle se souviendra. Elle n'avait pas eu de problème particulier au collège jusqu'à présent, elle assurait bien avec les élèves et était une prof respectée. En l'espace de trois heures, elle a eu droit à la totale. Je lui suggère d'aller se reposer tandis que je vais récupérer Youssef. Je lui assure que nous allons prendre des sanctions sévères. Elle lâche un « merci » abattu puis rejoint la salle des profs.

Je sens une boule familière grossir dans mon ventre. Je peste contre le destin qui a rassemblé au même endroit Noémie, déjà atteinte par un vol, et Youssef, l'élève le plus torturé de 6e.

Je l'aperçois qui sort des toilettes garçons et se dirige vers le réfectoire. Je l'interpelle. Il ne semble pas surpris. Penaud, il affiche une moue renfrognée pendant que je lui expose les faits. Il ne nie pas mais essaie de se défendre : « Mais elle m'a fait mal aussi... » Aucune révolte dans sa voix, juste de l'abattement. Il se sent con. C'est déjà ça.

Après avoir recueilli sa confession, j'appelle le principal pour lui signaler l'incident. Nous convenons tous les deux que l'agression justifie la tenue d'un conseil de discipline. Avant d'alerter les parents, je file annoncer notre décision à Noémie. Je laisse Youssef sous la surveillance d'Anissa. Il est peu probable qu'il tente de s'évader.

En salle des profs, Noémie est entourée de Myriam et Laurent qui essaient de lui remonter le moral. Après l'avoir informée de la sanction décidée en haut lieu, je lui propose de rencontrer Youssef : il a l'air de regretter son geste. Cela lui fera peut-être du bien de le constater par elle-même. « Mais après, c'est comme tu le sens. » D'abord incrédule, elle finit par accepter. Myriam l'aide à se lever, lui demande si elle est sûre que ça va. Elle acquiesce, déterminée : elle veut parler au garçon qui l'a mise dans cet état.

Pour éviter le bordel qui règne autour de mon bureau à la pause méridienne, je délocalise la rencontre en salle de perm'. Avant de commencer, je prépare Youssef : il doit saisir la nécessité de commencer à « réparer » son geste en présentant ses excuses à la professeure qui n'a pas mérité sa réaction. Il accepte et pénètre dans la salle tête baissée pour ne pas croiser le regard de Noémie.

Noémie assure : elle accueille son arrivée en contenant son émotion. Youssef s'assoit face à elle. Elle l'interroge doucement : « Tu réalises ce que tu as fait, Youssef ? » Fixant ses chaussures, il répète sa défense maladroite : « Mais vous m'avez fait mal aussi ! » Je le sèche : « Pas de ça, Youssef ! Rien ne serait arrivé si tu ne t'étais pas barré en courant ! » Noémie lui explique d'une voix fatiguée qu'elle n'a fait que l'attraper par son cartable. Youssef finit par admettre qu'elle ne l'a pas projeté contre le mur : c'est bien emporté par son élan qu'il est allé s'y éclater tout seul comme un grand.

« Tu comprends que ton geste est très grave ? demande-t-elle.

– Mais j'étais énervé aussi. »

Il le dit sans conviction. Lui-même sait que cela ne justifie rien et qu'il est dans le pétrin. Il présente ses excuses. Noémie accuse réception en émettant un soupir. Nous sommes revenus sur le terrain de l'humanité.

J'ai le sentiment d'avoir géré la situation du mieux que j'ai pu. Noémie reste ébranlée – elle a eu très peur –, mais elle a pu obtenir une réparation symbolique de son agresseur. Cela l'aidera peut-être à surmonter le traumatisme. Dans quelques minutes, le principal et moi recevrons Youssef et sa mère pour leur annoncer son exclusion à titre conservatoire en attendant le conseil de discipline. Ses aveux devraient faciliter les choses.

J'essaie de décompresser en attendant la reprise des cours : encore un après-midi et une matinée et je serai en week-end…

*

13 h 35. La sonnerie a retenti depuis cinq minutes. Avec l'aide du principal adjoint venu en renfort, nous

sommes parvenus à former des rangs à peu près corrects.

Mais le temps passe et toujours pas le moindre enseignant en vue.

Pris d'une appréhension soudaine, je retourne en salle des profs.

Je tombe en pleine assemblée générale.

Les collègues se sont constitués en cellule de crise. Choqués par l'agression de Noémie, ils ont décidé de débrayer en invoquant leur « droit de retrait ». Une délégation a accompagné Noémie chez le principal avant qu'elle rentre chez elle. L'annonce du conseil de discipline n'a pas suffi à calmer les esprits. Nous sommes dans un contexte tendu : la semaine dernière, l'agression au couteau d'un autre professeur dans un collège du « 9-3 » a fait la une des journaux nationaux. La dégradation du climat depuis la rentrée de janvier n'aide pas à calmer le jeu. Certains évoquent le « sentiment de danger » éprouvé dans les couloirs au moment des interclasses. Responsable direct dans ce domaine, j'essaie de ramener les choses à de justes proportions : « Cet acte est le premier de ce type cette année. Et son auteur va passer en conseil de discipline. » Je rapporte à l'assemblée l'entretien entre Noémie et son « agresseur » : ce dernier sait qu'il a déconné et a présenté ses excuses à sa victime. J'espère que ces éléments, preuves de notre réactivité et de notre soutien à l'équipe, ramèneront tout le monde à de meilleurs sentiments.

Il n'en est rien.

Noémie n'est plus là pour témoigner : son absence est pour les enseignants le signe que rien n'a été réglé. La peur alimente un ras-le-bol qui dure depuis trop longtemps. Aux yeux de beaucoup, cet événement est le symptôme d'un climat de violence qu'ils ne supportent plus et qui confirme la mauvaise gestion du collège par le principal. M. Pontet est parfois difficile à suivre mais, dans ce cas précis, il a réagi comme il le fallait et sans tarder. Je tente d'expliquer que l'incident est dû à un malheureux concours de circonstances, que Youssef est plus impulsif que méchant.

La voix tremblante de Gisèle se fait soudain entendre : selon elle, la gestion du chef d'établissement est une chose… mais l'attitude du CPE en est une autre. Elle s'exprime en contenant sa colère : « M. Gaudin ne soutient pas les enseignants confrontés à la violence. Il a beau jeu de jouer les modérateurs alors que c'est bien lui qui m'a suggéré de “m'arrêter” lorsque j'ai moi-même été victime de l'agressivité d'une élève. » Un silence gêné traverse l'assistance. Je capte le sourire de compassion que m'adresse Marine. Joachim, le prof d'EPS de Frankie, acquiesce en silence aux propos de sa collègue d'arts plastiques. Romain vient à mon secours : « Ce n'est peut-être pas le sujet. Il faudrait plutôt discuter des suites à donner à notre mouvement. » Il relance la discussion autour de la motion qu'ils doivent rédiger à l'intention de l'inspecteur d'académie.

La sortie de Gisèle m'a mis K-O. Je devrais réagir, me défendre. Je sens que cela ne servirait à rien. Je lâche l'affaire et repars vers la cour pour prévenir les surveillants que les enseignants ne prendront pas les élèves cet après-midi. Et que nous allons devoir gérer une permanence de cinq cent soixante élèves.

Alerté par la situation, le principal se rend en salle des profs pour parlementer. Qu'il se débrouille, moi j'ai déjà donné.

Après avoir bredouillé aux élèves des explications laconiques sur un « mouvement social des personnels enseignants », nous décidons de conserver tout l'effectif en récréation jusqu'à la fin de l'après-midi. Mon départ pour Angoulême est dans vingt-quatre heures.

C'est long, vingt-quatre heures.

La une

Janvier. Semaine 19. Jeudi. 9 heures

Angoulême, enfin. Mes amis devisent joyeusement à la terrasse d'un café. Nous nous apprêtons à prendre un petit-déjeuner pour planifier la suite de la journée : expositions ou écumage des stands d'occasions pour dénicher la perle rare ?

Le débat fait rage. J'ai du mal à partager leur entrain.

Je suis parti hier à midi en laissant le collège dans un état désastreux. Les enseignants poursuivent leur mouvement de grève. La presse a fait le siège de l'établissement : des journalistes ont demandé la permission d'entrer dans les locaux, ce que le chef a refusé. Les caméras frustrées ont dû se contenter d'un micro-trottoir de gamins surexcités à l'idée de passer à la télé et de commentaires en boucle d'experts de la violence scolaire.

Myriam, amie proche de Noémie, est devenue porte-parole des revendications de l'équipe. En fin de matinée, elle a convié les représentants des parents d'élèves à une nouvelle assemblée générale pour leur expliquer le sens de leur action : « Cet incident est le reflet d'une dégradation constante de nos conditions de travail. » Chacun a pu exprimer sa lassitude, ses inquiétudes, ses peurs et surtout sa colère. Miné par l'évolution de la crise et par l'hostilité d'une partie de la salle des profs, je n'y ai pas remis les pieds. J'avais déjà dit tout ce que j'avais à dire : un enchaînement regrettable d'incidents a mené à la collision entre Noémie et Youssef. Au regard des difficultés accumulées et de sa souffrance à l'école, l'explosion de Youssef nous pendait au nez. Ça n'en fait pas un monstre pour autant. Il va être viré définitivement et Noémie devra continuer d'être prof en traînant ce pénible souvenir. Un vrai gâchis.

La délégation parentale a apporté son soutien total à Noémie. Plus tard, Romain est venu me rendre compte de la situation, me précisant qu'un père de famille présent à la réunion avait prié Myriam de lui décrire l'agression en détail. Une fois sa narration achevée, le parent en question a précisé faire partie de l'Agence France-Presse. Il lui a ensuite demandé l'autorisation de reprendre ses propos dans une dépêche. Myriam a accepté… sans s'étonner de la présence de ce « papa journaliste » que personne n'avait jamais croisé auparavant.

La surexposition médiatique de l'incident est en marche. Des gens bien intentionnés vont récupérer cet événement, lui appliquer leurs grilles de lecture à charge contre l'Éducation nationale, les établissements de banlieue, sa population, les jeunes en général. Je gage que ça va être constructif.

Le rectorat, l'académie, voire le ministère devront apporter rapidement des réponses au « malaise enseignant » s'ils veulent que le travail reprenne.

Moi, j'ai décidé de m'en foutre. Je participe à mon festival préféré avec mes copains, on va rigoler, boire des coups, voir de belles choses et basta. Le collège est hors de ma vie pour quatre jours.

Un ami proche sent que je suis ailleurs : « Ça va ? » Je botte en touche : « Un souci au boulot… rien de grave. » Après tout, il n'y a pas de quoi s'en faire : à l'heure qu'il est, Chloé a pris le relais. Elle a sans aucun doute été ravie de découvrir le désastre et de voir six mois de travail de fond avec la famille de Youssef jetés à la poubelle. Le principal et l'adjoint vont gérer avec elle. Ils s'en sortiront sans moi, je n'ai pas à culpabiliser de mon absence.

Le garçon passe prendre les commandes du petit-déj'. Je lève la tête. Mon regard se pose sur le présentoir à journaux qui trône à l'entrée du café. Mon cœur s'arrête.

En tête de gondole s'étale la une d'*Aujourd'hui en France* :

IL TENTE D'ÉTRANGLER UNE PROF ENCEINTE !

« Voilà trois jours que le collège Lenain de Tillemont à Montreuil est en état de crise. Assemblées générales, discussions avec les élèves, informations des parents ont été menées tambour battant par des professeurs sous le choc. Mardi matin, une de leur collègues, enceinte, a été agressée par un élève de 6e. La jeune femme d'une trentaine d'années était en train d'assurer son cours lorsqu'un collégien qui circulait dans le couloir a ouvert la porte de la salle de classe. L'enseignante est alors sortie pour réclamer le carnet de correspondance du fauteur de troubles. Le garçon a tenté de s'enfuir, le prof l'a attrapé par le bras. C'est là qu'il lui a sauté à la gorge et a tenté de l'étrangler sous les encouragements des enfants présents dans le couloir.

« "Cela a suscité beaucoup d'émotion parmi nous, d'autant qu'elle est enceinte", relate un enseignant. La victime, qui n'a pas été blessée, a tout de même porté plainte. »

Suivent un bref résumé de la situation sociale de *mon* collège et la dénonciation d'un seul problème : le manque de surveillants. « Ces jeunes sont en difficulté mais, avec des moyens, on pourrait aisément les cadrer », est-il écrit.

Les faits bruts, comme ils disent. Pas de détails, pas de contexte, pas la moindre prise en compte de la complexité de la situation. L'amer sentiment de voir suggérer que Youssef est un psychopathe et que les barbares sont à nos portes. Et, en conclusion, la solution magique à tous nos problèmes : envoyer plus de troupes au front.

Finalement, je vais me passer de petit-déjeuner.

Le retour du CPE

Février. Semaine 20. Lundi. 8 heures

Je suis rentré chez moi à deux heures du matin. Mon séjour angoumoisin a fini par tenir ses promesses : un grand bol d'amitié et de culture qui m'a presque permis d'oublier le reste.

Mais maintenant, c'est terminé.

Après cinq petites heures d'un sommeil angoissé, je suis de retour dans mon bocal, au cœur du bordel. Je suis crevé et n'ai plus le cœur à m'occuper des conflits et des colères qui ne m'appartiennent pas.

J'ai retrouvé Chloé dans le même état d'épuisement. Sauf qu'elle n'a pas fait la fête : elle a passé les deux jours précédant le week-end à gérer le chaos, la salle des profs en ébullition, les élèves dans tous les sens. Elle promet de tout me raconter en détail, mais je ne suis pas pressé. Satisfaite d'avoir attiré l'attention des médias et de la hiérarchie sur le collège et ses problèmes, l'équipe enseignante a voté la reprise des cours ce matin. L'inspection d'académie a promis un audit de l'établissement pour évaluer notre « situation critique » et y apporter des réponses.

Je traverse la matinée comme un fantôme. J'invite Farah à boire une boisson chaude à la machine. Elle m'accompagne volontiers : elle aussi a besoin d'un remontant. Une mauvaise nouvelle vient de tomber. Le principal va quitter son domicile actuel, situé à Vincennes, pour intégrer son logement de fonction : l'appartement où Farah vit aujourd'hui et que le collège lui louait gracieusement. Elle doit déménager dans un HLM situé à quelques kilomètres. Ce n'est plus qu'une question de jours.

Elle va partir.

Finies les soirées pizzas-pinard-ciné-club. Fini le refuge en cas de coup de mou. Finie l'amitié à quelques pas en chaussons. À la place, je récupère le chef comme voisin de palier.

Pas sûr qu'un cappuccino suffise à me remonter le moral.

Aucune exclusion de cours ne vient troubler la fin de la matinée et mes méditations moroses : les événements semblent avoir calmé tout le monde. Ou alors les collègues ont senti que je ne suis pas en grande forme et me ménagent.

À midi, je monte me réfugier au réfectoire. Je m'assois à côté de Marine qui s'enquiert gentiment de mon séjour à Angoulême. C'est toujours agréable de discuter avec Marine. Avec une ironie désabusée, je déclare : « La bande dessinée, c'est ma vie ! Je vais quitter le collège pour toujours, ouvrir un salon de thé avec un coin bibliothèque où on pourra lire de jolis livres en savourant une tasse d'eau chaude. »

Tout ça dans un silence absolu, car ce sera interdit aux enfants et aux gens énervés.

Amusée, Marine valide le projet. Si je cherche une associée, elle est partante. Je conseillerai des bouquins aux clients : ils les dévoreront en alternance avec une pâtisserie maison (Marine sait faire la tarte Tatin). Ce sera bien. Reste à trouver le financement et on se lance. Elle se marre. Ça me requinque, un peu.

La sonnerie de 13 h 20 me ramène sur terre.

Le réveil est rude.

Le conseil de discipline de Youssef

Février. Semaine 21. Jeudi. 18 h 30

Le climat s'est tendu entre les représentants des parents et l'équipe enseignante après la parution de l'article d'*Aujourd'hui en France* : les premiers ont estimé que son contenu était injuste et n'avait contribué qu'à dégrader un peu plus la réputation du collège. Les professeurs n'étaient pas du même avis : pour eux, il fallait tirer la sonnette d'alarme afin d'obtenir une réponse immédiate et forte de l'institution.

La direction et moi craignons que la polémique se ravive et que le conseil de discipline de Youssef devienne le lieu d'un règlement de comptes opposant les deux camps.

C'est bien parti pour être le cas : l'ambiance à l'entrée de la salle de réunion est électrique.

Les parents sont en conciliabule avec Youssef et sa maman. Il semble minuscule et perdu au milieu de ce rassemblement d'adultes. Le président de la FCPE (Fédération des conseils de parents d'élèves) locale, M. Canais, père d'une excellente élève de 3e 3, est sur le coup. Très actif et d'habitude plutôt constructif dans sa relation à l'établissement, il est prêt à la confrontation : il n'a pas jugé satisfaisante la gestion de la situation et nous a prévenus qu'il disposait d'arguments en faveur de Youssef.

Du côté des profs, Romain et Pascal s'entretiennent avec Myriam. Premier soutien de Noémie et leader du mouvement de protestation, elle siège comme témoin aux côtés de Chloé.

En effet, Myriam est également la professeure principale de Youssef.

Noémie n'est pas revenue après l'incident. En interruption temporaire de travail, elle enchaînera directement sur son congé maternité sans repasser par la case collège. Elle ne sera plus parmi nous à la rentrée prochaine : en tant que « personnel agressé », elle a reçu un bonus de mille points sur son barème qui lui permettra de choisir son affectation au prochain tour de mutation. La contrepartie institutionnelle à la peur et au traumatisme.

Le principal débarque enfin avec le dossier de Youssef sous le bras et tout le monde s'engouffre dans la pièce. Le chef parcourt les documents pour en tirer le rapport d'incident que Noémie a rédigé. Elle décrit le geste de Youssef : il l'a repoussée violemment puis lui a « sauté au cou » quand elle a tenté de le rattraper. Il n'est pas question d'étranglement.

Le chef énonce le motif de saisine du conseil : « Agression physique sur un professeur dans l'exercice de ses fonctions. »

Il donne la parole à Youssef. Bien coaché par sa mère et les parents, il bredouille, un peu gêné aux entournures : « C'est pas moi qui a commencé. C'est la prof qui m'a jeté contre le mur. » Un spasme de révolte secoue Myriam sur sa chaise. Le principal ne laisse pas paraître sa surprise : « Donc vous ne reconnaissez pas les faits ?

– Si mais c'est parce que j'étais énervé... parce qu'elle m'a fait mal. »

Sa mère, d'habitude très effacée, pointe un doigt grondeur vers nous : « C'est pas la faute de mon fils, il s'est juste défendu, c'est le professeur qui a commencé ! »

Chloé tente de garder son calme et reprend le déroulement des événements : Youssef a ouvert la porte de la classe de Noémie avant de s'enfuir dans les couloirs. « Il s'était trompé de salle ! » crie la mère. Chloé poursuit, rappelant que Noémie n'a fait que le saisir par son sac : c'est l'élan de Youssef en fuite qui a provoqué sa collision avec le mur.

Mais la mère n'écoute plus : « C'est pas juste, vous en avez après lui ! »

M. Canais rappelle le battage provoqué par l'incident. Le retentissement médiatique, la convocation de Youssef au commissariat de Montreuil, la procédure en cours pour « coups et blessures sur un agent de la fonction publique dans l'exercice de ses fonctions». Ce conseil de discipline maintenant. Selon lui, tout cela vire à l'acharnement. D'une voix pleine de colère et d'émotion, la mère apporte de l'eau à son moulin : «On a traité mon fils d'assassin ! » M. Canais pose une main apaisante sur son bras. Puis il interroge Chloé : «Apparemment, Youssef était malheureux au collège. Est-ce que tout a été mis en place par l'établissement pour l'aider ? »

Heurtée par la question, Chloé résume le travail de suivi effectué depuis le début de l'année. Elle évoque la volonté de Youssef de bien travailler, sa douleur de ne pas réussir, le barrage trop important de l'écrit, les propositions de réorientation. Le refus des parents. La mère revient à la charge : «Vous voulez vous débarrasser de lui ! » Myriam ne peut retenir un cri d'indignation : «Ce n'est pas vrai ! » Chloé secoue la tête, démunie.

Je prends la parole à mon tour. Me tournant vers les parents et la famille, je leur rappelle que sa «victime» n'est pas le professeur de Youssef et n'avait donc aucune raison de se confronter à lui ou de vouloir s'en débarrasser. Je raconte l'entretien avec Noémie, son refus d'abdiquer son rôle éducatif malgré son émotion, sa volonté d'entendre le garçon qui l'avait agressée, de lui faire comprendre la gravité de sa réaction. Youssef avait alors reconnu sa responsabilité – et celle de la force centrifuge – dans sa commotion à l'épaule. Il s'était excusé et avait ainsi tenté de réparer son geste. C'était tout à son honneur. «Nous te considérons comme un élève responsable, capable de comprendre les conséquences de ses actes et de grandir. La décision du conseil ne te disqualifiera pas en tant qu'élève ou en tant que personne, elle ne fera que sanctionner un fait grave dont tu as été l'auteur. »

Myriam tient enfin à rappeler que Noémie est anéantie par ce qu'il s'est passé. Elle aussi a été sous le feu des projecteurs : elle ne doit pas être oubliée ni accusée d'être responsable de son propre malheur. Elle se désole de voir Youssef risquer l'exclusion, mais ne peut que constater l'impossibilité de « passer l'éponge ». M. Pontet demande à Youssef s'il a quelque chose à ajouter. Tout le monde se tourne vers lui.

Il est en larmes.

Il bredouille quelques mots, s'excuse : « Je voulais pas ça. »

Il pique du nez. La mère, atteinte, s'est ratatinée sur son siège : la détresse a pris le dessus sur la colère. Elle ne dit plus rien. Il n'y a plus rien à dire.

Le chef d'établissement demande à la famille et aux témoins, Myriam, Chloé, les délégués de classe, de sortir pour que nous puissions délibérer.

Les parents sont divisés : certains sont résignés à l'exclusion. Changeant son angle de défense, M. Canais interroge la pertinence de changer Youssef de collège après tout le travail accompli sur son dossier par ma collègue et l'assistante sociale. L'argument est audible mais notre décision est déjà arrêtée : Youssef ne peut pas rester parmi nous. L'équipe enseignante ne le comprendrait pas. Il a besoin de faire « peau neuve » ailleurs pour se débarrasser de son image d'« agresseur de prof ». Enfin, une exclusion aidera peut-être la maman à percevoir l'urgence d'une réorientation pour son fils.

À moins qu'elle n'anéantisse définitivement sa confiance en l'institution.

Je garde cette dernière réflexion pour moi.

M. Pontet clôt le débat. Les bulletins vierges sont distribués. Après dépouillement, l'exclusion est votée.

La famille est invitée à entrer. L'annonce de la sanction sonne la maman. Youssef baisse les yeux et sanglote. Myriam est déconfite, Chloé dégoûtée. Nous sommes tous très ennuyés.

M. Canais et les autres parents entourent la mère éplorée. Eux aussi savent qu'il pouvait difficilement en être autrement. Myriam, touchée, parle à Youssef : elle l'encourage, insiste pour qu'il ne se laisse pas abattre, lui demande de bien travailler dans son nouveau collège. Elle prendra contact avec l'équipe enseignante dès qu'il sera réaffecté.

« Je compte sur toi, je te souhaite bon courage. »

Youssef la remercie, pleurant à chaudes larmes.

Point sur l'équipe

Février. Semaine 22. Mardi. 15 h 45

L'affaire Youssef a fait beaucoup de mal à l'image de la vie scolaire : les enseignants ont mis en cause – outre la violence des élèves – l'absence de surveillants dans le couloir au moment des faits. Le reproche est récurrent et renvoie à nos défaillances de chefs de service. Le manque de présence adulte implique un problème d'organisation ; une réactivité insuffisante des surveillants, un défaut de cadrage de l'équipe. Chloé et moi avons expliqué à qui voulait l'entendre que les nombreuses exclusions de cours provoquent la circulation non régulée de nombreux élèves, perturbateurs de surcroît, en dehors des interclasses. Et, une fois de plus, l'agression a eu lieu sur le temps de midi, à un moment où tout le monde est en poste pour assurer la sortie et encadrer l'accès au réfectoire.

Bref, les surveillants ne peuvent pas être partout.

Nous savons aussi que le « risque zéro » n'existe pas. Les gamins sont suffisamment intelligents pour s'assurer qu'il n'y a pas d'adultes dans les environs avant de vider un extincteur, une bombe lacrymo dans un couloir (oui, on a ça aussi) ou mettre le feu à une poubelle. Nous pourrions également nous demander pourquoi des élèves ruent autant dans les brancards ou prennent autant de plaisir à dégrader un collège qui tombe en ruine et dont les différentes tranches de travaux consistent depuis dix ans à cacher la misère sous une nouvelle couche de peinture. Pourquoi sont-ils aussi peu respectueux d'une institution incapable de répondre à leurs difficultés sans les plonger dans la honte de l'échec ? Et qui renvoie à beaucoup d'entre eux le message que leur réussite n'est pas un dû, au mieux une « bonne surprise » ?

Je pourrais me révolter contre l'accusation de laxisme, dénoncer les sources profondes de la violence, la ghettoïsation du quartier et du collège, la tendance lourde du secondaire à exclure les classes populaires ou défavorisées, l'illusion d'une réponse fondée uniquement sur le « taux d'encadrement ».

Mais non.

Je vis chaque remarque comme un coup dans le bide : une fois de plus, je ne suis pas à la hauteur de mon rôle de CPE. C'est ma faute, ma très grande faute.

À la suite de ces retours négatifs de la communauté éducative, nous avons réuni l'équipe afin de faire un point sur la situation et tâcher d'être plus efficaces.

En six mois, Chloé a confirmé son leadership : gestion des emplois du temps, organisation, elle est la référente, l'interlocutrice privilégiée des surveillants et aides-éducateurs. Je ne suis qu'un soutien logistique. Elle mène aussi de front un projet d'aide à la parentalité en collaboration avec Sabine, et un projet de dénonciation de la violence par le dessin avec ses classes de 6e… Gisèle (eh oui). Sans compter le boulot accompli autour de la formation des délégués et les passerelles mises en place avec les acteurs du quartier.

De mon côté, j'ai laissé tomber mes velléités d'atelier bande dessinée. J'ai deux semaines de retard sur mes signalements d'absences. Je cherche toujours ma place dans l'organigramme. Ma tactique est de jouer le « mec sympa, disponible, présent sur le terrain » : j'espère que, inspirées par mon exemple, les troupes suivront sans remarquer mon manque d'assurance. C'est d'ailleurs le cas : ils sont pour la plupart de bonne volonté et efficaces. Nous avons construit des rapports conviviaux avec Karine, Brahim et Fédoua. Des liens amicaux se sont même tissés avec Souella, Luc, Thomas et Djamilah. Ils sont tous présents et « font le job ».

Anissa est plus difficile à saisir. Revêche, elle a parfois tendance à contester nos décisions et à nous juger trop magnanimes avec certains loustics. Mais elle est ponctuelle, ferme avec les élèves et, bien que nouvelle, parfaitement intégrée dans l'équipe.

Les seules vraies résistances émanent de Sophie et de Cédric.

J'ai eu une altercation avec Cédric quelques jours après le retour de vacances. Il était très énervé par l'agitation des élèves qu'il ne parvenait pas à mettre en rang devant l'entrée du réfectoire. Il refusait de les laisser monter avant d'avoir obtenu gain de cause. La masse de gamins entassés dans le hall est vite devenue critique et son vœu d'obtenir un rang parfait virait à la punition collective. Après avoir gueulé contre la meute pour lui prouver que je le soutenais, je l'ai invité à les faire passer avant que la situation ne dégénère. Il m'a répliqué sèchement : « J'm'en fous ! » J'en suis resté estomaqué et l'échange n'a pas échappé à notre turbulent auditoire. À quelque chose, malheur est bon : notre dialogue vif a refroidi l'ambiance et fait baisser le niveau de décibels. Les demi-pensionnaires ont enfin pu passer.

Je ne pouvais pas fermer les yeux sur ce manque de respect : j'ai convoqué Cédric dans mon bureau en début d'après-midi. Je n'étais pas détendu. Face à moi, il m'a demandé avec une apparente sincérité quel était le problème. Fébrile, je l'ai résumé en deux points : il ne devait pas perdre son discernement quand il gérait les élèves… et il ne devait pas contrevenir à mes ordres devant eux. Encore moins sur ce ton. Il s'est aussitôt emporté : « J'ai fait correctement mon travail ! Si vous avez décidé d'abdiquer devant le bordel et de laisser les élèves faire n'importe quoi, ce n'est pas mon cas ! »

Il a quitté mon bureau sans que je lui donne congé.

Après cet entretien, j'ai pris des mesures drastiques : je n'ai parlé de l'incident à personne et j'ai adopté une attitude distante avec lui. En essayant de me convaincre que le priver de ma bonne humeur serait une sanction suffisante.

Je crains que ma crédibilité n'en soit pas sortie renforcée.

Malgré tout, Cédric s'est calmé et a gagné en souplesse dans la gestion collective. Il se montre même parfois ostensiblement amical avec les élèves lors du passage à la cantine. Sans doute pour me confirmer que le problème ne venait pas de lui.

Si ce que j'ai dit lui importe, je ne suis peut-être pas totalement inutile.

Chloé m'a appris depuis qu'elle avait eu un échange similaire avec Sophie. Cette dernière a confirmé notre impression initiale : elle est désagréable, grossière, a peu de patience avec les élèves, sauf ceux qu'elle a à « la bonne ». En fait, Sophie, c'est encore un peu une élève. Elle rechigne à bosser et comptabilise soigneusement le nombre d'heures, de tâches, de photocopies effectuées dans la semaine, histoire d'être sûre que nous ne lui en demandons pas davantage qu'aux autres.

Chloé a eu la maladresse de vouloir l'affecter à une heure d'aide aux devoirs avec une 4e houleuse. Sophie s'est estimée surexploitée, le traduisant avec ses mots à elle : « Y en a marre que c'est toujours les mêmes qui se font enculer ! » À mon corps défendant, je dois admettre que ce « clash » m'a plutôt rassuré : Chloé n'est pas à l'abri non plus des soucis de positionnement de nos subalternes.

Contrairement à moi, elle a eu cependant le courage de me l'avouer et d'agir en conséquence en recadrant Sophie qui, depuis, lui fait la gueule.

La réunion d'équipe commence par un récapitulatif des remarques désagréables de la direction et de la communauté scolaire sur la multiplication des incidents, des bagarres, sur une présence insuffisante dans les locaux ou des interventions souvent jugées « trop molles ». Ça grommelle sec dans les rangs. Anissa suggère ironiquement d'organiser un « Vis ma vie » *intra-muros*, histoire que les enseignants découvrent pendant une journée complète les joies de la surveillance. Sa remarque recueille l'approbation de ses camarades. Chloé et moi les assurons de notre soutien, tout en les appelant à ne pas relâcher leur vigilance sur le terrain. Entre la météo pourrie et la dégradation de l'état physique et psychologique de l'ensemble de la communauté éducative, nous ne sommes pas à l'abri de nouvelles catastrophes.

Nous leur donnons la parole : ont-ils des choses à ajouter ? Ils dénoncent aussitôt les profs qui persistent à ne pas venir chercher leurs élèves en rang, les perturbations générées par le club chorale à la demi-pension et l'explosion des exclusions de cours. Sur ce dernier point, M. Briand, le prof d'histoire-géo aux méthodes de travail discutables, fait l'unanimité contre lui : il a conservé sa vitesse de croisière en continuant d'exclure les élèves par paquets de cinq ou six à chaque début d'heure. Je réponds à l'équipe que le souci est connu de la direction et que celle-ci y travaille. Quelques ricanements sarcastiques retentissent (pas seulement de la part de Cédric et Sophie).

Sans illusions sur les changements à attendre des collègues désagréables, ils passent à un autre point épineux, les « cas » qui leur pourrissent la vie au quotidien : Haroun, Frankie, Laura, Slimane et bien d'autres issus des niveaux de Chloé. Nous leur disons la vérité : nous sommes en quête de solutions pour chacun, nous travaillons avec les familles, nous « avançons » pas à pas. Le regard d'Anissa en dit long sur la foi qu'elle porte à mes promesses de lendemains qui chantent.

Pour ne pas rester sur ces notes négatives, Chloé les rassure : ces mises au point n'altèrent pas l'essentiel, nous sommes contents de leur travail et nous les remercions de leur investissement. J'abonde, les félicite, un peu trop sans doute. J'ai tendance à faire ça : il m'arrive de les inonder de ma gratitude parce qu'ils ont accepté de faire une photocopie, de prendre leur poste à la grille ou parce qu'ils sont tout simplement arrivés à l'heure le matin.

Je pourrais en rester là, clore la réunion. Mais je me sens soudain obligé de justifier mes erreurs de « calage » de ce début d'année : je suis un « primo-arrivant » débutant qui doit encore appréhender les lieux et la situation. Qui apprend encore son métier en quelque sorte. Ils me regardent tous, interloqués. Chloé n'est pas la moins sidérée de l'assistance. Je comprends *a posteriori* que je recherche leur indulgence et leur sympathie. En fait, je viens de m'excuser d'être CPE et demande indirectement à Cédric, Sophie et Anissa d'être plus gentils avec moi.

Alors que je suis sans illusion sur le succès d'une telle entreprise.

Parfois, je me bafferais.

Le cas Briand

Février. Semaine 22. Mercredi. 10 h 05

Quand on devient prof par vocation, ce qui est le cas de beaucoup, se trouver en difficulté devant les élèves est pénible. Nous avons été élevés dans le culte de la figure mythique de l'enseignant qui éveille toute une classe d'âge à l'amour du savoir par la seule force de son charisme. Ne pas convaincre illico les bambins du caractère passionnant de sa matière est souvent une souffrance. Il y a donc un chemin à parcourir pour accepter le travail de conviction, l'énergie nécessaire – mais parfois insuffisante – pour intéresser une classe d'ados à son enseignement. Surtout sous nos latitudes. Être chahuté en prime peut vite transformer la pratique en cauchemar. L'enseignant à la peine doit alors « prendre sur lui », apprendre sur le tas, solliciter le soutien et l'expérience de ses pairs plus aguerris et surtout être patient : en clair, se donner le temps de « s'étoffer » afin d'atteindre un équilibre professionnel viable.

Mais il y a un autre moyen d'accepter ces tracas sans passer par une remise en cause personnelle trop douloureuse : se persuader que les « crétins » ou les « barbares » ont envahi les classes. Drapés dans cette certitude, certains décrètent l'impossibilité de mater ces individus non civilisés et encore plus de capter leur attention. Dans ces conditions, pourquoi se prendre la tête ?

C'est la posture de M. Briand.

Voilà six ans qu'il est professeur remplaçant sur le secteur (TZR) mais il ne compte pas passer sa vie à s'occuper d'une « marmaille ignare, mal élevée et irrespectueuse ». Il va bientôt se consacrer à l'Histoire avec un grand H, dès qu'il aura obtenu le feu vert pour sa thèse universitaire. Il a hâte. En attendant, sur le terrain, il étale ses convictions sur l'incapacité de nos effectifs à suivre des cours qui ne s'adressent pas à des « débiles mentaux ». Sa détestation pour les gamins est réciproque : comparée à lui, Gisèle est une enseignante populaire. Les professeurs principaux de ses niveaux s'arrachent les cheveux : les élèves leur soumettent au quotidien ses dernières frasques et l'ont érigé au rang de « narvalo-étalon ». Non content d'être désagréable, il produit des cours d'une qualité discutable : il a étendu son programme unique de coloriage de fond de carte, dénoncé par Fatoumata, à l'ensemble de ses classes de 5e et 4e.

Nous avons signalé le cas à notre hiérarchie. Le principal adjoint a eu une discussion informelle avec lui sur sa manière d'enseigner. Pas démonté, M. Briand a répondu qu'il faisait de son mieux avec les « ahuris » qu'on lui avait confiés. M. Pontet, embêté dès qu'il s'agit de mettre un prof en cause (il craint la réaction de ses collègues), a estimé que seul un inspecteur pouvait juger de la qualité de sa pratique. Il a alerté l'inspection d'académie, soulignant l'urgence à secourir un enseignant « borderline » et nous a confié le soin de gérer la crise en attendant une hypothétique réaction administrative.

Nous ne savons plus par quel bout prendre le problème.

Les signes de mutinerie se multiplient dans les classes sans pour autant ébranler ses convictions. Le sentiment d'injustice chez les élèves augmente de manière exponentielle. Il exclut toujours autant, sans autre justification auprès de nous que ce principe : « C'est votre rôle de les recadrer ! » Comme il a multiplié les discours provocateurs et maladroits en salle des profs, il s'est aussi isolé du reste de l'équipe enseignante. La majorité l'évite ou le bat froid.

Seule Marine – la solidarité chevillée au corps – refuse de le laisser tomber.

Il faut dire que les choses se sont envenimées en 5e 4 depuis que Fatoumata s'est faite la porte-parole de la contestation anti-Briand. Énervée d'avoir été censurée en conseil de classe, elle a continué de dénoncer au quotidien l'incompétence et la « narvalo attitude » de son prof d'histoire-géographie. L'accueil positif rencontré par sa pétition sur le poids des cartables l'a confortée dans son rôle de pourfendeuse de l'arbitraire adulte.

Le succès de sa démarche a pourtant été très relatif.

Certes, comme il l'avait promis, M. Moreau a fait remonter la pétition au conseil d'administration. Certes, Fatoumata a été félicitée par l'ensemble des membres de la communauté éducative pour son initiative citoyenne. Certes, les représentants des parents ont abondé dans son sens, se sont emparés du sujet et tout le monde est tombé d'accord pour dire que la situation était intolérable. Les choses se sont gâtées au moment d'aborder les solutions éventuelles. La plus simple consistait à acheter un deuxième jeu de manuels scolaires pour tous les élèves afin qu'ils n'aient plus à les trimbaler de la maison au collège (et retour). La gestionnaire nous a aussitôt fait une syncope et a hurlé à l'« utopie budgétaire » ! Elle a frôlé l'accident cardiaque lorsque l'adoption du « cartable électronique » a été proposée – un micro-ordinateur portable avec connexion internet fourni à chaque élève, mesure déjà expérimentée dans les établissements « mieux dotés » de l'académie. Les solutions onéreuses n'étant pas envisageables, le débat a ensuite été ouvert à toutes les propositions : fin des devoirs à la maison, division par deux du matériel scolaire, séances de musculation et de gainage pour les élèves les plus fragiles, etc. Aucun consensus n'ayant été trouvé, au final, M. Pontet a botté en touche en incitant les parents à vérifier que leurs enfants ne prennaient que le strict nécessaire dans leurs sacs quand ils partaient pour le collège.

Nous étions ensuite passés au point du jour suivant : l'absence récurrente de papier dans les toilettes.

Pour en revenir à M. Briand, Fatoumata a été exclue de classe à plusieurs reprises pour avoir suggéré – sur le ton désagréable qui a fait sa légende – qu'un cours consacré à repasser au feutre bleu les fleuves et rivières de France compromettait ses chances de progresser en géographie : « Ça sert à rien, votre truc ! » M. Briand et Fatoumata ne peuvent plus se voir en peinture.

Menée par son égérie, la classe est vent debout contre lui. Excepté Jérémy qui adore le coloriage et produit des fonds de carte de toute beauté.

Marine a peur que la situation n'échappe à tout contrôle. Elle a donc décidé de se lancer dans une entreprise de médiation visant à ce que Fatoumata se calme et que M. Briand accepte de repenser le déroulement de ses séquences.

Elle est venue m'annoncer que la rencontre au sommet aurait lieu au prochain cours d'histoire de 5e 4, dans deux jours.

Pour être franc, je doute du succès d'un dialogue avec un homme qui déteste si ouvertement son métier et son public.

Marine, elle, continue d'y croire et espère décrocher un accord. Ne serait-ce que pour que ses élèves arrêtent de lui prendre la tête avec M. Briand. Personne n'est mieux à même de réaliser cet exploit : elle a réussi à créer un rapport privilégié avec

Fatoumata. Cette dernière lui fait *confiance*, ce qui dénote que Marine possède un pouvoir de persuasion susceptible de l'aider à apprivoiser le zigoto d'en face. On verra bien.

Je l'invite à me tenir au courant et à ne pas hésiter à me solliciter en cas de besoin.

Je lui souhaite bon courage en essayant d'y mettre le plus de conviction possible.

Deux minutes à peine après son départ, Fatoumata entre dans mon bureau. Après m'avoir salué poliment, elle sort de son sac trois feuilles agrafées : une nouvelle pétition.

Le texte est court : *Les élèves de 5e et de 4e exigent que M. Briand cesse de mal leur parler et fasse de « vrais cours ». En cas de refus de sa part, il devra être remplacé par un professeur plus compétent.*

Au document sont attachées deux feuilles A4 couvertes des signatures de la plupart des élèves des deux niveaux ayant M. Briand en histoire-géographie.

Je demande à Fatoumata de fermer la porte derrière elle. Il faut qu'on cause.

L'affrontement

Février. Semaine 22. Jeudi. 12 heures

« M'sieur, y a Steven qui me menace. Il veut me défoncer. »

Cela faisait longtemps que Mélissa ne m'avait pas parlé. Depuis novembre et ma tentative de résolution de son problème de harcèlement, elle n'a pas cessé de nous faire la gueule, à Sabine et moi.

Elle a eu la même attitude détestable vis-à-vis de Laurent et des autres enseignants de 3e 4.

Pour éclairer le phénomène, Sabine m'a appris qu'elle vivait une situation familiale pénible. Placée chez sa tante, elle souhaiterait revenir chez sa mère. Mais cette dernière n'est pour l'instant pas apte à la récupérer. L'assistante sociale de secteur y travaille mais c'est « compliqué ». La frustration et la colère déteignent de plus en plus sur son comportement. Il ne fait pas bon être un adulte en sa présence. Surtout s'il représente une institution quelconque.

Pourtant, la voilà qui débarque pour solliciter mon aide : c'est peut-être le début de la réconciliation.

« Et pourquoi il veut te défoncer ?

– J'sais pas, il est narvalo. »

Rongé par une fringale subite, j'avais prévu d'aller manger tôt. Mais sa sincérité apparente et les quatre-vingt-dix kilos de muscles de Steven m'obligent à résoudre le conflit avant d'attaquer ma portion de carottes râpées. Cette histoire me surprend : Steven est un grand gaillard réputé pour son flegme et sa nonchalance. Il n'a jamais fait preuve d'agressivité dans l'enceinte du collège et se montre plutôt éteint en classe. Surtout, aux dernières nouvelles, lui et Mélissa étaient en couple. C'est d'ailleurs ce qui avait catalysé la colère de Koumba au premier trimestre. Un brusque changement de leur situation maritale – pour cause de rupture ou d'infidélité, par exemple – a sans doute mis le feu aux poudres.

« Tu ne veux pas me dire ce qu'il a contre toi ?

– Il est narvalo, j'vous dis. »

On avance.

Je n'insiste pas : puisqu'elle ne veut rien me dire, je vais interroger directement Steven. Il m'exposera ses griefs, je le raisonnerai et nous pourrons tous aller manger. La perspective de cet entretien n'enthousiasme pas Mélissa : « Non, c'est bon, c'est rien, laissez tomber. »

Elle me fatigue.

« Écoute, tu ne peux pas continuer à m'expliquer qu'on te menace puis me dire de "laisser tomber" dès que je propose de faire quelque chose. Tu m'as signalé un problème avec Steven, je vais m'en occuper, que cela te plaise ou non. » Je ne vais pas prendre le risque qu'elle se fasse taper dessus. Elle me fait déjà la tête de toute façon : un peu plus, un peu moins, je m'en remettrai.

Je sors dans le hall pour vérifier que Steven ne lui a pas tendu d'embuscade, puis lui conseille de rentrer chez elle. Je la tiendrai au courant de ma conversation avec Musclor. Elle se dirige vers la sortie en affichant son air furibond des grands jours. Quelques secondes plus tard, Steven débouche du bâtiment B. Adama et un autre copain de la 3e 4 sont en train de le chauffer à blanc :

« Défonce-la !

– Ouais que j'vais la défoncer ! »

Pas de doute : on est dans le constructif.

Je m'invite dans la conversation : « Tu veux défoncer qui ? » Adama me toise, agacé, l'air de dire : « De quoi je me mêle ? » Je congédie les deux sbires et ordonne au colosse de me suivre. Il semble en effet très énervé. En avançant vers mon aquarium, j'entame l'entretien : « C'est quoi le souci avec Mélissa ? » Il serre les dents, refuse de répondre. Je ne sais pas ce qu'elle lui a fait mais ça ne lui a pas plu du tout. Pour gagner du temps, je lui rappelle l'interdiction de toute violence dans l'enceinte du collège puis embraie avec un topo sur la « force de l'âme » et la supériorité de la patience et du pardon sur la brutalité bestiale. Il cesse de m'écouter. Son regard vacille, se charge d'une colère noire : il est en train de passer en mode combat ! Je ne comprends pas : je n'ai rien dit de blessant, je ne mérite pas de m'en prendre une. Je me retourne, saisis aussitôt l'origine de sa fureur : Mélissa, tout aussi énervée et brandissant un majeur offensant devant ma force de la nature. Je suis pris en tenaille.

Les carottes râpées attendront.

*

Je vais m'en sortir. Tout ça va s'arrêter. Les bras agrippés autour du torse de Steven – qui a troqué son enveloppe charnelle contre celle d'un char Leclerc –, je m'observe en train de l'empêcher d'apporter une solution fatale à son conflit avec Mélissa. Il avance pas à pas vers sa cible en se débattant farouchement. Je vole dans tous les sens au milieu du hall, craignant à chaque instant d'être emporté par une déferlante et collé au mur par la force centrifuge. Il faut que je tienne. Puisant en moi des trésors de diplomatie, j'exhorte Steven avec une voix mêlant tact, un soupçon d'autorité et beaucoup de peur à « ne pas faire de conneries ». Indifférent à mon appel au calme, il me balance un « Lâchez-moi ! » qui laisse augurer mon départ prématuré pour l'au-delà si je n'obtempère pas fissa. Mélissa, n'ayant cure de mes efforts pour lui sauver la mise, continue de l'insulter à deux mètres de notre duo de danse exotique.

Si je le lâche, on est bon pour le 20 heures.

Je ne suis pas content. Steven est assis devant moi. En larmes. Le drame a été évité de justesse grâce à l'intervention de deux collègues sportifs qui se sont jetés dans la mêlée. J'y ai perdu quatre boutons de chemise, ma montre et beaucoup de contenance mais la vie a fini par l'emporter.

Mélissa a été exfiltrée vers la vie scolaire sans cesser de rugir contre son ex (je présume qu'ils ne sont plus ensemble...) tandis que je parvenais à enfermer celui-ci dans mon bureau.

Accablé, mon Mohamed Ali de la banlieue est m'explique comment nous en sommes arrivés là. Pendant les vacances de Noël, il a rompu avec Mélissa. Elle ne l'a pas digéré. Elle a passé le mois de janvier à le lui faire payer : insultes, provocations. Elle l'a « fait grave chier ».

Abasourdi par sa détresse, je lui demande pourquoi il n'est pas venu m'en parler si c'était à ce point ! Il ne répond pas. C'est inutile : il n'allait pas se « taper l'affiche » devant ses potes en appelant le CPE au secours pour une « histoire de racli [1] ». J'en conclus que nous devons à son copain Adama de l'avoir persuadé de ne plus se laisser faire de la pire manière qui soit. Il conteste : « Non, c'est pas lui ! Vous savez pas tout ! » Il me raconte ce qui l'a fait basculer du côté obscur de la force : hier après-midi, Mélissa et des « amis à elle » l'ont repéré au centre commercial

---

1. Petite amie.

et l'ont agressé. Il était en compagnie de sa mère qui s'est retrouvée sur la trajectoire des insultes et des coups. Elle a failli être touchée et en a été quitte pour une frousse bleue.

Je m'explique mieux notre numéro de tango. Mais je ne peux pas passer l'éponge : il m'a secoué dans tous les sens devant une bonne quinzaine d'élèves stupéfaits et il a fallu l'intervention de deux autres adultes pour parvenir à le maîtriser. Il a des circonstances atténuantes mais il ne coupera pas au conseil de discipline.

J'appelle sa mère : encore une femme seule. Steven se prend la tête entre les mains en m'entendant lui décrire l'incident. Mon récit la bouleverse. Elle arrive tout de suite. Je jette un coup d'œil dans le hall pour vérifier que tout se passe bien. Les premiers élèves sortent de la cantine et rejoignent la cour.

J'ai faim.

*

Dix minutes plus tard, Steven est dans le bureau du principal. Mon exposé est bref : la violence de notre corps-à-corps est confirmée par la disparition de ma montre et des boutons de ma chemise. M. Pontet lui sert son credo : « Si la soupe n'est pas bonne ici, vous irez la manger ailleurs ! » Dans un souci de justice, je pointe le harcèlement de Mélissa et sa provocation ultime, à l'origine du désastre. Cela n'absout en rien Steven, mais j'estime qu'elle mérite également d'être sanctionnée.

On frappe à la porte. C'est Djibril, de 3e 2. Le principal lui demande sèchement ce qu'il veut. Il me tend ma montre avec un grand sourire. Il l'a trouvée par terre et l'a reconnue. J'ai à peine le temps de réaliser et de dire merci qu'il a disparu dans le couloir après m'avoir fait un signe amical. Le chef est aussi stupéfait que moi. Il veut son nom et sa classe pour pouvoir le féliciter. Touché par le geste de Djibril, je lui promets de m'en charger moi-même dès que possible.

Le téléphone sonne. La mère de Steven vient d'arriver à la loge.

Elle est impressionnante, assez petite mais très forte, un jean trop grand pour elle, une casquette de base-ball sur la tête. Hébétée, comme si le ciel lui était tombé sur la tête. À peine aperçoit-elle son fils qu'elle se jette sur lui comme une furie. Elle fait de grands moulinets avec les bras, abat ses deux mains l'une après l'autre sur son dos, son crâne. Steven, un mètre quatre-vingt-dix pour quatre-vingt-dix kilos, se met en boule pour se protéger tant bien que mal. Désormais rodé à ce type de situation, je me précipite sur elle et parviens à la faire reculer. Elle donne une dernière claque sonore à son fiston puis s'effondre sur un siège, épuisée et en larmes.

Un pardon désespéré s'échappe de ses lèvres. Encore un parent au bout du rouleau.

D'une voix à peine audible, elle nous raconte à son tour l'incident du centre commercial et en fait porter toute la responsabilité à Steven : « C'est à cause de ses fréquentations ! J'en peux plus de tout ça ! » Sans creuser, on peut aisément deviner que l'échauffourée avec les amis de Mélissa n'est qu'une goutte d'eau dans l'océan de galères que constitue sa vie. Le principal est bien embêté et moi aussi. Mais notre décision est irrévocable : il est exclu par mesure conservatoire jusqu'au conseil de discipline qui se tiendra au retour des vacances d'hiver.

Cela l'achève. Steven ferme les yeux, anéanti à son tour.

Le chef signe le document. Elle le prend, la main tremblante, nous salue faiblement et sort. Steven la suit, tête baissée, deux mètres derrière. Je les raccompagne à la grille. Je répète à Steven qu'il n'aurait jamais dû se laisser aller ainsi et lui promets aussi que je ne vais pas laisser Mélissa s'en sortir à si bon compte.

Mon engagement est sincère : je pense qu'elle mérite vraiment de prendre sa part de responsabilité.

Mais, avant tout, je ne voudrais pas qu'il la dézingue une fois dehors.

Feuille de route

Février. Semaine 22. Vendredi. 10 h 30

Marine est en train d'intervenir en 5e 4 avec M. Briand.

Elle a pris sur elle de régler ça en solo. Soulagé, je n'ai pas insisté. Je n'ai pas le même désir de sauver à tout prix son collègue mais j'ai tout de même proposé que Souella, ma surveillante préférée, soit présente. Au cas où les débats s'enflammeraient et nécessiteraient l'évacuation de l'un des protagonistes – parmi les élèves si possible – avant qu'il ne ruine la négociation.

Marine a accepté car, en effet, on ne sait jamais.

La pétition de Fatoumata contre son prof a bien failli tout faire capoter.

Malgré son absence de résultat, Fatoumata n'avait pas détesté le « buzz » créé par sa dénonciation du poids des cartables. Ayant bien senti le malaise des adultes vis-à-vis de son prof, elle comptait répéter le coup avec lui. Marine, mise très tôt dans la confidence, avait réagi promptement, lui faisant savoir que ce n'était pas une façon de faire et lui interdisant d'aller au bout d'une telle action. Heurtée par la défection de sa professeure principale préférée, Fatoumata s'était alors souvenue de mon invitation à venir me présenter toute initiative visant « à améliorer le fonctionnement du collège et le bien-être des élèves ». Elle avait donc fait signer – sans grand mal – sa pétition anti-Briand puis elle était venue me l'apporter triomphalement, convaincue qu'un type aussi à cheval sur les règles que moi ne pourrait qu'approuver.

Pour un peu, elle m'aurait tendu le stylo pour que j'ajoute ma signature.

Dissimulant mes sentiments contrastés à l'égard de son enseignant, je lui ai réexpliqué que le collège n'était pas une démocratie directe : « Élèves et adultes ne sont pas dans un rapport égalitaire. » Elle n'avait donc pas le pouvoir de juger la pratique d'un professeur, encore moins de réclamer son remplacement. Si l'un d'entre eux devait faillir à sa mission, seule notre hiérarchie serait habilitée à en tirer les conséquences : notre sort relève du principal, du rectorat, du corps d'inspection et du code de la fonction publique.

Pas de Fatoumata, déléguée des élèves de 5e 4.

Elle a aussitôt saisi le sous-texte de mon cours de droit public : « Donc vous n'allez rien faire ? » J'ai admis que ce n'était pas de mon ressort.

M. Briand sévit depuis longtemps dans le système. La hiérarchie a trouvé une méthode simple pour le « protéger » : le changer d'établissement avant qu'il n'exaspère trop son monde et ne provoque une manifestation de parents. Avec un peu de chance, la même chose se produira à la fin de l'année et nous en serons débarrassés à la rentrée prochaine. C'est ce qu'on appelle de la bonne gestion de ressources humaines.

J'ai tu cet argument à Fatoumata avant de faire disparaître sa pétition dans un tiroir. Je lui ai ensuite rappelé le travail de médiation entrepris par Marine : de là viendrait peut-être le salut. Elle a quitté le bureau, furieuse d'être de nouveau censurée et de se voir en sus confisquer le fruit de son action politique.

Malgré mes précautions, M. Briand a eu vent de sa démarche. Un élève lui a ingénument demandé si « c'était vrai qu'il allait être viré ». Il s'est aussitôt rué sur Marine pour lui réclamer une sanction et en a profité pour se plaindre une nouvelle fois de l'« ignominie » de nos élèves.

Marine était déconfite : sa tentative de médiation avait du plomb dans l'aile.

Pour faire revenir M. Briand à la table des négociations, elle a convoqué les parents de notre Louise Michel locale pour une séance de recadrage : « Fatoumata a décidé de jouer les justiciers et de "se faire" son prof. Ce n'est pas tolérable ! » Coup de bol : ses parents ont un rapport très respectueux à l'école. Ils ont écouté Marine – dont la sincérité et l'attention qu'elle porte à ses élèves ne sont pas contestables – et sommé leur fille d'arrêter ses « bêtises ».

Je n'ose imaginer ce qui se serait passé avec la maman de Frankie.

Marine a trouvé les mots. Fatoumata, en larmes, a fini par s'excuser : elle était désolée d'avoir trahi la confiance de Marine, elle ne voulait pas la mettre en difficulté, elle s'engageait à ne plus saboter ses tentatives de conciliation.

Je regrette que l'entretien n'ait pas été enregistré.

Fatoumata a dû rédiger une lettre d'excuses, remise en mains propres à M. Briand. Pour la première fois, ce dernier s'est senti un peu con, réalisant sans doute que Marine s'échinait à le protéger et à essayer d'accoucher d'un *modus vivendi* acceptable pour tout le monde.

Il a enfin consenti à une intervention au sein de son cours.

J'attends avec anxiété le résultat de la négo. Je vais patrouiller dans les couloirs pour vérifier que personne ne traîne. Ça permet de faire de l'exercice et ça calme les nerfs. Mon cœur se serre quand je passe devant la salle de M. Briand : pas d'éclats ni de bruits d'émeute, seule la voix posée de Marine domine. Elle semble garder le contrôle de la situation. À moins que l'absence de débat ne signifie que chacune des parties campe sur ses positions.

Dans le hall, Al-Hassane, délégué des 5e 2, m'attend avec Antoine qui, d'après son prof de français, n'a pas fait ses exercices, n'a pas apporté son livre et répond insolemment quand on lui en fait la remarque. J'opte pour un soupir de déception, moins consommateur d'énergie qu'une engueulade dont la stérilité, concernant Antoine, n'est plus à démontrer. Je le confie à Thomas avec pour consigne de lui faire rédiger le devoir non fait et de le ramener à l'issue de l'heure à son professeur avec une mine de repenti.

J'espère que Thomas trouvera les mots.

La sonnerie. C'est terminé. Il n'y a plus qu'à attendre le résultat des courses.

Quelques instants plus tard, Marine apparaît. Un peu fatiguée mais visiblement satisfaite. Souella l'accompagne et la félicite pour le travail accompli. Malgré un début orageux, tout s'est bien passé. M. Briand a attaqué bille en tête, jugeant inadmissible que les élèves se permettent « tout et n'importe quoi » et estimant qu'il n'avait pas à recevoir de leçons de gamins mal élevés. Avant que la classe – Fatoumata en tête – exprime sa révolte, Marine a évoqué le ressenti du professeur et ses attentes : sa volonté d'avoir affaire à une classe attentive, travailleuse, respectueuse des règles édictées. Pour éviter tout débat, elle s'est ensuite tournée vers M. Briand pour arguer qu'au regard des *engagements* pris par les élèves (regard sévère à la classe) de se soumettre à ses *desiderata*, il pourrait peut-être envisager d'« amender » sa manière d'enseigner. Sentant Marine au bord de la rupture, et sans doute déstabilisé par l'énergie qu'elle mettait à le sortir de l'impasse, il a consenti à lever le pied sur le coloriage et les remarques désobligeantes. L'accord a été conclu à l'arraché, quelques secondes avant la fin de l'heure. Même si des questions de détails demeurent – où se situe le curseur des remarques désobligeantes, par exemple ? –, Marine a bon espoir que la tension retombe.

Je doute cependant que l'application du traité de paix s'étende aux autres classes.

En attendant, elle a obtenu un résultat sur lequel je n'aurais pas misé un cappuccino.

C'est vraiment bien que Marine existe.

L'incident Haroun

Février. Semaine 23. Lundi. 13 heures

Ce matin à l'aube, l'équipe d'EPS est partie en séjour de ski avec la plupart des élèves de 5e – Jérémy, Fatoumata et Antoine inclus. La plupart de mes sources de contrariété professionnelle ont disparu pour la semaine. Frankie n'est pas de la partie car il n'est pas venu au collège pendant tout le mois de février. Son projet d'enseignement à distance n'a pas encore abouti mais il n'a pas eu la patience de rester parmi nous jusqu'à réception du feu vert académique. Personne ne s'en est plaint.

Tout cela sentirait bon les vacances – celles d'hiver, dans cinq jours – si nous n'avions pas dû garder Haroun.

Du fait de ses états de service, les profs d'EPS ont mis un veto absolu à sa participation au voyage. Je n'avais pas beaucoup d'arguments à leur opposer.

Il est donc resté avec la petite dizaine d'élèves exemptés de montagne par leurs parents et pris en charge par Romain, et quelques enseignants de 5e désœuvrés. Haroun vit ça beaucoup mieux que ses camarades privés de neige : il adore le bahut et ses personnels. Pour lui, ça vaut tous les domaines skiables du monde. Il a un tel besoin d'attention qu'il est devenu *la* principale attraction de l'établissement. Même Sabine ne le supporte plus. Elle a été obligée de s'enfermer à clé pour mener ses entretiens sans risquer d'être envahie par Haroun. Le dernier gag en date consiste à entrer sans frapper dans son bureau, juste parce qu'il a envie de lui parler. Si elle a le malheur d'être au téléphone, Haroun ne se formalise pas : il raccroche d'un doigt nonchalant puis expose le motif de sa visite. C'est rarement important.

Sabine a relancé les parents à propos de l'institut de rééducation. Le père n'est pas contre, la maman, malgré son inquiétude, est prête à suivre l'avis de son mari. Mais le projet est au point mort : Haroun refuse catégoriquement de nous quitter.

Nous tentons de nous consoler en nous disant que, de toute façon, le dispositif dont il relève n'a sans doute pas encore été créé.

Il reste donc avec nous et continue de mettre le boxon. Depuis la rentrée de janvier, ses exclusions temporaires sont devenues quasi hebdomadaires : deux jours par-ci, trois jours par-là. Ses parents ne se déplacent même plus pour venir le chercher. Il revient à chaque fois dans une forme olympique, prêt à reprendre ses pitreries avec un enthousiasme désarmant. C'est sans issue.

Nous nous sommes résignés à attendre le débordement de trop qui mettra un point final à notre histoire commune.

Celui-ci survient alors que je suis au réfectoire en train de vérifier le bon déroulement du repas. L'absence des 5e a fait baisser le niveau sonore, les convives déjeunent en discutant tranquillement, les aliments prennent le chemin des estomacs plutôt que celui des murs : tout baigne. Goûtant ce moment de convivialité, je me tourne vers la baie vitrée pour contempler la cour. J'y découvre Haroun en train de tenir un élève de 6e par le cou. C'est Driss, le petit camarade qui avait « traité » la mère de Youssef pour « rigoler » un mois plus tôt. Après l'avoir secoué comme un prunier, il lui colle une grande claque.

Je me précipite dans l'escalier.

Dix secondes plus tard, je déboule dans la cour au moment où Haroun, hilare, balance un coup de pied dans le dos de sa victime. Alors qu'il s'apprête à s'asseoir sur le torse de Driss, à terre et en larmes, je fonds sur lui, le chope par les épaules et l'éjecte sans ménagement. Surpris par la fulgurance – et la violence – de mon intervention, il commence par s'énerver. Je ne lui donne pas le temps d'être désagréable : « Cette fois, t'as tout gagné : c'est terminé pour toi ! » Il reste interdit. Je relève Driss, le confie à Djamilah pour qu'elle l'amène à l'infirmerie pendant que je conduis Haroun chez le principal.

Haroun ne rit plus. Il se justifie fébrilement : « C'est lui qui m'a cherché ! Il m'a mal parlé ! » C'est peut-être vrai mais ça n'excuse rien. Je réponds, implacable : « C'est ton excuse pour avoir frappé un 6e ? Je suis sûr que ça touchera les parents d'élèves ! » Il change de tactique : « J'ai compris, je le referai plus ! » Je ne dis plus rien. Dans ma tête, c'est réglé : il dégage ! Il l'a compris à mon expression : je n'essaierai plus de le raisonner.

Il est temps de confier ce glorieux projet à un autre établissement.

Il cherche à m'amadouer : « Je vais tout arrêter, m'sieur ! Je sais que j'fais n'importe quoi ! Donnez-moi une autre chance. S'il vous plaît. » Je ne l'ai jamais vu aussi « normal ». Il me supplie soudain d'aller voir l'assistante sociale. Juste une fois. Je le regarde un instant. M. Pontet est sans doute encore en train de déjeuner. Nous ne sommes pas à dix minutes près et, de toute façon, cela ne changera rien : ma décision est prise. Nous bifurquons vers le patio.

Débarquant dans le bureau de Sabine, je lâche juste « Haroun ». Elle devine aussitôt que ça y est : il a passé les bornes.

Haroun s'assoit, penaud. Je ne pensais pas le voir un jour comme ça en l'absence de ses parents. Il réitère ses excuses, sa demande d'une autre chance. J'explose : « Des chances, tu en as eu des tas ! Tu nous as épuisés, menés en bateau, pris à la rigolade tout ce qu'on te disait. Tu ne nous as jamais respectés. » Sabine abonde : « Ce n'est pas faute de t'avoir prévenu, Haroun. » Il baisse la tête : « C'est vrai. Désolé. »

Nous sommes stupéfaits de le voir à l'écoute, si réceptif à notre parole. Il a été douché par notre détermination. Il comprend qu'il va partir. Il nous a pris la tête mais il nous aime bien.

Il sent que c'est réciproque mais que nous ne ferons pas machine arrière.

La sonnerie. Je dois m'occuper de la mise en rang. S'il veut continuer de discuter avec Sabine, c'est possible. Je reviendrai le chercher une fois que j'aurai prévenu le principal et contacté ses parents. Il me lance un regard triste. Pour la première fois depuis que je le connais, j'ai le sentiment que nous l'avons atteint. Dommage d'avoir dû en arriver là pour que cela se produise.

Tu fais chier, Haroun.

La saison des conseils

Mars. Semaine 25. Lundi

18 h 30. Comme les délais de carence – dix jours entre la saisine du conseil et sa tenue effective – correspondaient à peu près, la direction a décidé de grouper les conseils de discipline de Steven et d'Haroun. L'un après l'autre.

Cela épargnera aux membres de faire le déplacement deux fois, ce dont personne ne se plaint.

En tant que victime principale, j'aborde celui de Steven plutôt détendu. Au regard des circonstances et de son absence d'antécédents, j'ai décidé avec l'accord de la direction de me montrer magnanime. Une sanction de principe suffira. Les risques de récidive sont peu probables étant donné son caractère indolent et la plupart du temps pacifique.

En fait, une seule chose rendait son retour épineux : Mélissa.

Impossible d'avoir ces deux-là dans le même périmètre sans s'exposer à de nouveaux conflits. Il fallait donc trouver une solution pour elle aussi. Après avoir fait le bilan de son année, nous avons conclu de manière pragmatique qu'il était plus sage que Mélissa nous quitte. Le chef a donc négocié avec l'académie un changement d'établissement, pour le bien de tous. L'échange se fera avec un collège voisin qui nous envoie en retour un élève de 4e difficile. Encore un. Chloé et les professeurs principaux du niveau ont tiqué mais c'est pour la bonne cause.

À charge de revanche, Chloé.

La situation de Mélissa a évolué : sa mère, jusque-là défaillante, est de retour dans l'équation mais doit prendre le train en marche. Elle s'est présentée à notre convocation accompagnée de l'éducatrice de sa fille, seule adulte à même de saisir l'intérêt de notre démarche. Elle a validé notre proposition de changement de collège. La mère n'a rien trouvé à redire. Mélissa n'a pas décroché un mot pendant tout l'entretien, se contentant de fixer le vide. Je me suis permis de lui faire part de mon amertume : les choses auraient pu se passer autrement si elle nous avait laissés travailler avec elle. Ne quittant pas son état apathique, elle est repartie avec les deux femmes sans un regard en arrière. Pas de quoi pavoiser mais, au moins, Steven peut revenir.

Pour Haroun, en revanche, ce ne sera pas la même limonade.

Je ne vois pas comment on pourrait le garder : je l'aime bien mais il nous a demandé trop de boulot pour une absence totale d'amélioration. Sa prise de conscience de dernière minute était *a priori* sincère mais un peu tardive : il a quand même trouvé rigolo de frapper un élève de 6e.

Alors que j'arrive devant le bureau du principal, je surprends ce dernier en grande conversation avec M. Canais et les représentants des parents d'élèves. Ils s'inquiètent de la multiplication des conseils de discipline au deuxième trimestre : le chef et ses équipes n'auraient-ils pas la main trop leste ?

J'esquive le débat en allant accueillir Steven et sa mère à la grille.

Terrifiée par ce qui l'attend, cette dernière affiche une émotion déstabilisante. Soucieuse de faire bonne impression, elle a remplacé sa casquette et son jean par une belle robe et un maquillage élaboré. Steven est morose. Il a raté les quinze derniers jours de cours avant les vacances, cela fait donc plus d'un mois qu'il végète chez lui. Il sait également que nous ne plaisantons pas avec les violences envers les adultes et semble s'être résigné au pire.

Dix minutes plus tard, nous sommes réunis dans la salle de perm' réaménagée pour l'occasion. Le chef effectue le rituel d'usage : accueil et présentation des participants au conseil puis lecture du rapport que j'ai rédigé à la suite de notre spectacle de catch. J'ai bien mis les choses en perspective : après avoir condamné son attitude, je précise le contexte et décris les provocations de Mélissa pendant que j'essayais de dissuader son camarade de l'envoyer *ad patres*.

Laurent, professeur principal de la 3e 4, dépeint ensuite la scolarité de Steven : rien de particulier à en dire. Certes, il a fauté mais c'était la première fois en quatre ans de collège. Laurent doute que cela recommence. Je suis très à l'aise dans le débat qui suit car, ce soir, la victime, c'est moi. Je n'ai pas subi de dégâts particuliers, j'ai récupéré ma montre et je reconnais des circonstances atténuantes à mon agresseur : j'ai la possibilité d'être indulgent et de donner un vrai vernis éducatif à ce conseil. J'explique à Steven qu'à partir du moment où il a voulu casser la figure de Mélissa, il a fait changer la culpabilité de camp. De victime, il est devenu agresseur. « En cas de harcèlement, il n'y a que deux recours possibles : le droit et la résistance morale. Au collège, le droit tient dans le règlement intérieur que je suis chargé de faire respecter. »

Il n'était donc pas très malin d'envoyer le représentant du droit s'éclater contre un mur.

Steven sent ma bienveillance. Il esquisse un sourire d'espoir, me présente de sincères excuses. Je lui rends son sourire : message reçu. La maman, qui n'a rien dit jusqu'à présent, nous demande pardon, nous supplie, toujours aussi émue, de laisser une dernière chance à son fils.

Il n'y a pas de questions. La famille et les témoins se retirent, afin que nous délibérions.

Vu les circonstances, j'estime que Steven a suffisamment payé pour son emportement. M. Pontet me félicite pour ma mansuétude mais propose malgré tout un premier tour de vote sur l'exclusion définitive. C'est la procédure. Je vote contre, tout comme la majorité des participants. Le chef propose ensuite une exclusion d'un mois, durée qui couvre le temps déjà effectué. Ça me paraît bien. Je vote pour.

Après dépouillement, la décision est validée.

La famille est invitée à entrer pour entendre la sanction. Lorsqu'elle comprend que son fils n'est pas viré, qu'il peut revenir parmi nous dès le lendemain, la mère éclate en sanglots, nous remerciant de tout son cœur. Le visage de Steven s'éclaire d'un sourire de reconnaissance. Je le regarde droit dans les yeux.

Fier comme Salomon.

*

Le conseil de Steven est terminé depuis un quart d'heure et nous n'avons toujours pas entamé celui d'Haroun. Il n'est pas là, sa famille non plus. Seul son éducateur s'est déplacé. Nous avons essayé de téléphoner chez eux, personne n'a répondu. Ils n'ont pas envie de venir. Les parents ont renoncé à défendre leur fils : ils ne se font plus d'illusions sur notre clémence.

Au bout de vingt minutes, le chef décide que le conseil se tiendra sans eux : l'éducateur fera office de représentant. Apaisés par la façon dont nous avons réglé le cas Steven, les parents d'élèves ne trouvent rien à y redire.

M. Pontet lit mon rapport d'incident. Romain, en tant que professeur principal, décrit avec dépit la scolarité d'Haroun : ses pitreries, ses extravagances, ses délires. Je ne peux m'empêcher de sourire lorsqu'il évoque certains incidents. Vient alors mon tour de prendre la parole et d'évoquer mes six mois avec Haroun : la vigilance, l'énergie qu'il requiert, l'impossibilité à le cadrer, sa fermeture à tout dialogue sérieux… la sympathie que nous avons pour lui malgré tout. Je raconte mes souvenirs comme s'il était déjà parti. Deux ou trois anecdotes font rire l'assistance. M. Moreau y va lui aussi de son laïus nostalgique : « Haroun veut simplement qu'on s'occupe de lui tout le temps. »

Ce n'est plus un conseil, c'est une commémoration.

L'éducateur se dit touché par la bienveillance de notre discours. Il confirme le caractère haut en couleur d'Haroun mais nous remercie de l'attention dont il a bénéficié pendant ces mois. Haroun a usé quelques équipes avant d'arriver chez nous : il se dit épaté de l'accueil reçu ici. Sentant que le débat prend un tournant un peu inattendu, Romain tient à nous rappeler les raisons de notre présence : Haroun a frappé violemment un élève de 6e et ça l'a amusé.

Il estime donc un peu prématurée l'élégie du loulou.

Je devine ses pensées : il craint que, à force de nous attendrir, nous finissions par le garder.

Je m'adresse aux représentants des parents et à l'éducateur pour le rassurer. Même si nous apprécions Haroun, nous ne pouvons plus tolérer son comportement : il est de notre devoir de dire stop. M. Canais, président de la FCPE locale, ressort son maître argument : compte tenu du lien tissé avec lui, n'est-il pas contre-productif de le couper et de demander à une autre équipe de recommencer le travail de zéro ? Pour Haroun peut-être, mais dans un système de masse, nous devons avant tout préserver le plus grand nombre. De plus, il n'a commencé à comprendre les limites que nous lui fixions que lorsque nous avons cessé d'être compréhensifs. La sévérité est peut-être le seul moyen de lui faire intégrer ces limites. Un consensus semble émerger sur ces points. Le principal invite l'éducateur à sortir. Nous passons au vote.

Exclusion définitive.

Comme le reste de l'équipe, j'accueille cette décision avec un étrange mélange de tristesse et de soulagement.

Troisième trimestre

L'orientation

Avril. Semaine 27. Mardi. 15 h 45

Laura, ma décrocheuse de 3e 3, est en rendez-vous avec notre conseillère d'orientation psychologue (COP). Mme Pinson est venue se présenter devant les 3e au mois de septembre puis a commencé à tenir une permanence au deuxième trimestre. À l'approche de la fin de l'année, elle est là tous les mardis pour recevoir à la chaîne les élèves sans projet d'avenir.

Les conseils de classe du deuxième trimestre ont été saignants.

Le niveau général demeure très bas : nous redoutons de tomber sous la barre des 50 % d'admis au brevet. Professeurs principaux de 3e et CPE héritent donc de la tâche ingrate de déterminer une orientation professionnelle pour ceux qui ne peuvent prétendre à un passage en 2de générale ou professionnelle. La tâche est ardue : la plupart d'entre eux n'ont pas encore réfléchi à l'après-collège. C'est pourtant dans trois mois et la froide machine académique s'appuiera sur une seule chose pour déterminer les formations accessibles : les bulletins de 3e.

Certains résistent à leur destin programmé. Kadidia, déléguée de classe de 3e 2, se sent investie d'une mission et a des causes à défendre : elle veut devenir médecin et travailler dans l'humanitaire. Mais son bulletin trop faible lui ferme les portes de la voie générale, donc des études de médecine rêvées. Elle n'en démord pas : « Si je m'y mets, je vais réussir. Je n'ai pas travaillé cette année, mais l'année prochaine, en 2de, vous allez voir ce que vous allez voir. » Elle oublie qu'elle a tenu le même discours en 4e pour défendre son accès au niveau supérieur, et que sa moyenne a perdu deux points supplémentaires en route. Elle ira se battre en commission d'appel avec ses parents pour obtenir le passage. Ou demandera le redoublement.

Le cas inverse existe : Achour, 3e 2, adore faire la cuisine, il a même été un des premiers à intégrer le club lancé par Olivier. Il voudrait devenir cuisinier. Malheureusement pour lui, il a un trop bon dossier : il peut donc prétendre à la 2de. L'image dégradée dont souffrent les voies professionnelles dans l'esprit des gens et de la majorité des enseignants a infléchi la décision de ses parents : pour eux, il est préférable qu'il « tente sa chance » dans l'enseignement général parce qu'« il faut être ambitieux », aller « le plus loin possible ». Achour s'est rendu à leurs arguments. Moi qui ai fait cinq ans de droit pour devenir CPE, je ne vois pas trop en quoi aspirer à être chef dans un restaurant dénote un manque d'ambition. Il y a longtemps que des études longues ne sont plus une voie royale vers la vie active, surtout pour les élèves issus de milieux populaires qui n'ont pas de réseaux professionnels susceptibles d'accueillir leurs bagages académiques. Le plafond de verre est une réalité à laquelle se sont heurtés nombre de grands frères et grandes sœurs ayant pourtant assuré en fac.

Mais les représentations sociales ont la vie dure : Achour ira passer un bac général.

Pour les plus faibles, le combat s'annonce rude : nous sommes là pour briser les rêves, les vocations et remettre en avant le principe de réalité. Notre mission est claire : ne laisser personne sur le carreau à la rentrée prochaine. Chacun doit avoir une « place », quelle qu'elle soit.

Convaincre des élèves au fond du trou de choisir une voie professionnelle n'est pas une sinécure, surtout à un âge où l'on rêve de devenir footballeur, vétérinaire, agent secret ou star du rap. Nous devons pourtant les convaincre de postuler pour les formations déficitaires : celles où ils ne pourront être refusés. Nous faisons ainsi un gros lobbying auprès d'élèves émargeant à 5 de moyenne générale pour les BEP secrétariat, comptabilité[1] ou vente action marchande. Sans trop nous étendre sur les faibles

1. Le BEP comptabilité et le BEP secrétariat ont été, depuis, tous deux remplacés par le BEP métiers des services administratifs.

débouchés offerts par ces formations. Si ça marche, ils pourront toujours continuer jusqu'au bac pro puis enchaîner sur un BTS, meilleurs sésames pour entrer dans la vie active.

C'est grisant.

Tant bien que mal, les profs principaux ont réussi à collecter des vœux d'orientation provisoires pour chacun. Le défi du troisième trimestre consistera à convaincre les derniers irréductibles d'ajouter de nouveaux vœux pour le cas – très probable – où leur projet de passer en 2de générale ou d'intégrer la filière pro désirée n'aboutirait pas.

Tout cela est d'autant plus violent que les élèves les plus en difficulté sont aussi souvent les moins matures : moi qui ai découvert par hasard à 26 ans le métier que j'allais faire, je comprends le désarroi d'un gamin de 14 ans placé devant l'obligation d'intégrer un champ professionnel qu'il n'a pas vraiment choisi. Nous leur demandons en sus de trouver leur voie au pire âge de l'existence : ils sont au cœur de l'adolescence, en pleine affirmation des rôles masculins/féminins tels qu'ils sont promus par le corps social. Ils ont besoin de se sentir appartenir à leur groupe de référence (garçon/fille) et de se rassurer sur leur identité sexuelle. Les garçons choisissent donc des métiers virils, catalogués « mecs » dans leurs esprits (et un peu dans les nôtres aussi) : plombier, mécanicien, maçon, carrossier ou encore chauffeur routier.

De leur côté, les filles se positionnent sur des métiers à forte connotation féminine : coiffeuse, vendeuse de vêtements... Ainsi que tous ceux liés à l'enfance : professeur, puéricultrice, juge des enfants sont des vocations récurrentes. Les statistiques nationales sont d'ailleurs éloquentes : les filles dans leur grande majorité se déterminent autour de 25 % des métiers. Esthétique, vente et accueil pour les cursus courts. Éducation, enseignement, médecine et magistrature pour les cursus longs. Les garçons jouissent donc d'un quasi-monopole confortable sur les 75 % restants. De plus, personne ne s'étonnera de voir ces derniers devenir infirmiers, pédiatres, instituteurs ou coiffeurs. Alors qu'une femme chauffeur de poids lourd ou contremaître de chantier…

Dans les formations prisées, les places sont chères – particulièrement en « sanitaire et social » et en « mécanique » – et donc inaccessibles aux élèves dont les résultats sont au fond des chaussettes.

Laura – qui se serait bien vue avocate – et sa copine Hatouma font actuellement partie des derniers élèves « sans solution ».

Après avoir fait illusion quelque temps à la suite de la visite de leurs parents, elles ont recommencé à sécher les cours pour traîner dans les couloirs. Leurs dossiers sont catastrophiques : dans certaines matières, elles n'ont même pas de notes. Ma seule consolation est qu'elles n'auront pas réussi à débaucher Shaïnez qui a repris le chemin des cours : sensible à la pression maternelle et à son envie de réussir, elle a accepté de mettre son amitié entre parenthèses pour se consacrer à son entrée au lycée.

Laura et Hatouma présentent le profil type des élèves « non affectables » ayant de fortes chances de se retrouver déscolarisés à l'issue de la 3e. Notre bahut apporte une contribution non négligeable aux statistiques des élèves qui quittent le système éducatif sans aucun diplôme.

Une pointe d'espoir est apparue au deuxième trimestre lorsque, un beau matin, elles m'ont annoncé, triomphantes : « Ça y est, on sait ce qu'on veut faire : esthéticiennes ! »

Elles avaient eu une révélation commune en passant devant un salon de beauté du centre commercial de Rosny 2. Malheureusement, le CAP esthéticienne est saturé de demandes en Seine-Saint-Denis. Il restait néanmoins une solution pour accéder à ce métier inespéré : l'apprentissage. Elles avaient l'âge requis : Hatouma a 16 ans et Laura est sur le point de les avoir. Cela impliquait juste de dénicher un patron et d'avoir la maturité – et la volonté – d'entrer directement dans la vie active. Content de les découvrir si déterminées, je me suis engagé à les soutenir dans leur démarche. J'ai appelé le salon qu'elles avaient repéré pour proposer leurs candidatures à un stage d'observation. Cela leur permettait de tester leur envie, tout en soulageant un moment la vie scolaire de leur présence parasite dans les locaux. Elles étaient « à donf » !

Elles ont tenu deux jours.

Les filles n'ont pas apprécié que la patronne leur ordonne de passer le balai ou leur fasse nettoyer de la cire pleine de poils après épilation. Des « trucs de trimardes », selon elles. La patronne, moins patiente que moi, les a invitées à ne plus jamais revenir dans son salon. Mes deux rebelles ont au moins appris un truc : être esthéticienne est moins fun que de se maquiller entre copines le week-end. C'est le problème avec le monde du travail : il y a ce qu'on imagine et il y a la réalité.

J'en sais quelque chose.

Elles ont donc opéré un virage à cent quatre-vingts degrés : désormais, elles veulent « s'occuper d'enfants ».

Soupir.

Toutes deux postulent pour le très demandé BEP « sanitaire et social » qui mène – entre autres – aux métiers de « soins aux personnes » et « auxiliaires de puériculture ». Je les ai prévenues que leurs dossiers – trop faibles – ne seraient pas retenus mais elles ont refusé de se rabattre sur nos autres propositions : « Secrétariat ? C'est quoi ce truc de bolosse ? » De guerre lasse, je leur ai suggéré d'explorer le champ des possibles avec la COP, Mme Pinson.

Si Laura espère beaucoup de l'entretien, Hatouma est moins motivée. Elle semble avoir « lâché l'affaire » pour se réfugier derrière un projet alternatif : elle a un copain, plus âgé et sur le point d'entrer sur le marché du travail. Elle attend d'être majeure pour pouvoir se marier avec lui. Quand ils auront des enfants, elle s'occupera d'eux. C'est pour elle un autre moyen de quitter le giron familial – Hatouma a hâte – et de trouver une place digne dans notre société. À ses yeux, un titre d'épouse et de mère remplace avantageusement un diplôme ou un métier. Elle joue les dures, se dit sûre d'elle, mais je sens bien que ça ne va pas fort. Je tente de lui rappeler que, à son âge, elle a encore un peu de temps pour trouver sa place. Mais l'horizon est bouché, l'avenir terrifiant. Elle m'assure qu'avec son copain, « c'est du solide ».

Le cri de Laura nous interrompt. Elle passe, furieuse, devant mon bureau : « Zyva, elle est folle elle ! » Je la rattrape au milieu du hall. Qu'est-ce qui se passe ? « Elle veut que je passe le balai ! J'ai pas fait dix ans d'école pour balayer, zynda ! V'là la narvalo ! » Elle serre les poings, tente de contenir ses larmes. Hatouma nous a rejoints pour consoler sa copine. De son résumé ponctué d'insultes envers Mme Pinson, je conclus que l'entretien a dû ressembler à quelque chose comme cela :

« Qu'est-ce que tu veux faire plus tard ?

– "Sanitaire et social".

– Montre-moi ton bulletin… Ouh là là ! avec ces notes, ça ne va pas être possible… Tout ce que tu peux envisager pour travailler avec des enfants, c'est d'être technicienne de surface en maternelle ou pour des collectivités locales.

– Technicienne de surf… C'est quoi ce truc ?

– Nettoyer les locaux. C'est très important pour l'hygiène et la santé des tout-petits, tu sais. »

Dès qu'elle a compris de quoi il retournait, Laura a pété un câble. Je ne sais pas trop quoi dire pour la réconforter : elle a cramé ses chances de décider quoi que ce soit. Ne restent plus que les places dont personne ne veut. « Elle n'a pas voulu dire ça, si tu améliores tes résultats, que tu te mets vraiment au travail, tu pourras *peut-être* intégrer le BEP que tu veux. » Laura n'est pas dupe, elle sait que nous sommes fin avril, qu'il est trop tard pour se réveiller. Elle est dégoûtée : sa mère fait le ménage dans des bureaux parisiens. Plutôt crever que de vivre à son tour cette vie de galérienne ! Je la laisse quitter le collège avec Hatouma en soutien et la promesse de creuser d'autres pistes. À peine a-t-elle quitté le hall que Mme Pinson passe la tête par la porte menant au patio : « Elle est partie ? » Je confirme d'un signe de tête. « Ouh là là ! Qu'est-ce qu'elle est énervée, cette petite ! » Elle est gentille, Mme Pinson, mais elle est plus conseillère d'orientation que psychologue. Je lui suggère que c'est peut-être la réaction normale d'une ado qui apprend qu'elle va passer sa vie avec une serpillière et un balai. Elle me répond qu'elles ont fait ensemble le tour des métiers dans les institutions accueillant des enfants (école primaire, maternelle et crèche)… et que, malheureusement, vu les notes actuelles de Laura, travailler dans ces structures implique effectivement de les nettoyer : « Je n'allais pas lui mentir, quand même ? En plus, si elle est motivée, elle peut vite passer chef d'équipe… Ils en manquent. »

Il est peu probable que l'argument électrise Laura. Je propose que nous la revoyions ensemble quand elle sera calmée afin de tout reprendre de zéro et d'« élargir ses perspectives ». J'accompagne ensuite Mme Pinson à l'infirmerie : un cachet d'Euphytose et un mug de tisane lui redonneront peut-être des couleurs.

Il faut qu'elle retrouve la forme rapidement : son prochain rendez-vous, c'est Slimane.

J'avais également envisagé l'apprentissage pour lui : c'était le seul moyen de faire aboutir un projet mécanique auto sur lequel il s'était focalisé en voyant que tous ses potes avaient demandé ce BEP. Motivé, il s'était engagé à chercher un stage avec son éducatrice. Une semaine après avoir établi ce plan de bataille, il avait débarqué au collège avec une main dans le plâtre : il s'était cassé le poignet dans un mouvement d'humeur. Plus question de stage. Je l'avais donc envoyé solliciter les bons conseils de Mme Pinson.

Malgré sa main abîmée, il avait réussi à balancer sa chaise contre le mur quand celle-ci lui avait annoncé qu'il pourrait peut-être envisager la liste d'attente en BEP comptabilité. Slimane revient la voir afin d'« élargir ses perspectives ».

Il serait souhaitable pour tous les deux qu'ils y arrivent.

L'inspection

Avril. Semaine 27. Jeudi

L'inspecteur pédagogique régional (IPR) d'histoire-géographie est dans les murs. La hiérarchie a fini par réagir à nos alertes concernant M. Briand. Il était temps car la situation ne s'est pas améliorée, à part pour la 5e 4 de Marine où – se sentant sans doute en dette vis-à-vis d'elle – il a donné des cours à peu près normaux. L'« effet Marine » a également joué sur Fatoumata qui, par respect pour sa prof principale, a gardé sa langue dans sa poche.

Dans les autres classes, c'est un désastre : il persiste à leur faire colorier des fonds de carte et exprime son sentiment sur les élèves avec de moins en moins de retenue. Les tensions se multiplient : les gamins répondent, il les vire à tour de bras, exigeant des sanctions de plus en plus exorbitantes qui nous priveraient du bon quart de nos effectifs si nous y consentions. Les exclus en rajoutent dans le registre de l'indignation et nous mettent face à nos contradictions éducatives : « On n'a pas le droit de parler mal aux profs mais, lui, il se gêne pas avec nous ! »

Le mépris dans lequel il tient la vie scolaire et les CPE rend d'autant plus pénible la nécessité institutionnelle de le soutenir.

Une figure d'autorité digne de son respect parviendra peut-être à le recadrer.

Cependant, pour ne pas trop donner l'impression d'une « inspection sanction », c'est l'ensemble de l'équipe d'histoire-géographie qui est évaluée. Ainsi l'IPR ne fait qu'un voyage et l'enseignant concerné ne se sent pas ciblé. M. Briand sera observé pendant son cours avec la 5e 4, ce qui est tout sauf un hasard : le principal a choisi de ne pas « charger la mule ». L'académie connaît déjà le problème et personne ne se fait d'illusions sur les conséquences de cette visite : le système le « gère » depuis des années. Tout ce que nous espérons, c'est que l'inspecteur le calme avant son transfert dans un autre établissement à la rentrée prochaine. À titre personnel, je ne détesterais pas que l'entretien individuel à l'issue du cours fasse baisser son arrogance d'un cran.

Il en sort à 11 h 30 et débarque quelques minutes en salle des profs. Il n'a pas l'air traumatisé.

Il lâche un « Ça, c'est fait » décontracté en commandant un café à la machine. L'entretien se déroulant à huis clos, personne ne sait ce qui a été dit : quelques remarques et les « conneries habituelles » d'après lui, « mais rien de bien méchant ». Ses collègues dissimulent mal leur incrédulité et moi, ma déception. Au fond, pouvait-il en être autrement ? Il a sans doute produit un cours adapté aux circonstances, avec une classe pacifiée de surcroît. Et il se moque depuis longtemps de ce qu'on peut penser de lui ou de sa façon d'enseigner. Cela confirme les objectifs réels de cette inspection : dire que « quelque chose a été fait » par la hiérarchie pour désamorcer les inquiétudes des parents.

Dépité, je traverse l'après-midi en appréhendant les nouvelles exclusions d'un M. Briand égal à lui-même. Il n'y en a aucune. Peut-être a-t-il retenu la leçon ? L'hypothèse la plus probable est qu'il a arrêté le tir tant que l'inspecteur est dans la place.

En fin d'après-midi, je croise Louis, le professeur coordonnateur des enseignants d'histoire-géo, et m'enquiers de son sentiment sur la journée et sur l'utilité de tout ce barnum. Son inspection à lui s'est-elle bien passée, au moins ? La sienne oui, mais il doit accompagner Camille, sa jeune collègue néo-titulaire, chez le principal pour dénoncer la façon dont elle a été traitée par l'IPR.

« C'est-à-dire ? »

D'après lui, Camille était plutôt contente de sa séquence. Alors qu'elle était face aux 5e 2, ceux-ci se sont à peu près bien tenus.

La classe allait pourtant mieux depuis l'exclusion d'Haroun, suivie quelque temps après du départ de Frankie qui a fini par obtenir le feu vert du CNED pour des cours par correspondance. Les profs ont constaté une baisse des bavardages et un climat plus studieux. Le manque de travail reste cependant la norme et quelques trublions persistent à faire parler d'eux.

Cependant, le syndrome du « monsieur-inquiétant-en-cravate-au-fond-de-la-salle » a toujours un effet calmant sur les classes inspectées. Camille a rempli les objectifs de son cours devant nos loulous qui ont joué le jeu : Al-Hassane aurait même livré un avis judicieux sur les enjeux du développement durable dans l'Afrique subsaharienne.

Sa surprise en entendant le « retour » de l'IPR lors de son entretien individuel n'en a été que plus grande : il l'a descendue en flammes.

Il a été très critique sur sa pratique, lui a reproché de ne pas assez mettre les élèves « au cœur du processus d'apprentissage ». Il a ensuite pointé le retard pris dans le programme ainsi que son faible niveau d'exigence : pour lui, elle manque d'ambition pédagogique. Son monologue n'a été qu'une suite de reproches, sans points positifs auxquels se rattacher avant de repartir au combat.

Grand seigneur, il lui a cependant promis de prendre en compte sa jeunesse et la difficulté du lieu dans la rédaction de son rapport. Mais il ne faut pas qu'elle s'attende à une note pédagogique mirobolante. Camille est revenue livide en salle des profs. La bonne humeur de M. Briand n'a pas été spécialement réconfortante.

C'est moi ou il y a un truc qui déconne ?

La minute « Jérémy »

Avril. Semaine 28. Lundi. 13 h 20

Alors que les surveillants viennent de laisser entrer les externes, un hurlement retentit dans le hall. J'ai l'habitude. Jérémy surgit dans mon bureau pour les motifs d'usage : il est « égaré », à bout, il veut mourir. J'ai l'habitude aussi.

Jérémy est sous pression. Il a enfin été testé par Mme Pinson qui a diagnostiqué un léger « retard cognitif » tout en constatant de vraies compétences dans divers domaines, notamment créatifs. Elle a confirmé de *gros* problèmes d'attention et de concentration qui l'empêchent de suivre une consigne et de fournir un travail soutenu dans la durée. Sans oublier sa grande émotivité qui lui fait perdre ses moyens lorsqu'il est confronté à une difficulté ou à des nouveaux éléments de savoir. En résumé, Jérémy présente un profil « complexe » et bien malin qui pourra déterminer le dispositif qui lui conviendrait. Rien de bien nouveau sous le soleil, en somme. Les résultats ont été envoyés à l'académie et ses parents ont tout juste reçu une convocation à la commission d'orientation départementale.

Jérémy a pris conscience que cela pouvait avoir des conséquences importantes sur son existence. Il risque de nous quitter pour un autre établissement, une autre « structure », avec d'autres élèves en difficulté. Lui et ses parents sont effrayés par l'engrenage administratif qui vient d'être mis en branle : tout le monde – nous inclus – se demande ce qui en sortira. Les séances au CMPP se passent bien mais ne vont pas tout résoudre en quelques semaines. Et elles sont impuissantes à contrer la peur de l'avenir. Les tensions à la maison sont reparties de plus belle, les éruptions au collège aussi. Jérémy va continuer encore quelque temps à débarquer dans mon bureau pour m'annoncer qu'il en a marre.

Il s'agit donc d'accueillir sa détresse avec bienveillance.

Par réflexe, je hasarde les hypothèses habituelles sur l'origine du souci. Perdu. « Non, c'est pas Adrien le problème… même s'il me prend toujours la tête ! » Il part dans un pamphlet anti-Adrien que j'interromps avant qu'il ait fait le tour de toutes les épithètes injurieuses de son lexique. Prenant conscience de sa digression, il retrouve le fil de sa colère première : il se dit « trahi », c'est « impardonnable », il va « péter un câble », etc. Je laisse passer l'orage. Au bout de quelques secondes, l'accalmie vient et le début des explications aussi. Après deux sanglots sonores, il me prend à témoin : « M'sieur, vous êtes d'accord avec moi : une guitare, c'est comme une femme ? »

Je manque de contexte.

Curieux de voir où tout ça va nous mener, je l'invite à me livrer les fondements de sa théorie. Il ne se fait pas prier : Jérémy possède une guitare qu'il a eu le malheur de prêter à son cousin qui, maintenant, refuse de la lui rendre. Pas étonnant : c'est un cousin qu'il n'a jamais pu blairer. OK. Reprenons :

« Si tu ne l'aimes pas, pourquoi tu lui as prêté ta guitare ?

– C'est parce que c'était un jour où il était sympa. »

Malheureusement, cette parenthèse s'est refermée : le cousin est redevenu pas sympa du tout et fait depuis une semaine de la rétention de guitare. Comme Jérémy n'est pas une « balance », il n'a rien dit à ses parents ni à personne mais, en même temps, comme il n'est pas non plus un « bouffon » qui va se laisser piquer sa guitare comme ça, il a préféré péter un câble plutôt que de péter la gueule à son cousin parce que ça allait faire des problèmes dans la famille.

Il repart dans un gros sanglot énervé.

Je lui fais remarquer qu'une fois le « câble pété », le problème demeure le même : il n'a pas récupéré sa guitare. Il adhère à mon analyse dans un souffle dépité. Je lui propose donc de téléphoner à ses parents pour qu'ils règlent directement le conflit avec ce cousin maléfique. Il panique aussitôt : « Non, c'est pas la peine ! »

J'affiche mon regard bien rodé de lassitude : « Excuse-moi, Jérémy… mais tu attends quoi de moi exactement ? » Il cesse de pleurer, réfléchit un instant. Silence. Son visage se détend soudain : « Rien… J'vais laisser tomber, lâche-t-il. Surtout que c'est même pas ma guitare en plus. »

Sans se démonter, il m'explique qu'elle est à son grand frère, qui l'a lui-même prêtée au cousin. Mais il précise : « Il avait promis qu'il me la filerait. C'est pour ça que j'ai les nerfs. » Je cherche un truc à dire pour conclure l'entretien de manière satisfaisante. Jérémy ne m'en laisse pas le temps. Revigoré, il se lève puis se dirige vers la porte. Avant de sortir, il me remercie chaleureusement de l'avoir aidé sur ce coup-là.

Y a pas de quoi, c'est mon métier.

L'insulte

Avril. Semaine 28. Jeudi. 15 h 35

Un bruit de tonnerre dans le couloir, accompagné de cris de surveillants. Le sol tremble, je m'attends à voir le plâtre du plafond tomber sur mon bureau. Ma porte s'ouvre à la volée. Slimane apparaît, ivre de colère, et assène la raison de son terrible courroux :

« Y a le prof de physique qui m'a traité de pédé ! »

Allons bon.

Slimane a Eddy en sciences physiques. Après en avoir bien bavé au début de l'année, Eddy a fini par trouver ses marques, même si cela reste dur. Il n'a que des classes de 3e et 4e, nos niveaux les plus « chauds ». De plus, dans le but probable d'accentuer le piquant de l'expérience pédagogique, les cours de sciences physiques de la 3e 1 sont placés le jeudi en milieu d'après-midi, horaire réputé pour générer un déficit de concentration à faire frémir tous les chronopsychologues. On est loin des conditions du palais de la Découverte où des gens *paient* pour recevoir des explications érudites sur l'énergie cinétique ou la molécule de butane.

Le fait qu'il y ait eu un accrochage entre Slimane et Eddy n'a donc rien de surprenant.

En revanche, Eddy est un garçon très correct, et peu suspect d'homophobie : je l'imagine mal insulter qui que ce soit en ces termes. De plus, je sais d'expérience que des propos aussi polémiques n'auraient pu être prononcés sans provoquer une émeute chez les 3e 1 et le lynchage de leur enseignant…

« Comment ça, il t'a "traité" ? Je connais bien ton professeur, c'est pas son genre. » Slimane réagit comme prévu : « Allez, c'est bon, j'parle même pas, j'parle même pas ! On m'insulte et c'est moi qui prends comme par hasard. »

Slimane m'agace.

C'est la quatrième fois de la journée que je le récupère : il a été viré de deux cours dans la matinée, en a quitté un troisième pour cause de mal de tête (le prof d'anglais lui aurait crié trop fort dans l'oreille). Depuis qu'il a récupéré l'usage de sa main, son agitation est repartie de plus belle. Nous sommes au point mort dans sa quête d'une orientation positive : le second entretien avec Mme Pinson n'a rien donné. Slimane a changé son « projet mécanique » en « projet plomberie », ce qui est encore plus compliqué à décrocher. Comme nous le pressentions, il ne reste guère que le BEP « comptabilité » pour l'accueillir alors qu'il émarge à 4 de moyenne en maths ! Seule sa volonté de ne pas me décevoir l'aide à rester tant bien que mal dans le cadre. Fatigué des dialogues stériles avec Slimane, je décide de couper court à la discussion : j'attendrai les explications rationnelles de mon collègue scientifique plutôt que d'affronter la prose décousue de mon offensé. Je le ventile vers la vie scolaire et délègue à Thomas le soin de lui inculquer la théorie de la gravitation universelle.

Une demi-heure plus tard, la fin de l'heure sonne : la vérité va enfin éclater.

Eddy arrive d'un pas traînant à mon bureau. Il a franchi une nouvelle semaine avec les 3e 1. Ce petit gars en a dans le ventre.

Éreinté, il m'interpelle :

« T'as récupéré Slimane ?

– Oui, oui, je l'ai vu. Euh… il m'a raconté un truc bizarre… Il dit que tu l'aurais traité de "pédé". »

Il en reste stupéfait.

« C'est ce qu'il t'a dit ? Il va vraiment pas bien, lui. Alors qu'il était en retard, il est entré dans la classe en hurlant : "Ceux qui prennent le bus 221, c'est tous des pédés !" Tout ce que j'ai fait, c'est de lui répondre : "Ben, pourquoi tu le prends pas toi aussi, alors ?" La classe a éclaté de rire. Il est parti en claquant la porte. »

Sacré Slimane.

Camille s'effondre

Avril. Semaine 28. Vendredi. 16 h 45

Marine me demande si je suis disponible. Pour elle : toujours. Elle s'écarte afin de laisser entrer Camille qu'elle a trouvée en salle des profs, effondrée. Notre jeune collègue d'histoire ne se remet pas de son inspection.

À la suite de son entretien catastrophique, Louis s'est rendu avec elle chez le principal pour dénoncer l'attitude de l'IPR. M. Pontet a tenté de la rassurer, lui a renouvelé sa confiance : « très content de ses services », il lui a garanti une note administrative à la hauteur de sa satisfaction. Pour la note pédagogique, en revanche, il a admis ne pas pouvoir faire grand-chose. *Idem* pour le rapport désagréable qui allait sans doute l'accompagner.

La situation est d'autant plus sidérante que le but initial de la visite de l'inspecteur était de neutraliser

M. Briand. L'impact sur ce dernier s'est révélé nul : il se cogne royalement des remarques qui ont pu lui être faites, les mauvaises habitudes ont vite repris. Peut-être est-ce d'ailleurs ce manque de réceptivité qui a contrarié l'IPR, le mettant dans de mauvaises dispositions pour inspecter Camille…

Au moins cinq enseignants du collège, parmi les plus consciencieux, ont connu par le passé une expérience similaire d'inspection « à charge ». Certains ont mis des mois à refaire surface. D'un autre côté, l'IPR de lettres venu inspecter l'équipe de français en février s'est montré sympathique, pédagogue, plein de bons conseils : chaque enseignant est ressorti de son entretien avec un surcroît d'énergie, de nouvelles méthodes de travail à explorer et l'envie d'expérimenter qui va avec.

Marine l'a jugé épatant.

L'inspection, c'est donc la loterie. Mais, d'après les témoignages, on a moins de chances de tomber sur quelqu'un de « très bien » que sur un(e) psychorigide ayant une conception très étroite de l'enseignement. Quand bien même il (elle) n'a pas été confronté(e) à une classe depuis des années. L'exercice consiste alors pour l'enseignant à correspondre pile-poil aux critères du bon professeur établis dans l'esprit de cet examinateur parfois lunatique.

Sans mentionner les joyeux drilles devenus inspecteurs pour abuser de leur pouvoir sur autrui et « se faire des profs ».

Les collègues retombent en enfance avant chaque visite : ils révisent leurs cours, reprennent toutes leurs séquences, n'en dorment plus la nuit. Ils naviguent entre l'espoir d'être validés, voire encensés… et la peur panique de se faire descendre en flammes.

Camille avait pourtant gagné du terrain avec ses élèves. Ses cours se passaient beaucoup mieux qu'en début d'année. Elle avait réussi petit à petit à apprivoiser les 5e 2, requérant de moins en moins mon aide ou celle de Romain. Face à l'épreuve de sa prise de fonction, de notre bahut, de ses élèves, elle avait accepté le combat et tenu le choc avec des classes particulièrement rudes. Ses derniers cours en témoignaient : elle s'était « étoffée ».

Malheureusement, elle a un défaut majeur : comme moi, comme beaucoup – mais pas comme M. Briand –, elle interroge sans cesse son travail, doute, se sait perfectible.

En quelques phrases efficaces, l'inspecteur lui a renvoyé au visage ce doute fondamental sur sa valeur professionnelle. Elle est revenue à la case départ : démunie, en insécurité, avec, en bonus, la confirmation officielle de sa « nullité » par l'institution. Elle se pose la question de sa légitimité, malgré son concours, malgré sa titularisation. Le doute « nécessaire et constructif » est devenu un poison qui la ronge : toute son assurance, acquise dans la douleur, a été balayée. Elle se demande si elle peut rester enseignante dans ces conditions. Pour un peu, elle envierait presque l'incapacité pathologique de M. Briand à se remettre en cause.

J'essaie de lui remonter le moral, de lui montrer le chemin parcouru, les tests auxquels elle a survécu, les élèves qu'elle a su mettre au travail envers et contre tout, la grandeur de sa vocation qui a nourri sa persévérance.

Mes paroles glissent sur elle. Le jugement de l'IPR ne l'a pas aidée à améliorer sa pratique, il l'a disqualifiée.

La voie pour sortir du tunnel est étroite. Il faut y aller par étapes. Je commence par lui livrer quelques techniques de résistance morale tirées de mes lectures et de ma riche expérience en matière d'humiliation au travail. Elle n'a pas le choix : il va falloir apprendre à accorder moins de poids aux propos désobligeants des abrutis. Apprendre à résister à un système qui ne protège pas ses troupes… et parfois ne se gêne pas pour les enfoncer.

Elle m'adresse un sourire fatigué et défaitiste.

Le travail de reconstruction sera long.

Mercredi matin, chagrin

Avril. Semaine 29. Mercredi. 10 heures

Les beaux jours étant de retour, les élèves sortent plus spontanément dans la cour. Entre eux et moi, ça devient presque une blague. Je me dirige vers les derniers récalcitrants qui me balancent aussi sec : « Me touchez pas ! » Je leur tapote ostensiblement l'épaule. Leurs potes se marrent, tout le monde se détend, la sortie se fait sans heurts. En moins de temps qu'il n'en faut pour répéter « dehors » une dizaine de fois, la récréation est terminée.

À partir de maintenant, c'est roue libre jusqu'à la fin de la matinée.

Alors que j'observe la transhumance vers les salles, Laurent, professeur principal des 3e 4, surgit devant moi. D'habitude bonhomme et souriant, il semble atteint. Les yeux brillants d'émotion, il me raconte que sa salle a été vandalisée pendant l'intercours.

Après l'avoir laissé reprendre contenance, je l'accompagne dans le bâtiment E, salle 23, deuxième étage. Un coup violent en a fait sauter le verrou. J'entre.

C'est un carnage.

Pas une chaise ou une table qui n'ait été renversée. Au fond de la pièce, l'armoire gît au sol, démantelée : manuels scolaires, petit matériel, rapporteurs et doubles décimètres ont été éparpillés sur un rayon de trois mètres. Les morceaux d'un malheureux rétroprojecteur ont été dispersés aux quatre coins du chaos. Les mecs qui ont fait ça – je ne peux m'empêcher de penser que ce sont des garçons – s'en sont donné à cœur joie. S'ils voulaient faire passer un message à Laurent, c'est réussi : ce dernier a bien accusé réception. Il contemple le désastre, écœuré. Dix ans de sa vie professionnelle viennent d'être mis à sac.

Je me sens moi-même un peu patraque devant un tel déchaînement.

Laurent a son idée sur les auteurs de l'attentat : la veille, il a passé un méchant savon à ses 3e 4 qui n'ont tiré aucune leçon des conseils de classe du deuxième trimestre. Exaspéré par leurs faibles résultats, leur manque de travail et leur attitude nonchalante, il leur a fait miroiter une fin d'année calamiteuse et une orientation du même tonneau s'ils ne redressaient pas la barre. Comme on dit par chez nous, il leur a « mis la misère ». Certains n'ont sans doute pas apprécié ce coup de sang. Ils lui ont donc « mis la misère » à leur tour en détruisant son outil de travail.

Le saccage présente tous les signes d'une vendetta minutieusement réfléchie, menée par deux ou trois individus déterminés. Présomption supplémentaire : Laurent devait avoir cours avec la 3e 4 juste après la récréation. L'état de son moral – et de sa salle – exclut qu'il leur parle équation à deux inconnues dans l'heure qui suit.

Avant de quitter les lieux, je contemple une dernière fois l'apocalypse, en quête d'improbables indices. En quête, surtout, de la motivation nécessaire pour attaquer la phase d'investigation.

De retour dans le hall, nous découvrons les 3e 4 entassés devant la vie scolaire sous la garde d'Anissa et Luc. Ce dernier, ami avec Laurent depuis quelques années, sent aussitôt que ça ne va pas. Laurent tente de garder son humour et la distance qui font son charme mais c'est dur. Hawa, la déléguée de la classe, vient aux nouvelles. Laurent n'y va pas par quatre chemins : il leur explique que sa salle vient d'être dévastée, fait part de son dégoût, de son envie de tout laisser tomber. Il ne doute pas qu'il a payé pour sa mise au point musclée avec eux. « Ils » ont réussi à casser quelque chose en lui et ce sera difficilement réparable.

La plupart des élèves le fixent avec le même regard morne qui avait accueilli ma douloureuse intervention face à eux au premier trimestre. Quelques-uns ont l'air sincèrement embêtés pour leur prof principal. Adama affiche un calme olympien. Hawa s'offusque : « Pourquoi vous nous accusez ? Si ça se trouve, c'est pas nous ! On n'a rien fait. » Laurent ne veut plus discuter. Il part digérer son amertume en salle des profs pendant que Luc accompagne la classe en permanence.

Quand j'arrive dans son bureau, M. Pontet a déjà été mis au courant de l'incident par un collègue. Comme d'habitude, il ne me rate pas : il veut savoir ce que foutait la vie scolaire au moment des faits. Qui surveillait les couloirs ? Qui était dans les bâtiments ? Vous servez à quoi, monsieur Gaudin ?

En évitant de trop montrer ma lassitude, je lui fais remarquer que – une fois de plus – le saccage a été perpétré pendant la récréation, et que les surveillants étaient tous en poste à la grille, dans les deux cours, dans le hall… où je donnais moi-même un coup de main. Il balaie l'argument d'un geste agacé pour se concentrer sur la suite : il veut les coupables ! Démuni, j'admets ne pas savoir par où commencer : je ne sais pas mener une enquête policière, je ne suis qu'un jeune CPE, sans expérience de ce genre de situation, et doute à haute voix de ma capacité à mettre la main sur les fautifs.

Ce n'est pas ce qu'il voulait entendre.

« Mais de quoi vous parlez ? C'est votre boulot ! » Il s'énerve et finit par décréter que puisque personne ne veut travailler, il s'occupera lui-même de l'affaire.

Sèchement congédié, je repars, penaud. Je m'en veux d'avoir décrété aussi vite mon impuissance à résoudre l'affaire. En même temps, que puis-je faire ? Prendre les élèves un par un, les interroger pour les faire craquer, relever les empreintes avec du talc, offrir une prime à quiconque m'apportera des infos ?

Le double à quiconque se dénoncera ? Il faut que je réfléchisse. Puisqu'on n'attend plus rien de moi, je peux essayer de créer la surprise.

À 11 heures, je n'ai pas beaucoup avancé dans mes cogitations. Laurent passe me voir : il a les boules, il rentre chez lui. J'essaie de le réconforter comme il l'a fait avec moi six mois plus tôt mais ne parviens qu'à proférer des paroles creuses. Il me remercie malgré tout avant de rejoindre le parking, démoralisé.

Je vais discuter avec Luc et Anissa qui ont gardé les 3e 4 en permanence. Ont-ils saisi des bribes de conversations, relevé le moindre indice ? La classe a beaucoup commenté l'incident sans jamais mentionner les auteurs potentiels. Adama et ses copains sont restés étonnamment calmes. C'est loin de constituer une preuve suffisante.

La sonnerie de midi vient interrompre notre conversation. C'est mercredi, il n'y a pas cours l'après-midi : les 3e 4 et les cinq cents autres suspects potentiels vont rentrer chez eux.

La chasse à l'homme attendra demain.

Le mystère de la salle gris clair

Avril. Semaine 29. Jeudi. 15 h 45

Le chef a fait de la salle dévastée une affaire personnelle. C'est sa priorité *number one*. Il aime bien Laurent et le respecte. De plus, le fait qu'un vétéran comme lui ait pu être victime d'un tel acte de vandalisme ne joue pas en faveur de son bilan. Il compte activer tous ses réseaux pour obtenir des informations : les élèves vont parler entre eux, d'aucuns ne manqueront pas de se vanter auprès d'oreilles indiscrètes. S'il est attentif et met la pression sur les bonnes personnes, il finira par découvrir la vérité. Et s'achètera une nouvelle crédibilité auprès de l'équipe enseignante.

Laurent n'est pas en reste : malgré ses fortes présomptions contre la classe, il veut en avoir le cœur net, mettre des visages sur toute cette fureur afin de pouvoir reprendre une activité normale avec le reste de l'effectif. En dix ans de boîte, il a appris à bien connaître les élèves : les caïds qui ont peut-être bousillé sa classe, il les côtoie depuis la 6e, quand ils étaient hauts comme trois pommes. Il n'est pas impressionné par leurs carrures d'adolescents et a hâte de les confronter droit dans les yeux quand la vérité aura éclaté.

Ce qui, contre toute attente, pourrait arriver plus vite que prévu.

En effet, beaucoup d'élèves apprécient Laurent (ce qui n'est pas banal pour un prof de maths) et se disent choqués par la violence de l'assaut : l'omertà de principe semble céder au profit du : « Ça se fait pas, ils abusent ! » Les langues se délient, des bribes d'informations circulent. Laurent partage les premiers retours avec moi : la thèse du coup prémédité se confirme. Les malfrats auraient sciemment choisi leur moment : le mercredi matin, quand les locaux sont en sous-utilisation et pendant la récréation, lorsque tous les membres de la vie scolaire sont en poste. Ils ont agi rapidement, efficacement et sont repartis sans laisser de traces.

Pour Laurent, ce travail de pro porte la marque d'Adama : il l'avait particulièrement visé dans sa mise au point, fatigué qu'il était de le voir plafonner depuis quatre ans à 7 de moyenne générale alors que personne ne doute de son intelligence. C'est un malin, Adama, il n'a reçu aucune sanction cette année et n'a jamais été viré de cours. En tant que leader naturel de la classe, il a pris l'habitude de déléguer aux quatre ou cinq potes de son entourage le soin de mettre le « dawa ». Lui, reste en retrait, dans une attitude d'observation calme et amusée. Adama, c'est le haut du panier : il faudra un peu plus que des présomptions pour prouver qu'il est à l'origine du coup de main. Sans un témoin courageux ou un repenti prêt à balancer son mentor, on est marron.

De mon côté, je continue de gérer le quotidien : je n'ai pas encore construit le réseau d'informateurs qui me permettrait d'obtenir des résultats aussi probants. Le principal m'a rayé de l'équation : il se contente de me rappeler mes obligations de chef de service, m'invitant à rétablir la vigilance des surveillants dans les locaux. Lui-même sait bien que le reproche n'est pas très juste mais le but est de montrer aux enseignants et à Laurent qu'il fait ce qu'il peut avec l'équipe de bras cassés qui l'entoure. Je traverse cette nouvelle journée en recevant les exclus, en mettant à jour mes signalements et en tentant de chasser le désagréable sentiment de ne pas servir à grand-chose.

Les cours ont repris depuis un quart d'heure lorsque je vois Christian, enseignant de français, débouler du bâtiment B. Christian est un prof expérimenté qui sollicite rarement les CPE. Je n'avais jusqu'à présent eu vent de ses mécontentements éventuels qu'en conseil de classe. Il se précipite vers moi : « Je viens de me prendre une gomme dans la gueule ! Je ne suis pas payé pour me faire allumer ! Je me casse ! »

Il tourne les talons en direction de la salle des profs. Je jette un œil dans le couloir : d'une porte ouverte émergent les têtes curieuses des élèves qu'il vient de quitter avec fracas : les 5e 2. Il n'y a pas de hasard.

Dix secondes plus tard, je suis face à eux. Fulminant.

Antoine, Al-Hassane et bon nombre de leurs camarades affichent un sourire goguenard : la fin prématurée de leur cours de français n'est pas pour leur déplaire. Je les sèche : « Ça vous fait rire ? Vous êtes contents de vous ? » Al-Hassane pousse aussitôt un cri de révolte : « Pourquoi vous me demandez ça ? Vous m'accusez ? Comme par hasard, zynda ! »

C'est la goutte d'eau.

Je ne suis pas flic, je ne suis peut-être pas un super-CPE, mais maintenant, ça suffit ! Je me promets solennellement de ne pas quitter cette salle tant que je n'aurai pas résolu cette affaire de gomme. Je me lâche : « J'en ai marre, vous ne foutez rien, vous poussez vos profs à bout, vous empêchez tout le monde de bosser, c'est lamentable ! » Je m'excuse par avance auprès des élèves innocents du jet de gomme – à savoir toute la classe moins un – à qui ne s'adresse pas ce discours mais je leur jure que je ne les lâcherai pas tant que je ne saurai pas qui a fait ça. Je demande au coupable de se dénoncer tout de suite afin qu'on gagne du temps : il sera certes sanctionné mais il aura au moins eu l'élégance de ne pas entraîner ses camarades avec lui.

« Alors, c'est qui ? »

Personne ne bouge mais les sourires ont disparu. Pour maintenir la pression, je fais le tour de la classe en interrogeant les élèves un par un. « C'est toi ? C'est toi ? C'est toi ? » Les réponses tombent invariablement : « Non. » Je m'attarde sur Antoine, Al-Hassane et quelques autres turbulents occasionnels. Tous, sans ciller : « Non. »

Je remonte de nouveau sur l'estrade pour tirer la conclusion de ce premier passage : « Il y en a un ou une parmi vous qui ment, qui a le "courage" de balancer une gomme lorsque son enseignant a le dos tourné mais qui se fait tout petit lorsqu'il s'agit d'en assumer les conséquences. Je lui fais part dès à présent de mon plus profond mépris. »

Posant les yeux sur le bureau de Christian, j'aperçois alors l'objet du délit. J'attrape la gomme, la brandis devant la classe. Changement de tactique :

« À qui appartient cette gomme ? »

Silence de mort. Je répète la question. Toujours rien. Je reprends mon manège, passant de l'un à l'autre : « Elle est à toi ? – Non. »

Au milieu du rang central, une voix fluette murmure un « Oui » affolé. Elle émane de Fatima, bonne élève, timide et n'ayant jamais causé le moindre souci de discipline. Une « petite gentille » dans notre jargon de professionnel.

« C'est ta gomme ? »

Elle opine du chef, les larmes aux yeux. J'hésite une fraction de seconde. Tant pis, je dois aller jusqu'au bout. Je la crucifie : « Donc c'est toi qui l'as jetée sur ton professeur ? » Elle secoue la tête, effarée, puis lâche dans un souffle à peine audible : « Mais non… » J'en suis malade pour elle mais n'en laisse rien paraître : « Alors comment tu expliques que *ta* gomme ait atterri sur la tête de ton professeur ? » D'une voix plus ténue que jamais, elle lâche : « Je l'avais prêtée. – À qui ? »

Elle me jette un regard implorant. Je sais qu'elle ne peut pas le dire. Vu son état, je pourrais sans doute lui faire cracher le morceau en haussant encore le ton. Mais j'aurais du mal à me regarder dans un miroir ensuite. Cela ferait d'elle une « balance » et je ne veux pas qu'elle ait d'ennuis supplémentaires avec les crétins.

Mieux vaut faire comme si l'affaire était résolue.

« Écoute, je ne suis pas un flic, je ne vais pas relever les empreintes, lancer des tests ADN, ça ne m'intéresse pas. Puisque c'est *ta* gomme qui a touché ton professeur, *tu* es responsable de ce qui s'est passé. Tu vas venir avec moi chez le principal pour recevoir ta sanction. » Elle n'en revient pas. Elle va être punie pour avoir prêté sa gomme à la mauvaise personne ! Un vent de révolte traverse toute la classe. Les remarques fusent : « Ça se fait pas ! C'est pas elle, zyva ! » Je saisis la balle au bond et explose : « Ça ne se fait pas ? Votre prof s'est pris un projectile dans la tête et ce projectile appartient à Fatima ! Je ne peux pas croire qu'il y a quelqu'un dans cette classe d'assez lâche pour lui emprunter sa gomme, la balancer sur un adulte et la laisser être accusée à sa place. Ce n'est pas possible, PERSONNE N'EST ASSEZ MINABLE POUR FAIRE UN TRUC PAREIL ! Donc jusqu'à preuve du contraire, c'est la propriétaire de la gomme qui est responsable de la trajectoire de la gomme. » Fatima est sous le choc, des larmes perlent à ses yeux. Les contestations se font plus sonores : « C'est pas juste ! »

Je les toise un instant avant de jouer ma dernière carte : « Si vous réagissez comme ça, c'est que vous savez qu'elle n'est pas coupable. Vous trouvez ça injuste ? Très bien. Vérifions une dernière fois. » Je refais un tour de classe. Brandissant la gomme sous le nez de chacun, je repose la question :

« C'est toi qui l'a jetée ?

– Non.

– C'est toi ?

– Non.

– C'est toi ?

– Non.

– C'est toi ?

– Non.

– C'est toi ?

– Oui. »

Merci, Antoine.

Je lui ordonne d'aller m'attendre dehors. Il ne se fait pas prier. Je m'approche ensuite de Fatima et lui présente mes excuses devant toute la classe. Puis je lui rends sa gomme.

J'embarque Antoine chez le principal, avec détour par la salle des profs pour prévenir Christian que j'ai démasqué le coupable : je lui garantis qu'il n'échappera pas à une sanction gratinée. Il pousse un soupir que j'interprète comme un remerciement. Il finit son thé, se lève.

Il y retourne.

Merci, Christian.

J'ai retrouvé la pêche : je suis un CPE hors pair. J'ai réussi à confondre Antoine. Je lui suis secrètement reconnaissant d'avoir été sensible au déshonneur potentiel qu'aurait constitué son silence aux yeux de ses pairs. Ses aveux me redonnent foi en l'humanité. Sur le trajet, je lui suggère d'arrêter ses délires s'il veut finir sa scolarité avec nous. J'ajoute que je ne lui aurais pas pardonné d'avoir mis Fatima dans le pétrin. Je ne serais jamais allé au bout de ma démarche avec elle mais il n'a pas à le savoir. Il ne dit rien. Je crois qu'il est soulagé lui aussi.

Dans le couloir de l'administration, debout devant le bureau du chef, je découvre un des garçons de la clique d'Adama prénommé Seydou. Il sanglote. Je n'ai pas le temps de l'interroger sur sa présence. M. Pontet, en grande conversation avec le principal adjoint, m'ordonne de les rejoindre. Je laisse Antoine en compagnie de Seydou et ferme la porte derrière moi.

S'affalant dans son fauteuil, le chef m'annonce, satisfait, qu'il a progressé dans l'affaire de la salle de Laurent. Seydou a été aperçu dans les couloirs au moment des faits : il est fort probable qu'il faisait office de guetteur. M. Pontet l'a donc convoqué pour lui dire qu'il savait « tout » : en tant que complice, il risquait gros. Avait-il quelque chose à dire pour sa défense ? Seydou a fondu en larmes, jurant de son innocence. M. Pontet, affirmant qu'il en était convaincu, lui a proposé la chose suivante : il a écrit sur plusieurs bouts de papier les noms des auteurs potentiels de la razzia, obtenus au cours de ses investigations. Puis il les lui a tendus un par un : Seydou n'avait qu'à confirmer d'un signe de tête.

Le garçon a identifié un unique suspect.

« On le tient », jubile le chef. L'enquête est close. Je suis soulagé et content pour Laurent. Justice est sur le point d'être rendue, il va pouvoir cesser de voir en chaque élève un ennemi en puissance et passer à autre chose. Je ne peux malgré tout m'empêcher de ressentir une pointe de regret : mon histoire de gomme ne fera pas la une.

Ménageant son effet, M. Pontet brandit sous nos yeux le morceau de papier sélectionné, sur lequel s'étale le nom de l'auteur présumé.

Slimane.

Eh merde.

L'interpellation

Avril. Semaine 29. Jeudi. 16 h 20

Après mes engueulades répétées et mes velléités de renoncer à croire en lui, Slimane s'accrochait. Il luttait pour tenir la distance. Mais on ne se refait pas : emporté par une dynamique de groupe débile, chauffé à blanc par des camarades persuasifs, il est plausible qu'il ait pris son pied dans l'expédition punitive contre Laurent. Il a assez de rage en lui pour ne pas laisser passer une occasion de tout casser.

Quand bien même, Laurent n'est pas son professeur de maths.

Sa blessure au poignet l'a empêché de trouver un stage en entreprise mais aura guéri juste à temps pour participer au désastre. Le chef me réveille de ma consternation en me demandant d'aller le chercher en classe. Il entend régler cette affaire au plus vite. Je ne suis pas très à l'aise avec le fait que seul son nom soit sorti. J'ai vu la salle de Laurent et doute que Slimane ait pu la mettre dans un tel état sans aucune aide. Sans compter que Seydou et lui ne sont pas particulièrement proches. Je connais l'impulsivité de mon loulou : il n'est pas du genre à placer un guetteur en faction avant de déconner. Seydou a sans doute voulu protéger des gens plus influents.

Slimane a le profil du parfait lampiste.

J'exprime mes doutes. Le chef les repousse. À l'entendre, les témoignages qu'il a recueillis chargent tous mon protégé. Il voulait un nom, il l'a. La mort dans l'âme, j'abdique. C'est lui qui gère, je n'ai pas mon mot à dire. Alors, je ne dis rien.

Lorsque je débarque en 3e 1, Slimane me suit sans rechigner. Sa confiance en moi a rendu ce rituel d'extraction beaucoup plus simple. Il aime bien discuter avec moi. Dans le couloir, il sent cependant que je fais la gueule, s'en inquiète. Je reste muet. Entre ma colère contre lui et mes doutes sur la réalité des faits, je n'ai pas envie de lui faire la leçon.

Je suis le simple exécutant d'un ordre qui vient d'en haut.

Voyant que nous nous rendons chez le principal, il se tend, semble ne pas comprendre ce qu'il fait là, m'interroge. Impassible, je l'invite à entrer. M. Pontet prend le relais, l'invite à s'asseoir. Sans prendre de pincettes, il énonce le motif d'inculpation : « Il y a dix jours, la salle de classe de M. C. a été vandalisée. Vous avez été vu sur les lieux, ce qui nous a été confirmé par plusieurs sources… » Il n'a pas le temps de finir sa phrase que Slimane a bondi de sa chaise, révolté : « Hein ? C'est quoi ce délire ? » Penché au-dessus du bureau, il brandit un poing menaçant. Il va lui en coller une.

Je crie son nom. Il se retient *in extremis*. M. Pontet, surpris, n'en mène pas large. Ébranlé, il lui signifie que cette attitude ne joue pas en sa faveur. Slimane recule et se tourne vers moi, estomaqué. Je soutiens son regard, secoue la tête en signe de désapprobation. La douleur le transperce. Il réagit comme à son habitude dans les situations de tension extrême : il s'enfuit en tempêtant. « Puisqu'on m'accuse, au moins on m'accusera pas pour rien ! » Le ton est déterminé, il va faire une connerie. La bonne vieille méthode Slimane : la situation n'est pas terrible, il va la rendre catastrophique. Je fonce à sa poursuite avant qu'il ne commette l'irréparable.

Quand j'atteins le hall, un bruit violent retentit à proximité des toilettes des filles.

Il n'y a eu qu'une seule victime de sa rage : la poubelle de métal qui se cramponnait depuis des années au mur du couloir à l'entrée du bâtiment E. Un seul coup de poing furieux l'a transformée en compression de César. Slimane nous fait la totale : hurlements, menaces, insultes et destruction de matériel. Professeurs et élèves jettent des coups d'œil respectivement inquiets ou amusés dans l'entrebâillement de leurs portes pour voir de quoi il retourne. Coupable ou non, Slimane vient de se tirer une balle dans le pied et de perdre la bataille de l'opinion : c'est ce qui s'appelle foirer sa com'. Le principal, trois surveillants venus en renfort et moi l'encerclons. Piégé, il s'agite, cherche une faille dans la nasse. Je lui parle doucement : « Slimane, arrête. » Il m'entend, lit l'amertume sur mon visage. Les larmes viennent : « Mais, j'ai rien fait. » Il rend les armes, « égaré ».

Je ne le suis pas moins.

La procédure

Avril. Semaine 30. Mardi. 11 heures

Le principal a exclu Slimane par mesure conservatoire, faisant ainsi démarrer le délai de carence légal de dix jours. Les vacances de printemps débutant ce soir, nous pourrons tenir son conseil de discipline dès la rentrée. Attristé par cette histoire, j'essaie de ne plus y penser. C'est l'affaire du principal, il sait ce qu'il fait, je n'ai pas participé à l'enquête. Je ne suis responsable de rien.

Le téléphone sonne. Un parent s'est présenté à la loge. Il veut me rencontrer. Un pressentiment me noue les tripes : « J'arrive. »

Slimane m'attend en compagnie de sa mère. Il est calme, son visage s'illumine en me voyant. Avec un peu d'appréhension, je m'enquiers du motif de leur visite. La mère n'a pas son regard dur habituel : elle me demande d'écouter ce que son fils a à me dire. Slimane fait court :

« J'ai rien fait. »

Je m'emporte : « Non, Slimane, ça suffit ! Des témoignages ont confirmé ta présence. Tu étais sur les lieux. C'est toi, c'est tout ! » Ma réaction le blesse. La mère refuse d'en rester là : « Mais puisqu'il vous dit qu'il n'a rien fait ! Je connais mon fils, je sais quand il ment. Là, ce n'est pas le cas. » Elle en est convaincue. Je suis d'autant plus mal à l'aise qu'il reste beaucoup de zones d'ombre sur le déroulement précis des événements.

Je botte en touche : le principal se charge du dossier ; s'ils doivent convaincre quelqu'un, c'est lui. Je décroche le téléphone de la loge pour prévenir M. Pontet de leur présence. Il me demande de m'en occuper. Je lui résume notre conversation. Agacé, il finit par accepter de les recevoir. En les guidant vers son bureau je suggère en aparté, à Slimane de ne pas s'énerver, quoi qu'il arrive. Je ne suis pas convié à l'échange. Je ne m'en plains pas.

Je suis le premier à reconnaître que Slimane pose de gros soucis en classe. Ses pulsions destructrices n'ont pas fini de lui jouer des tours. Notre devoir est de lui imposer des limites strictes avant qu'il ne soit confronté à des institutions moins patientes que la nôtre. Mais, en l'occurrence, le dossier d'accusation est léger. Le principal lui-même ne peut douter que la destruction de la salle de Laurent est l'œuvre de deux ou trois individus motivés. Slimane est assez ahuri pour y avoir participé mais tout seul, sans mobile – Laurent n'a jamais été son professeur –, certainement pas ! Seydou a probablement menti par omission et lui a tout collé sur le dos en échange de son immunité. Après tout, Slimane ne compte pas pour grand monde. Il est « sacrifiable ». Et il a parfaitement tenu son rôle de bouc émissaire en explosant de colère à la première accusation, au lieu de se défendre et d'exposer sa version des faits.

Son salut repose désormais sur la rencontre avec le principal. Peut-être va-t-il enfin apporter des éléments nouveaux qui redistribueront les responsabilités. Peut-être.

Alors que je me ronge les sangs dans mon bureau, le téléphone sonne. M. Pontet veut me voir pour me livrer un compte rendu de la discussion. J'en profiterai pour lui réitérer mes doutes sur la solidité des charges.

Quand j'arrive, Slimane et sa mère sont déjà partis. M. Pontet a également convoqué le principal adjoint pour le débriefing : je ne sais pas ce qui s'est dit pendant l'entrevue mais il est remonté. Je gage que la conversation l'a déstabilisé. Il a pris conscience de la fragilité de sa mise en accusation : avec un témoignage comme unique preuve, un suspect qui nie en bloc et une mère qui le soutient *mordicus* alors que c'est loin d'être son habitude, il a vu se profiler un risque de relaxe. J'ai soudain l'espoir que l'enquête soit rouverte.

Il n'en est rien : M. Pontet a simplement décidé de changer le chef d'accusation.

Slimane ne devra plus répondre de la destruction de la salle de Laurent… mais de l'emportement violent provoqué par sa mise en cause : menaces sur un personnel de direction, esclandre, destruction de matériel. Il y a largement de quoi faire.

Imparable.

L’interrogatoire

Avril. Semaine 30. Mardi. 13 h 45

Calé dans mon fauteuil, je m’interroge sur mon impact sur l’univers. Ce n’est pas juste. Je ne peux pas laisser Slimane porter le chapeau sans rien tenter. Laurent comme moi sommes convaincus du rôle moteur d’Adama dans le saccage. Mais personne n’a témoigné contre lui. Bien sûr, il est aussi possible que nous fassions fausse route, qu’il soit innocent, mais nous en doutons : Seydou est un de ses proches lieutenants. Pourquoi se serait-il mis du jour au lendemain au service d’un Slimane qui n’a pas le quart de l’aura de son idole ?

Je réfléchis intensément. J’ai passé les derniers jours à ressasser mes faiblesses et mes manques : il est temps de faire le point sur mes forces. Je suis pétri de doutes sauf sur une chose : je sais parler. J’ai passé des heures en entretien, en tête à tête, en intervention devant les classes, à convaincre, atteindre, toucher des élèves, des parents, des profs. J'ai apaisé des conflits, dénoué des situations complexes, réconcilié des irréconciliables par la seule puissance de mon verbe. J'ai résolu l'« affaire de la gomme ». Je peux user de ce pouvoir pour faire éclater la vérité.

Je vais interroger Adama.

Il suffit de lui mettre la pression, le prendre en défaut, le placer face à ses contradictions, contester son alibi. En a-t-il seulement un ? En jouant sur son sens de l'honneur, je lui ferai cracher le morceau et découvrirai enfin ce qui s'est passé. Ça aura de la gueule : plus personne ne pourra contester mes compétences, Adama partagera les frais avec Slimane, j'arguerai que son mouvement de révolte face au principal était dû à son sentiment d'injustice : il portait un chapeau trop grand pour lui. Il verra que je ne l'ai pas laissé tomber, tout rentrera dans l'ordre, je recommencerai à bien dormir.

Adama a cours en début d'après-midi. J'irai le chercher en classe : ce sera la première fois de l'année. Il sera déstabilisé. Après, il faudra faire confiance à mon instinct.

Ça va marcher.

*

Adama jette un œil nonchalant aux affiches qui couvrent mes murs. C'est la première fois qu'il met les pieds dans mon antre. Il est un peu plus petit que moi, un mètre soixante-dix environ, crâne rasé, visage carré, regard intelligent. Il attend, détendu et vaguement curieux de savoir ce que je lui veux. Je ne suis pas aussi à l'aise que lui. Il m'impressionne.

La réciproque est loin d'être vraie.

Sa désinvolture a douché mon optimisme en quelques secondes. Je suis d'autant moins sûr de lui arracher des aveux que je n'ai pas le début d'un commencement de preuve contre lui, juste une forte présomption fondée sur l'expérience de Laurent et sur les signes patents de son emprise sur les garçons de sa classe. Le fait qu'il m'ait presque vu fondre en larmes au début de l'année ne joue pas en ma faveur. Je chasse ces pensées déprimantes pour me concentrer sur mes objectifs. Lui faire admettre que :

– Oui, il était énervé par ce que lui avait dit son professeur principal.

– Oui, il a fomenté l'assaut contre sa salle.

– Oui, il regrette et accepte avec soulagement le juste châtiment qui le libérera du remords qui le ronge.

Adama, la force tranquille, me toise en attendant que j'ouvre le feu.

Je commence l'entretien en évoquant le bilan du deuxième trimestre et son orientation. Je lui demande ce qu'il veut faire l'année prochaine. Ce sujet ayant *peut-être* généré de la colère contre Laurent, je peux *peut-être* le faire sortir de ses gonds en remettant le couvert. Il hausse les sourcils : « Je ne sais pas encore… plomberie… peut-être. » Les mots sont lâchés sans conviction. Le sujet ne le tourmente pas. Il redevient mutique, prêt pour la question suivante.

Voilà, voilà, voilà.

Je reviens à son bulletin, où les moyennes oscillent entre 7 et 9. « Plombier, c'est très demandé. Il faudra de meilleures notes que ça pour décrocher une place. Ton dossier est trop faible, il y a de grandes chances qu'il ne soit pas retenu. Tu devrais réfléchir à un plan B. » Son soupir exprime sans aucun doute l'ennui. Agacé, je hausse le ton. « Il faut que tu te bouges maintenant, sinon tu cours à la catastrophe… Il me semble que c'est ce que vous a dit votre professeur principal la semaine dernière, non ? » J'y vais avec mes gros sabots mais tant pis. Provoquer une réaction. N'importe quoi plutôt que cet air de profond désintérêt. « Il avait raison, tu sais, vous dire autre chose, ç'aurait été vous mentir. C'est dans votre intérêt, hein. Nous, on a déjà un métier, on s'en fout, c'est pour vous, hein ? »

Je rame, c'est pathétique.

Inutile de préciser qu'avec au minimum deux gardes à vue à son actif, Adama ne semble pas vraiment ébranlé par ma pluie de questions rhétoriques.

Qu'est-ce que je fous là ? Je suis en train de mener un interrogatoire sans la moindre idée de la façon dont je devrais procéder. Mon bagage cinéphilique ne m'est d'aucun secours : je ne suis pas Maigret, encore moins l'inspecteur Harry. Il était facile de jouer la carte de l'honneur avec Antoine en 5e 2 : tout le monde savait que c'était lui qui avait jeté la gomme et je menaçais de sanctionner à sa place une innocente unanimement appréciée. Là, je suis seul face à Adama, sans témoins ni aucun élément à charge. Il est inattaquable. Et se fout royalement du sort de Slimane.

Désespéré par la stérilité de ma démarche, je fais une ultime tentative « coup de poing » et lui rentre (prudemment) dans le lard : « Tu ne trouves pas honteux ce qui s'est passé avec ton professeur alors qu'il ne pense qu'à votre bien-être et à votre avenir ? Tu ne trouves pas injuste qu'un seul élève paie pour le saccage de sa salle alors qu'on est sûrs qu'il y en avait plusieurs ? » Au moment où je prononce les deux questions, je me sens tellement con que j'en chialerais.

Adama est loin d'être bête : il a saisi les subtilités de ma manœuvre (pas besoin non plus d'avoir fait Polytechnique). Il décide que l'entretien a assez duré : « C'est bon, ça soûle vos questions. Arrêtez de m'embrouiller. » Il quitte le bureau sans que je l'en aie prié. J'aurais rattrapé tout autre élève, argué que c'est moi qui décide, qu'il ne fait pas ce qu'il veut, qu'on n'a pas fini de causer. Je ne bouge pas. Quel motif aurais-je de le garder ? J'étais convaincu de mon échec deux minutes après le début de la conversation. Son départ est presque un soulagement.

Je n'ai pas fait craquer le caïd.

Désolé, Slimane.

L'orientation de Jérémy

Avril. Semaine 30. Mercredi. 14 h 30

Sabine et moi traversons la cour de récréation d'une école primaire du Blanc-Mesnil, à une demi-heure de voiture du bahut. Nous avons rendez-vous avec la commission d'orientation académique. Jérémy et ses parents patientent à proximité du bâtiment principal. Nous voir les soulage : enfin des visages amicaux dans ce lieu froid et inconnu. Prostré contre sa mère, Jérémy pleure doucement. Il fuit le regard courroucé de son papa. Nous les saluons, demandons des nouvelles. Je plaisante avec le père : « Alors ? Contents d'être là ? » Il ne peut retenir un sourire qui détend aussi sa femme. Le moment est pénible, inquiétant, ils s'efforcent de ne pas paniquer. Sabine s'enquiert du moral de Jérémy. Il fait une moue tourmentée. Le père ne le rate pas : « Tu peux faire la gueule : c'est ta faute si on est là ! » J'essaie de calmer le jeu : ce n'est la faute de personne. Il s'agit de trouver la meilleure solution pour lui : c'est une commission d'orientation, pas un conseil de discipline.

La responsable académique de la commission, chargée de superviser la constitution des dossiers, nous a aidés à finaliser celui de Jérémy. Elle sort du bâtiment. Cheveux en bataille et traits tirés, elle nous annonce qu'il y a dix « cas » à examiner dans la journée et que seuls quatre sont déjà passés. Jérémy est le dernier, il faudra donc patienter encore une heure ou deux. C'est long. Surtout lorsqu'on ignore à quelle sauce on va être mangé.

Nous nous sommes beaucoup vus Jérémy, ses parents et nous, ces dernières semaines. La maman a traîné son mari au collège pour assister aux multiples réunions autour de l'orientation du fiston. Ils ont pris de plein fouet le résultat des tests et la liste de ses maux scolaires. Nous leur avons expliqué que ses difficultés étaient dues à *l'inadaptation du collège à sa problématique* et alimentaient son mal-être. Une fois le terrain préparé, nous avons lâché la douloureuse : Jérémy aurait *peut-être* intérêt à suivre un enseignement adapté : la SEGPA qui effrayait tant la mère de Youssef. Ils savaient de quoi nous parlions. Ils ont accusé réception de ce projet d'orientation avec un mélange de honte et de résignation. Avec toute la prudence de rigueur, j'ai essayé de les rassurer : Jérémy s'y sentirait sans doute mieux et, surtout, il y retrouverait le chemin de la réussite.

L'annonce de cette éventualité a eu un effet désastreux sur lui. Ses « pétages de câble » ont augmenté en nombre et en intensité. J'ai beaucoup discuté avec lui. Je l'ai grondé aussi, le sommant de ne pas se complaire dans son personnage de garçon décalé qui se donne en spectacle et fait rire ses camarades à ses dépens. Je lui ai expliqué que la SEGPA n'est pas l'enfer qu'il imagine : celle du collège propose deux champs professionnels : cuisine et horticulture. N'avait-il pas été initié à la gastronomie par son papa quand il était plus jeune ? Dès la 4e, il pourrait s'essayer à ces métiers « très intéressants ». Jérémy a simulé un semblant d'intérêt pour me faire plaisir.

Comme ses parents, il me fait confiance.

Mais rien n'est encore décidé : nous ne sommes pas des experts. Seuls les membres de la commission sont compétents pour déterminer l'affectation la plus pertinente pour lui.

Le temps ne passe pas vite. Sabine et moi entretenons la conversation dans l'espoir que le paternel cesse d'engueuler son fils. À cause de lui, il se retrouve une fois de plus dans une enceinte scolaire. « Ça commence à bien faire, tes conneries ! » Sabine tente de tempérer son humeur mais le père ne veut rien savoir : Jérémy a une fois de plus tout mis en œuvre pour le faire chier.

Ses sanglots résonnent dans la cour vide.

Les membres de la commission nous font une grosse frayeur après le passage du huitième cas. La réunion a pris du retard, chacun a des obligations personnelles : ils ont décidé de reporter l'examen des derniers dossiers à un autre jour. Après deux heures d'attente dans le froid avec une famille pétrie d'anxiété, pour laquelle toute contrainte administrative est un calvaire, ce serait trop cruel. Je vais plaider leur cause : ils doivent être reçus aujourd'hui et délivrés de l'incertitude. La responsable académique approuve… mais l'aréopage de profs, d'inspecteurs d'académie et de conseillers d'orientation n'en peut plus. La valse des situations compliquées et des élèves « borderline » a eu raison de leur endurance. Nous insistons. Je suis prêt à faire un sit-in et une grève de la faim pour qu'ils tiennent une demi-heure de plus. Nos arguments finissent par porter : nous sommes invités à entrer. Sabine et moi résumons le vécu et la scolarité de Jérémy puis laissons l'entretien se poursuivre sans nous. Nous pouvons les observer par la fenêtre. Jérémy, son père, sa mère, pleurant, parlant, s'exprimant par gestes. En face, autour d'une table en U, une dizaine de regards fixés sur eux.

Le grand tribunal de la difficulté et de la différence.

La petite famille sort au bout de vingt minutes, pas très sûre de saisir ce qui s'est passé là-dedans. Nous attendons les résultats de la délibération. La similitude avec la procédure du conseil de discipline est troublante. Il est presque 18 heures et nous aimerions tous rentrer chez nous. La porte finit par s'ouvrir. Les membres de la commission, épuisés par leur journée marathon, s'égaillent en direction du parking. La responsable académique vient nous livrer le compte rendu. Gênée, elle nous livre la décision de la commission : rien.

Celle-ci a conclu que le problème était avant tout familial et relevait donc d'une prise en charge extérieure. Les difficultés de Jérémy ont été reconnues mais pas dans des proportions suffisantes pour justifier une orientation en SEGPA. À leurs yeux, il n'entre pas dans cette case non plus : il doit donc réintégrer le cursus classique et, si nécessaire, bénéficier d'un soutien spécifique au sein de l'établissement. Incrédules, les parents nous demandent confirmation que toutes les convocations, tous les tests, toutes les réunions à rallonge et tout le toutim n'ont servi à rien. Nous mettons quelques instants à répondre. Je finis par prétendre que cela nous a permis de réfléchir, d'y voir plus clair, de mieux cerner les besoins de leur enfant. Parce qu'ils nous aiment bien, ils font semblant d'y croire. La vérité est que nous n'avons pas le moindre début de piste pour aider Jérémy à être moins malheureux en classe. J'imagine déjà la tête de ses profs quand je leur annoncerai la nouvelle.

Jérémy est sonné. L'après-midi a été l'apogée d'une séquence éprouvante : trois mois d'auscultation du contenu de sa tête par tout un tas de « professionnels » en quête d'un diagnostic de son « problème ». « Je vais rester au collège alors ? » demande-t-il sans trop y croire. Sabine lui met la main sur l'épaule : « Oui, c'est terminé. »

Il lâche une grande expiration. Et esquisse son premier sourire depuis longtemps.

Le conseil de discipline de Slimane

Mai. Semaine 31. Lundi. 18 h 30

Comme à chaque début de conseil, la boule d'angoisse est bien calée au fond des tripes. Je devrais avoir l'habitude. Pourtant, ce soir, il est possible que cela ne passe pas.

Slimane est venu au collège ce matin. Il voulait me parler. Entre son exclusion à titre conservatoire et les vacances de printemps tout juste terminées, je ne l'avais pas vu depuis près d'un mois. Il tenait à me répéter qu'il n'avait rien fait. Sentant mon malaise, il a ajouté avec un sourire étrange : « Si vous me virez, je me tue ! » Je me suis énervé : « Ne dis pas des trucs pareils ! » Je lui ai rappelé que le conseil était composé de dix membres et que ma voix ne pesait pas bien lourd. Je lui ai aussi rafraîchi la mémoire : son sketch au rez-de-chaussée devant une bonne trentaine de témoins n'allait pas rendre son cas facile à plaider. Il m'a observé un instant puis est parti saluer ses potes sans répéter sa menace de suicide.

C'est l'heure. Slimane vient d'arriver, avec sa mère et son éducatrice. Il paraît détendu. Fort de sa ligne de défense – « J'ai rien fait » –, on dirait qu'il n'envisage pas un seul instant d'être exclu. Il a confiance en moi, peut-être. Ce qui m'honore et m'accable à la fois.

Le principal lit le rapport des faits et du chef d'accusation. L'épisode de la mise à sac est évoqué. Slimane interrompt l'exposé : il clame son innocence. « J'ai rien fait. » M. Pontet ne relève pas et poursuit sa lecture : il passe sans transition à l'incident dans son bureau. La menace physique, la fuite dans le couloir, la destruction de la poubelle et la mobilisation de cinq personne pour le maîtriser. Lorsqu'il comprend que ce sont ces derniers éléments qui ont motivé la tenue du conseil, il blêmit. Ils étaient pourtant inscrits en toutes lettres dans la convocation. Il faut croire que ni lui, ni sa mère, ni son éducatrice n'ont lu attentivement le document.

Pascal, son professeur principal, parle en premier. Épuisé par l'année écoulée avec sa classe de Wisigoths, il n'est pas tendre : « Slimane est un élève de niveau très faible qui n'a malheureusement pas pu ou su se mettre au travail à temps. Il est très agité en classe, dur à canaliser, ce qui lui a valu de nombreuses exclusions de cours. Il s'énerve très vite et peut avoir une attitude intimidante dont de nombreux enseignants ont fait les frais. »

Koumba et son collègue délégué de classe n'ont rien à ajouter : ils n'ont pas d'affinités particulières avec lui.

CPE référent, je raconte Slimane à mon tour : sa nervosité, sa souffrance, son sentiment d'injustice, ses explosions en cas de conflit avec les adultes. Notre désarroi face à une telle détresse et une telle rage. Le regardant dans les yeux, je raconte aussi son envie de bien faire, sa volonté d'améliorer son attitude, ses efforts multiples, régulièrement anéantis par une nouvelle contrariété, un nouvel emportement. Il a besoin d'être respecté et voit de l'irrespect dans la moindre remarque. « S'il n'apprend pas à apprivoiser sa colère, il tombera encore et encore dans le piège de ses impulsions. Le monde adulte ne lui fera aucun cadeau. »

Il hoche la tête. Je lis en lui la validation de mes propos et la promesse d'un énième engagement.

Vient le tour de l'éducatrice. Elle parle du Slimane qu'elle côtoie hors du collège : les mêmes problèmes, la même impossibilité à se contrôler. Les efforts des derniers mois, liés sans aucun doute au respect et à la confiance qu'il porte à son CPE.

« Vous comptez beaucoup pour lui », me dit-elle.

Elle décrit ensuite la situation familiale. Elle ne mâche pas ses mots : « Slimane ne peut pas construire un rapport apaisé au monde et aux adultes quand on lui renvoie à longueur de journée qu'il est mauvais. » Un silence gêné s'installe. Slimane regarde ses pieds. Mâchoire serrée, la mère encaisse en silence.

Le principal lui donne la parole. Elle se racle la gorge puis s'adresse à l'assemblée, habitée d'une émotion inédite : « Mon fils n'est pas facile, c'est vrai… mais son histoire ne l'est pas non plus. » Au bord des larmes, elle hésite. Renonce finalement à entrer dans les détails pour ne pas risquer de s'effondrer. Elle justifie la réaction violente de Slimane : « On l'a accusé de quelque chose qu'il n'avait pas fait. Comment auriez-vous réagi à sa place ? » Sa voix se brise, ses défenses cèdent, les larmes affluent. Face à l'imminence d'une exclusion, elle se bat pour lui.

« Il ne mérite pas d'être exclu. Laissez-lui une chance. S'il vous plaît… »

Son intervention nous laisse pantelants. Moi qui ne l'ai connue que dure et impitoyable, je la découvre à bout de forces : si on vire Slimane, il n'y a plus d'espoir. Les représentants des parents viennent en renfort : si jamais il est innocent, l'accusation était injuste, donc sa révolte légitime. Le chef balaie l'argument : ses sources sont multiples et sûres, les recoupements d'informations ne laissent aucun doute sur sa culpabilité. Malgré des moues dubitatives, les parents n'insistent pas. Slimane secoue à nouveau la tête, écœuré. Mais il ne s'emporte pas : il cherche un soutien dans l'assistance. Les yeux baissés, je fixe la table.

Plus personne n'a de questions.

Le principal clôt la discussion. Vient le moment de délibérer. Les dix membres de droit du conseil de discipline restent ensemble pour débattre. La détresse de Slimane et de sa mère rend une décision d'exclusion définitive compliquée à prendre. Les conséquences seront probablement désastreuses : interruption du travail sur l'orientation, déscolarisation potentielle. Les rapports de la famille à l'institution risquent d'en sortir encore plus abîmés. La relation mère-fils aussi. Pour contrebalancer ce constat, Pascal rappelle les violences subies par lui et ses collègues ces derniers mois ainsi que leur impuissance face au phénomène : ils ne sont pas formés, et encore moins payés, pour encaisser les humeurs de Slimane et ses débordements. D'une manière ou d'une autre, il faut que cela cesse. Devant l'impossibilité d'arriver à un consensus, nous passons au vote à bulletins secrets : pour ou contre l'exclusion.

Je contemple mon petit papier blanc, aux prises avec mon éternel conflit de solidarités. Solidarité avec Slimane d'abord. Nous travaillons ensemble depuis neuf mois, d'entretiens en engagements, de punitions en réparations. Je sais qu'il a essayé de s'amender, nous pourrions nous montrer magnanimes, l'amener au bout du collège avec un projet d'orientation bancal, certes, mais au moins la preuve que nous avons cru en lui jusqu'au bout. Ce maigre bagage de confiance l'aiderait peut-être à trouver le chemin de l'apaisement. Le virer, prendre le risque de le condamner sans preuves, n'est-ce pas lui confirmer l'injustice du monde et bousiller toute chance pour lui de se reconstruire ?

Mais il y a aussi la solidarité avec les enseignants et les autres élèves. Nous n'avons pas su enrayer une dynamique de classe négative, fruit d'une trop grande concentration d'ados en difficultés en 3e 1. Slimane est le plus largué d'entre eux. Le virer fera-t-il réfléchir les autres ? Cela soulagera au moins la classe de son élément le plus perturbateur. Je repense à l'impuissance de Thomas à lui faire rattraper son retard scolaire. La colère des surveillants après chacun de ses coups de sang dans la cour ou en permanence, les visages épuisés et découragés de ses profs Myriam, Eddy, Pascal et tant d'autres au sortir des cours, celui de ces deux jeunes filles au bord des larmes, me suppliant au début du trimestre de faire cesser le « dawa » en 3e 1 pour qu'elles puissent enfin préparer le brevet. Le regard de Laurent contemplant sa salle de classe dévastée. Je ne sais plus. Je suis fatigué. Je saisis le stylo, griffonne mon vote.

Pour.

Dans un état second, je plie le papier et le remet à l'intendante qui se colle au dépouillement. Sept « pour », quatre « contre ». Slimane est exclu définitivement.

C'est terminé.

Dès qu'il entend la sentence, il grimace de douleur. Frappé au cœur, il secoue violemment la tête, fait tomber sa chaise en arrière en se levant. Sans un regard pour personne, il se rue vers la porte. Un parent d'élève le retient, s'efforce de le calmer. Blessé et en larmes, il échappe à son étreinte pour s'enfuir à l'extérieur.

C'est la dernière image que je conserverai de lui.

Restée dans la salle, la mère pointe sur moi un doigt accusateur : « Vous ! Vous jouez les gentils, vous défendez mon fils par-devant mais par-derrière… » L'éducatrice vient à mon secours, la prie de ne pas être injuste argue qu'elle ne sait pas quelle part j'ai prise dans le vote. J'aurais préféré qu'elle s'abstienne. La mère ne se laisse pas attendrir : elle nous accuse de racisme, de protéger les vrais coupables, d'avoir peur du « Noir ». Elle rejette la proposition du principal de travailler avec lui dès le lendemain sur la quête d'un nouvel établissement pour son fils.

Elle est redevenue une femme en colère.

De mon côté, pas de mots d'excuse, de justification. Plus rien.

Juste l'envie de rentrer chez moi et de dormir.

La parenthèse

Mai. Semaine 31. Samedi. 11 heures

Je gravis péniblement les marches de pierre encadrées de murs cyclopéens. L'ascension est longue. Farah souffle à quelques mètres derrière moi. Je l'attends. Encore un effort et ce sera le sommet.

Les murs disparaissent soudain et nous atteignons enfin l'esplanade devant l'abbaye. Le soleil est éclatant. Autour de nous, la baie du Mont-Saint-Michel s'étend à perte de vue. C'est si incroyable que j'en fais un malaise. Assis sur un banc, la tête entre les mains et les jambes tremblantes, je traverse ma première crise mystique. Le beau existe, et je suis dedans.

Farah pose une main amicale sur mon épaule : « Ça valait le coup. »

Nous nous sommes évadés de Montreuil à l'aube pour pouvoir profiter d'autre chose que de l'autoroute. Quatre cents bornes, huit cents aller et retour. C'était vital : la météo annonçait un week-end ensoleillé, il était hors de question que je le passe au collège.

J'avais un besoin urgent de prendre l'air.

Mon impression d'être en taule ne s'est pas atténuée. Avec l'arrivée de l'été, les jours s'allongent. Il restera bientôt quatre heures de soleil après la sonnerie de sortie et je me retrouverai coincé dans un bâtiment moche planté au milieu de la cour. Et désormais sans ma copine Farah pour me recueillir les soirs de vague à l'âme.

Elle a déménagé il y a quinze jours. M. Pontet a débarqué avec toute sa famille dans la foulée. Rien ne sera plus comme avant.

Farah aussi avait besoin d'échapper à la grisaille. Et je tenais à la remercier pour les pizzas, le pinard, la lessive, les films et les bouquins, la remercier d'avoir été là quand c'était plus que nécessaire. Une virée vers l'un des plus beaux sites du pays nous aiderait peut-être à oublier la déprime du quotidien. C'est le cas.

Après s'en être mis plein les mirettes, on s'autorise un gueuleton gastronomique chez La Mère Poulard. C'est cher mais on s'en fout. On traîne encore un peu autour du mont, histoire de faire le plein d'oxygène et de beauté avant de reprendre la route en direction de la cité.

Nous rentrons tard dans la nuit. Pour ne pas conclure trop vite cette belle journée, nous boudons le périph' et rallions Montreuil en traversant Paris illuminé. C'est beau aussi. À minuit passé, je dépose

Farah devant chez elle. On se fait la bise et on se dit à lundi.

La boule au ventre se reforme à l'approche des grilles du collège. La porte automatique produit son gémissement métallique en s'ouvrant, le boulot revient en mémoire par vagues douloureuses.

J'ai le sentiment de rentrer de permission.

Je débarque dans mon appartement vide. Je choisis une bande dessinée. Un classique des années 1980 : *Balade au bout du monde.* Il y est question d'un monde caché dans les marais, d'un pays resté figé au Moyen Âge et d'un jeune homme qui s'y perd, sans doute à jamais.

Je mets un peu de temps à trouver le sommeil.

Un cri d'enfant me réveille dans la nuit. Le petit garçon dont la chambre jouxte la mienne entonne une trentaine de fois « Maman ! ». La voix de M. Pontet retentit soudain : « Alors, mon brigand, on n'arrive pas à dormir ? » Le cœur serré, je fixe le plafond.

La parenthèse est bien refermée.

Dernière ligne droite

Mai. Semaine 31. Mardi. 10 heures

Accueilli avec soulagement par la plupart des enseignants, le bannissement de Slimane me reste sur l'estomac. J'assume cette décision mais il faudra du temps pour digérer, et admettre que – malgré ma volonté d'être « humain » – je ne suis qu'un rouage zélé et consentant de la grande machine à exclure que constitue notre système éducatif.

Je dois cependant taire mes scrupules pour reprendre mon rôle : deux élèves me font face.

Amir et Thibaut, élèves de 5e 3, se sont battus dans la cour. Amir a eu le temps de coller un pain à Thibaut avant qu'Anissa les sépare. Excédée, la surveillante me les a amenés pour que je leur fasse passer l'envie de se maraver.

C'est la première fois que j'ai affaire à eux pour autre chose qu'une justification d'absence. Pour être tout à fait exact, j'avais été briefé par Michelle, notre infirmière, sur Amir en début d'année. Il souffre d'une déficience auditive qui justifie un projet d'accueil individualisé (PAI) ouvrant droit à un suivi spécifique et certains aménagements de son emploi du temps. Détecté un peu tard, son souci a généré un léger retard scolaire. Pas très grave car Amir est un garçon sérieux et plein de bonne volonté. Ses résultats sont corrects et en progression constante. Il a eu quelques absences début janvier mais il a suffi d'un coup de fil de son professeur principal à la famille pour régler le problème : la grande sœur – soutien logistique des parents – a repris les choses en main et Amir n'a plus manqué depuis.

Amir reconnaît les faits : il a frappé Thibaut à cause d'une vanne sur son handicap. Thibaut ne fait pas le malin – il est très embêté d'être dans mon bureau – mais il conteste : « C'est pas vrai ! Je lui ai même pas parlé ! » Amir garde son calme mais ne laisse pas passer : « C'est un copain qui m'a dit ce qu'il avait dit. »

Classique. Il y a toujours une « bonne âme » pour répéter les choses désagréables. Je m'adresse à Amir : « Je comprends ta colère. Les attaques sur le physique, la famille, le sexe, les "origines" – toutes ces choses auxquelles on ne peut rien et qui nous touchent au plus profond – peuvent rendre fous. Il n'y a pas mille façons de les qualifier : c'est dégueulasse. » Thibaut baisse les yeux, reconnaissant ainsi et malgré lui sa culpabilité. « Maintenant – comme je l'ai répété une bonne centaine de fois depuis le début de l'année –, en mettant un pain à ton camarade, tu es passé du rang de victime à celui d'agresseur. »

En cas de coup porté, la sanction est censée être automatique : exclusion. Mais les circonstances sont particulières : c'est la première fois qu'Amir est impliqué dans un acte de violence. Et puis j'en ai marre de virer les gens.

Je décide de le mettre en TIG jeudi prochain : toute la journée en cuisine avec Olivier. Amir n'a pas l'air plus contrarié que ça mais Thibaut semble s'en vouloir du tour que prennent les choses. Il regrette sa blague – rapportée à son corps défendant certes, mais qui a atteint son pote. Il s'excuse sincèrement. Amir accuse réception.

Il n'est plus énervé.

Si seulement tout pouvait être aussi simple…

Deux heures plus tard, je goûte de nouveau aux joies de la gestion de masse. Le passage à la cantine vire à la foire d'empoigne. Il faut dire que le nombre d'élèves « prioritaires » a augmenté de façon exponentielle : les clubs artistiques sont mobilisés pour la préparation de la fête du collège. Le branle-bas de combat de Jean-François a mis l'établissement sens dessus dessous. Je dois admettre qu'il commence à m'agacer avec son spectacle, sa chorale, sa fête qui va faire passer Woodstock pour un bal musette. Les tensions avec la vie scolaire se sont aggravées. Jean-François fait dans le beau, l'artistique, le grandiose, alors que nous, CPE et surveillants, gardes-chiourmes et vireurs d'élèves, sommes perçus comme les petits fonctionnaires bornés et tracassiers, obnubilés par les nécessités du service et hostiles à tout ce qui pourrait perturber notre organisation.

Les mesquins étriqués contre les créateurs flamboyants, en quelque sorte.

Dans la salle à manger des adultes, des voix s'élèvent pour contester la place exorbitante prise par la préparation de la fête au détriment du travail scolaire. De fait, au lieu de réfléchir à leur orientation ou de réviser pour le brevet, nombre d'élèves de 3e consacrent beaucoup de temps à chanter, à taper sur des djembés ou à peaufiner leurs pas de hip-hop. Comme j'ai besoin de me défouler, je hurle avec les loups et produis ma dose de sarcasmes : « Jean-François est déçu : il n'a pas pu avoir les chœurs de l'armée Rouge et les Beatles pour le grand jour ! » Marine, assise de l'autre côté de la table, tique alors. Elle balance, l'air de rien, qu'elle nous trouve sévères.

Puis elle ajoute : « Au moins, lui, il se bouge et fait des choses. »

Elle l'a dit sans colère, calmement, juste comme quelqu'un de posé qui propose que nous arrêtions d'enfoncer un collègue qui mène un projet alternatif au rouleau compresseur du système secondaire. Elle a raison : les élèves sont motivés par la fête. Même les plus « durs » font preuve d'un investissement et d'une motivation inédits. Je n'ai jamais vu Laura et Hatouma assister avec autant d'assiduité à une activité scolaire. La démarche de Jean-François n'est pas inintéressante et contribue à nouer un lien positif entre les élèves et le bahut.

Sauf que je ne suis pas d'humeur à le reconnaître.

Vexé, je quitte la salle puis traverse le réfectoire où les surveillants s'échinent à faire régner un semblant d'ordre. Anissa m'alpague : après des mois d'accalmie, des gamins se sont de nouveau amusés à se jeter de la crème dessert à la tronche. Elle est très énervée. Elle l'était déjà en découvrant la mansuétude dont j'ai fait preuve avec Amir et Thibaut. Elle *exige* que les fautifs soient tous virés de la cantine jusqu'à nouvel ordre. Je comprends son agacement, mais je ne supporte plus qu'on me parle mal, surtout devant les élèves. J'expulse ma rage sur le groupe incriminé : mes aboiements furieux ramènent un semblant de calme dans la salle. Je vérifie que mon coup de gueule a apaisé Anissa. Ce n'est pas le cas. Ma propre colère ne retombe pas : je suis gentil, prévenant, j'essaie de ne me fâcher avec personne et je vire des élèves à la pelle pour faire satisfaire tout le monde. J'en ai marre que personne ne soit jamais content et que des surveillants me manquent de respect. Après Cédric et Sophie, voilà qu'Anissa s'y met.

Je profite de mon état d'exaspération pour lui dire que je souhaite la voir en début d'après-midi, après la reprise des cours. Je prends mon ton le plus ferme, ce qui ne manque pas de la surprendre. Plus question de reculer : si elle a un problème avec moi, qu'elle le dise !

*

Élèves et profs sont en classe depuis cinq bonnes minutes. Anissa ne devrait plus tarder. Je suis noué. Je répète la discussion à venir, essaie d'imaginer les phrases qui feront mouche, qui la recadreront. Je ne trouve rien de très probant. Je regrette presque de l'avoir convoquée.

N'aurais-je pas dû laisser couler, comme d'habitude ? Non, ça suffit. Il faut que j'arrête de me laisser gronder. On frappe. C'est elle. Je fais le vide : « Entrez ! »

Elle ouvre la porte, stoïque, et s'assoit à mon invitation. Nerveux, je lui décris ce que je ressens : je n'ai rien de particulier à dire sur son travail, sa prise en charge des élèves. Elle fait partie des surveillants fiables. En revanche, son hostilité vis-à-vis de moi ne me convient pas. Je suis ouvert au dialogue, je veux comprendre. Je lui demande de m'expliquer ce qui ne va pas. Elle garde le silence quelques secondes, réfléchit à ce qu'elle va dire. Je ne suis plus à ça près : je l'invite à vider son sac.

Après avoir jaugé la situation, elle se jette à l'eau. Elle reconnaît que je suis présent, attentif aux élèves et que j'agis vite et bien quand c'est nécessaire. Mais elle ne supporte pas ma façon de gérer l'équipe et de parler aux surveillants. Comme à des enfants. « Tu demandes les choses sans vraiment les demander, on dirait que tu nous prends pour des benêts. Tu es le chef de service, nos missions sont claires : quand il y a un truc à faire, il faut le dire sans tourner autour du pot, c'est tout ! » Lancée, elle va au bout de sa pensée : le fond du problème, c'est que ma manière de fonctionner rend possible la glande de certains collègues moins investis (elle a failli dire « branleurs ») : à les traiter comme des divas, je laisse la possibilité aux gens immatures de le rester et de geindre dès que je leur demande de faire deux photocopies. Résultat : ce sont toujours les mêmes qui bossent, les « matures », ceux qui ont compris l'importance de leur travail. L'ambiance au sein de l'équipe s'en trouve dégradée. Elle décrit l'attitude de Chloé comme plus adéquate, plus « cheffe »… et précise que nous ne serions pas trop de deux pour tenir la barre.

J'encaisse.

Un flot de sentiments contradictoires me submerge : la colère, l'amertume. La honte. Je suis en train d'être recadré par ma subalterne. Je devrais être mortifié. Je le suis un peu. Anissa guette ma réaction avec circonspection. Elle n'est plus énervée : la parole libère. Elle se rend aussi compte de ce qu'elle vient de me balancer et se souvient qu'envers et contre tout je reste son supérieur hiérarchique.

Mais j'avais besoin d'entendre ce qu'elle m'a dit.

Je sais au fond qu'il n'y a qu'une seule issue : assumer mon rôle de chef, cesser de rêver à une adhésion spontanée et joyeuse de l'ensemble de l'équipe aux exigences du service et à ma personne, faire le deuil de ce besoin d'être apprécié à tout prix (mon succès en la matière est d'ailleurs plutôt mitigé). Je dois apprendre à demander les choses sans m'excuser : j'en ai le droit et le devoir. Ma fonction l'exige. Et l'équipe elle-même le demande.

Silencieux, je laisse résonner ses paroles en moi. Inquiète, elle m'interroge du regard : doit-elle rester ? Partir ? Quelles suites vais-je donner à l'entrevue ?

Je reprends enfin la parole : « Je vais réfléchir à ce que tu m'as dit, c'est intéressant. »

Je la remercie de sa franchise puis mets fin à l'entretien. Elle me salue avec un sourire embarrassé puis retourne à la vie scolaire.

Je sens une grande détermination m'envahir : le personnel que j'encadre ne m'accorde pas une faveur en faisant ce que je demande, ils ne font qu'effectuer le travail pour lequel ils sont payés. Malgré tous mes doutes sur mon métier, mes missions, mon rôle au sein du système, j'ai la légitimité pour le faire. Il faut que je m'en convainque. Je le dois à Chloé, à l'équipe et aussi à moi-même. Il faut que j'arrête d'avoir peur.

Ma première leçon de management.

Merci, Anissa.

Briand, dernière

Mai. Semaine 32. Jeudi. 14 h 10

Un cri au loin dans le couloir. Encore. Désormais habitué, je ne me précipite pas. Jusqu'à ce que j'identifie la voix. C'est celle de M. Briand.

Je me rue dehors en priant qu'un gamin ne lui ait pas planté son compas dans l'œil. Il surgit dans mon champ de vision, tenant par le bras un élève d'un mètre soixante qu'il secoue comme un prunier en l'invectivant : « J'en ai marre des petits cons de ton espèce, je vais appeler les flics ! »

Il envoie le « petit con » s'éclater contre le radiateur puis se tourne vers moi sans cesser de hurler : « J'en ai assez de ces merdeux sans éducation ! Ça suffit ! » L'élève malmené s'appelle Sofiane, il est délégué de classe de la 4e 2.

Sofiane n'a pas sa langue dans sa poche : en formation des délégués, il s'était fait remarquer par son humour et sa capacité à chercher la petite bête. Il nous avait entre autres titillés sur le fait qu'il y avait un problème de respect dans le collège : les adultes tutoient les élèves alors que ces derniers doivent les vouvoyer. Son sourire laissait entendre qu'il souhaitait juste nous provoquer et que la situation inégalitaire ne l'empêchait pas de dormir. Nous l'avions malgré tout pris au mot en prévenant tous ses profs de sa revendication. Sa prof principale et Chloé – qui ont de l'humour – s'étaient mises à le vouvoyer ostensiblement. Il les avait suppliées d'arrêter au bout de deux jours. Bien que n'ayant jamais posé de problèmes de discipline – en dehors de ses bavardages chroniques –, Sofiane est donc un « gentil branleur », toujours prêt à tester ses profs avec un savant mélange d'humour et d'insolence. À l'instar de Fatoumata, il s'était fait le porte-parole de la grogne de ses camarades contre M. Briand au conseil de classe.

Sofiane ne rit plus du tout. Affalé près du radiateur, il m'implore du regard tandis que son prof continue de se déchaîner sur lui : « Vous allez arrêter de me faire chier, à la fin ? » Alertées par le bruit, Anissa et Souella sont sorties de la vie scolaire et contemplent la scène avec stupéfaction. Je tente de calmer mon collègue en éruption en lui demandant ce qu'il s'est passé. Il m'engueule à mon tour : « Faites quelque chose, y en a marre de ce collège pourri et de ses élèves débiles ! » C'est un peu tôt pour le dialogue.

Je lui suggère de se rendre en salle des profs afin de rédiger un rapport expliquant la situation.

Vitupérant toujours, il s'engouffre dans le patio. Sofiane, livide, frotte son épaule endolorie. Je vérifie qu'il n'est pas blessé. Puis je demande aux surveillantes d'aller s'occuper des 4e 2 restés seuls : sortis de leur salle, ils commencent à manifester leur révolte/stupéfaction/amusement dans le couloir. « Envoyez-moi l'autre délégué de classe aussi. » J'ai besoin de sa version des faits car celle de Sofiane risque de ne pas refléter scrupuleusement la réalité. Et je doute de jamais recevoir le rapport de M. Briand.

Clarissa, la camarade déléguée de Sofiane, est une inconnue pour moi : c'est plutôt bon signe pour elle. Devant Chloé et M. Moreau, que j'ai conviés au spectacle, elle raconte la scène : « M. Briand était très énervé aujourd'hui, il arrêtait pas de nous punir de points en moins dans la moyenne et il nous parlait mal. Sofiane lui a dit qu'il avait pas le droit de parler comme ça et que c'était normal d'être agités parce qu'on faisait rien en cours de toute façon. Ça a énervé M. Briand encore plus alors il l'a exclu en disant que Sofiane était nul et mal élevé et qu'il n'avait pas de chance d'avoir des élèves pareils. Alors, avant de sortir, Sofiane lui a répondu : "C'est nous qui n'avons pas de chance d'avoir un prof pareil !" Et là, M. Briand a pété un câble. »

J'ai assisté à la suite de l'incident.

Un court débat suit le retour de Clarissa en classe. M. Moreau est embêté. Chloé et moi faisons chorus : ça ne peut plus durer ! M. Briand bousille notre cohérence éducative par ses discours et son attitude. Nous devons protéger les élèves, et le protéger contre lui-même : qui sait ce qui arrivera au prochain dérapage ? Malgré les déboires que cela m'a valus dans le passé, j'estime qu'il faudrait lui suggérer de ne pas reprendre ses cours. Mais, le connaissant, je gage qu'il prendra la chose mieux que Gisèle. L'adjoint rend les armes et soutient la motion : il va prévenir le principal. Ils feront un rapport à l'inspection d'académie. Peu importe comment réagira la salle des profs, nous ne pouvons pas continuer à défendre l'indéfendable.

Sofiane nous attend, prostré à côté du radiateur. Il sait que nous ne plaisantons pas avec les fauteurs de troubles et qu'à cause de lui un prof s'est mis dans un état « je te raconte pas ». Effrayé, il se voit déjà exclu définitivement. Alors qu'il nous contemple avec anxiété, tous mes préceptes éthiques me reviennent en tête : ne jamais dédire ou critiquer un adulte devant un élève, être solidaire à tout prix. Je repense à Briand, son mépris de nos ados, son refus d'envisager qu'une partie de ses problèmes en classe vient de lui et de sa conception du monde. Nous rappelons à Sofiane que nous l'avions prévenu : son attitude insolente peut exaspérer les profs. « On récolte ce qu'on sème », ajoute Chloé. Il acquiesce dans un silence accablé. J'hésite un instant à poursuivre. D'un signe de tête, Chloé me donne son feu vert : « Mais ce qui vient de se passer est grave : un adulte ne peut pas se comporter ainsi. »

Nous avons franchi le Rubicon et disqualifié un collègue devant un élève. Pour une fois, nous n'avons pas été « du côté des profs ». *Alea jacta est.* Nous en assumerons les conséquences car nous en sommes arrivés à la même conclusion : couvrir un enseignant comme M. Briand, c'est décrédibiliser à jamais notre soutien à tous les autres.

M. Briand ne reviendra plus au collège. Après son esclandre, le principal l'a reçu et lui a suggéré de poser un arrêt maladie. Il ne s'est pas fait prier et nous a quittés sans regrets. L'équipe de profs s'est gardée de le soutenir. Marine a parlé de gâchis tout en admettant qu'on ne pouvait pas sauver les gens malgré eux. S'il achève sa thèse, il pourra peut-être prétendre à un poste universitaire et devenir chercheur. Sinon, au regard de la courageuse politique managériale de l'académie, il intégrera un nouvel établissement à la rentrée prochaine.

Souhaitons-lui de cartonner à sa soutenance.

La honte

Mai. Semaine 33. Mardi. 15 h 20

« T'as appris ?

– Quoi ?

– Laura et Hatouma ont piqué les clés de Shaïnez et sont allées faire leur marché chez elle. Le père de Shaïnez rentré à l'improviste les a chopées la main dans le sac. »

Sympa les copines.

Souella a été prévenue par le petit frère de Shaïnez. La nouvelle a vite fait le tour de la cour et jeté l'opprobre sur les cambrioleuses. C'est ce qui s'appelle perdre la face. D'après la rumeur, les filles lui auraient volé ses clés sur commande d'une « grande » – ancienne du collège – qui se serait montrée très persuasive. Elles ont ensuite vérifié l'emploi du temps de leur camarade – de nouveau assidue en cours – puis fait l'école buissonnière pour aller visiter son appartement. De retour plus tôt que prévu du boulot, le paternel a eu une sacrée surprise. Il a tout de suite reconnu les deux « meilleures amies » de sa fille. Bon bougre, il a décidé de ne pas porter plainte : il s'est contenté d'un coup de fil à leurs familles. Espérons que ça les calmera pour un moment.

Laura n'a pas été facile à vivre depuis son entretien raté avec la conseillère d'orientation. Elle a lâché l'affaire côté scolaire. De toute façon, le petit mois et demi de cours avant la clôture des dossiers n'allait pas lui permettre de rattraper un retard remontant à la 6e. Elle-même n'est pas dupe : son insolence grandissante et ses sautes d'humeur cachent mal sa panique face au gouffre de l'après-collège. La déprime guette. La tentation de la délinquance aussi, apparemment.

Pendant la demi-pension, je les repère au réfectoire. Pathétiques, elles tentent de s'excuser auprès d'une Shaïnez en larmes. Aucune colère en elle : blessée par leur trahison, elle mange sans appétit. Laura et Hatouma lui proposent leurs parts de frites, leur fromage, leurs desserts. Entre deux offrandes rejetées, elles continuent de lui parler, de la supplier, en quête d'un improbable pardon.

Shaïnez persiste à les ignorer et à pleurer en silence.

Plus tard, dans la cour, un groupe de filles très volubiles s'agglutinent autour de la pauvre Shaïnez : elles s'évertuent sans doute à éreinter ses ex-comparses. Hatouma s'approche petit à petit, dans une tentative maladroite de s'immiscer dans le cercle. Elle se désolidarise de Laura dont l'image de leader joue en sa défaveur : elle est perçue comme la principale responsable de l'effraction.

De son côté, Laura ne croit plus à la réconciliation. Assise sur un banc, visage fermé, elle fait semblant de lire une feuille de cours (j'aurais assisté à ça au moins une fois dans l'année) tout en observant furtivement le groupe. La feuille se froisse dans son poing serré. Elle me fait un peu de peine. Je m'approche d'elle et lui propose de venir discuter dans mon bureau. Apathique, elle obtempère sans poser de questions, ni pester ni rien. Première mondiale. Une fois à l'abri des regards, je mets les pieds dans le plat : « C'est quoi, cette histoire de cambriolage ? »

Elle fond aussitôt en larmes et pousse un cri du cœur : « Oh, c'est la HONTE ! » Tellement fort, spontané, inhabituel chez elle, que je ne peux retenir un sourire.

« Tout ça parce que je me suis laissé embrouiller. MAIS QUELLE CONNE ! » Je n'ai pas besoin de dire quoi que ce soit : elle s'engueule mieux que je ne le ferais moi-même. Je contemple ce petit bout de femme énervée, avec qui je me suis pris la tête toute l'année, en train d'arpenter mon bureau de long en large en s'arrachant les cheveux. Elle finit son autocritique effondrée sur une chaise : « Ma vie est foutue ! »

Je ne pense pas utile de l'enfoncer : « C'était une belle connerie, tu as raison ! Mais tu sais, Laura, se faire piquer quand on fait une bêtise pareille, c'est sans doute une chance. Souviens-toi bien de ce sentiment, il t'empêchera de tomber dans ce genre de panneau à l'avenir. Le père de Shaïnez vient sans doute de te sauver la vie. » Toujours en rage contre elle-même, elle plaque ses mains sur son visage. Je poursuis : « Tu pourras faire peau neuve l'année prochaine dans ton nouveau lycée… Si on arrive à verrouiller ce foutu projet d'orientation. Ce qui est fait est fait, assume-le. À toi maintenant de voir si quelque chose de bon peut sortir de ce merdier ! Tout le monde a droit à une seconde chance. » Elle lève les yeux vers moi, soudain traversée par le faible espoir que ce qu'elle a fait soit réparable. Il est encore un peu tôt pour qu'elle en soit convaincue.

En juillet prochain, pour le collège et pour moi, Laura, ce sera de l'histoire ancienne.

Je crois qu'elle va me manquer.

L'accident

Mai. Semaine 34. Mardi. 9 h 40

Chloé s'est rendue à la réunion de district des CPE : tous les collègues du secteur se réunissent pour échanger sur leurs pratiques (et faire un peu de thérapie de groupe). Étant donné tous les projets qu'elle a mis en place, Chloé y avait plus sa place que moi.

De mon côté, j'ai accepté d'être membre d'un jury d'entraînement au passage du certificat de formation générale (CFG) des élèves de notre 3e SEGPA. Cet examen est une sorte de bilan de compétences et de connaissances qui touche à tous les domaines de la vie courante et professionnelle : cela va de la description des mesures d'hygiène pour une batterie de cuisine à l'énumération des différents moyens de contraception. Les élèves doivent aussi présenter un rapport décrivant leurs trois semaines de stage en entreprise. Je fais équipe avec Noura, la professeure de cuisine de la section.

C'est au tour de Temba, copain d'Achour et pièce maîtresse de la section percus de Jean-François, de passer sur le gril. J'ai découvert avec satisfaction qu'il faisait aussi partie des bons élèves de la SEGPA.

Il s'est mis une pression « de ouf » pour cet examen. Vêtu d'un costume-cravate et bafouillant de trac, il répond tant bien que mal aux questions sur son projet professionnel : devenir serveur dans un grand restaurant ! Très motivé, il oublie sa peur au fur et à mesure de son exposé et parvient même à sourire en évoquant avec fierté tout ce qu'il a accompli pendant son stage dans un deux-étoiles parisien, s'il vous plaît (Noura connaît des gens).

Les choses se gâtent quand nous abordons les questions domestiques. S'il énumère sans trop de problèmes les divers modes de paiement dont nous disposons au quotidien (il se souvient *in extremis* du chéquier), il rame davantage sur les moyens de contraception. Après avoir peiné à en dresser une liste exhaustive, il nous explique avec une assurance retrouvée qu'ils nous protègent des MST. Il se frappe le front lorsque, après l'avoir aiguillonné pendant quelques secondes, nous lui rappelons qu'on peut aussi attraper un enfant en faisant l'amour.

Il s'en veut : il le savait !

Nous le rassurons : ce n'est qu'une répétition, l'entretien s'est bien passé. S'il ne tombe pas en syncope le jour J, il aura son diplôme et pourra intégrer son

CAP « métiers de la table » la tête haute. Lui persiste à s'en vouloir de son trou de mémoire contraceptif. J'ai dû mal à faire le lien avec le Temba qui met l'ambiance à la chorale depuis huit mois et qui m'invitait à adopter une « cool attitude » après son numéro de danse au début de l'année.

Nous nous apprêtons à recevoir le candidat suivant lorsque le principal adjoint apparaît à la porte, l'air préoccupé. Il s'excuse auprès de Noura pour cette interruption : il a besoin de moi. Il est arrivé quelque chose.

M. Moreau attend que nous soyons dans son bureau pour m'affranchir : il y a eu un accident sur le chantier de rénovation de la cité voisine, à trois cents mètres d'ici. Amir, mon bagarreur de 5e 3, s'est fait écraser par un camion de chantier alors qu'il se rendait au collège. Les pompiers sont intervenus très vite, il est hospitalisé, dans un état grave. Le bahut a été prévenu par des élèves, témoins de la scène. Mariama, de 5e 2, se trouvait avec lui au moment du drame. Elle est à l'infirmerie, en état de choc. Je tente d'assimiler l'information lorsque la sonnerie de la récréation retentit.

La nouvelle se répand rapidement dans la cour. Des signes d'émotion apparaissent chez les camarades de classe d'Amir. La curiosité pousse les autres à assaillir de questions les copines qui ont vu Mariama après le drame. Les rumeurs les plus terribles commencent à circuler. Il va nous falloir de vraies informations pour pouvoir les contrer.

Je passe à l'infirmerie. Michelle m'accueille à la porte : Mariama se repose dans la pièce voisine. Elle a été incapable de dire un mot depuis son arrivée.

En attendant d'en savoir plus, M. Moreau et moi décidons de passer dans chaque classe afin de calmer les esprits : faire état de l'accident, certifier que, pour l'instant, « on ne sait rien » sur les circonstances ou sur l'état d'Amir, inviter chacun à la plus grande retenue dans ses propos, assurer enfin tous les élèves de notre soutien. Direction, CPE, infirmière et assistante sociale se tiennent à leur disposition en cas de besoin.

Midi arrive. Toujours aucune nouvelle.

Les externes rentrent chez eux. Les flux s'effectuent dans un climat troublé : ils ne parlent que de ça. Au réfectoire, Olivier, inquiet, me demande de le tenir au courant. Il connaît bien Amir : je le lui ai confié le jeudi précédent pour son TIG et tout s'est très bien passé : au moment du bilan de mi-journée, Olivier m'avait même dit en plaisantant qu'il était prêt à l'embaucher. Isabelle, sa prof principale, n'a pas été étonnée : Amir avait mentionné dans sa fiche de présentation qu'il souhaitait devenir cuisinier plus tard.

Dans la salle de restauration, les collègues me pressent de questions. Mais je n'en sais pas plus qu'eux pour l'instant. Bouleversée, Isabelle sème la consternation : des élèves lui ont raconté que le camion aurait roulé sur la tête d'Amir. Je lui conseille de se méfier de ce genre de propos : il n'y a eu qu'un seul témoin de la scène et elle est muette depuis le drame. Les collègues essaient de se changer les idées en discutant de choses et d'autres. J'expédie mon riz au lait puis repars vers les bureaux de l'administration pour en avoir le cœur net.

M. Moreau raccroche le téléphone au moment où j'entre dans son champ de vision. Il vient d'avoir la famille en ligne : Amir est mort.

La crise

Mai. Semaine 34. Mardi. 13 heures

Nous laissons passer la vague d'émotion qui nous frappe. Après la sidération viennent les questions : que faire dans une situation pareille ?

Quelques instants plus tard, nous voici dans le bureau du principal. Il est en train de prévenir sa hiérarchie au téléphone. Il raccroche et – dans un état second – demande à Farah de lui apporter l'emploi du temps des 5e 3. Nous devons vérifier qu'Amir n'était pas sous notre responsabilité au moment des faits. C'était un élève assidu, il ne manquait presque jamais la classe et arrivait très rarement en retard. Mais on ne sait jamais.

L'accident a eu lieu vers 9 h 20. Son premier cours était à 10 heures.

Nous laissons échapper un soupir de soulagement honteux : nous sommes couverts.

C'est une situation de crise : une procédure est prévue. Les infirmières et assistantes sociales des établissements voisins ainsi qu'un psychologue détaché par le rectorat sont attendus pour aider les enfants – et les adultes – à traverser l'épreuve. Michelle et Sabine nous rejoignent pour prendre leurs consignes. Elles reçoivent la nouvelle comme un coup dans l'estomac. Ayant monté le dossier d'accueil d'Amir en raison de son problème auditif, elles le connaissaient mieux que nous. Elles nous informent que les parents de Mariama sont venus la chercher : traumatisée, elle aura besoin de beaucoup de soutien dans les prochains jours.

Une fois leur rapport rédigé, Michelle et Sabine retournent à l'infirmerie accueillir leurs collègues et organiser la cellule de crise.

13 h 05. La nouvelle doit déjà circuler à l'extérieur. Les externes seront de retour dans un quart d'heure et les dix minutes de récréation en commun avant la reprise suffiront à sa diffusion dans toute la cour. Vu nos propres réactions, comment vont réagir ses camarades, ses amis, ses enseignants ?

Je rassemble l'équipe vie scolaire en urgence, insiste auprès des surveillants et aides-éducateurs sur leur devoir de vigilance vis-à-vis des élèves les plus touchés : il faudra les orienter vers l'infirmerie pour qu'ils soient pris en charge.

À la première sonnerie, j'accompagne Thomas et Sophie à la grille afin de prendre la température. Les externes se pressent à l'entrée. Certains affichent le visage neutre des gens pas au courant. D'autres ont déjà le masque. Des filles se tombent dans les bras, en larmes. Je me rends compte alors d'un fâcheux oubli. D'un pas vif, je retourne vers les bâtiments.

Il faut prévenir les enseignants.

Lorsque j'arrive dans la salle des profs, M. Moreau leur a déjà tout dit. L'assemblée est sous le choc. Un débat s'ensuit : faut-il annoncer la nouvelle en début de cours et courir ainsi le risque d'ajouter de l'émotion à l'émotion ? Myriam et Romain y sont favorables. Isabelle, très affectée, ne s'en sent pas capable. Je leur livre un premier état des lieux : les élèves étant déjà au courant, il paraît pertinent de poser une parole, ne serait-ce que pour les informer de la possibilité de se rendre à l'infirmerie en cas de besoin. Je précise que cela vaut aussi pour les adultes. Consigne est donc donnée – et approuvée par l'ensemble des collègues – d'exprimer le deuil qui nous frappe et de signaler l'existence d'une cellule d'écoute.

Dans la cour, l'ambiance est irréelle. Pour l'instant, la stupéfaction domine : *Amir est mort.*

La mise en rang se déroule sans heurts, les élèves se rassemblent plus volontiers qu'à l'habitude. Les profs approchent en petits groupes. Eux aussi ont besoin d'être ensemble pour échanger. Je confie la première permanence à Souella : je lui fais confiance pour accueillir comme il faut les premières réactions.

À l'infirmerie, quatre consœurs de Michelle et Sabine sont arrivées en renfort et préparent l'accueil. Une des infirmières a déjà vécu un événement semblable dans son établissement : elle nous invite à nous préparer à la vague d'émotion qui va déferler.

Les premiers élèves se présentent à la porte : uniquement des filles secouées de sanglots et soutenues par une ou deux copines. Sans être forcément des proches d'Amir, elles sont atteintes. La tristesse est contagieuse et va se répandre comme une traînée de poudre.

Je demande à l'équipe vie scolaire de circuler dans les locaux afin d'aiguiller tous les enfants touchés dans la bonne direction. Remués eux aussi, ils se dispersent rapidement en direction des couloirs.

Le principal adjoint me rejoint dans le hall. La police lui a précisé les circonstances de l'accident : le conducteur d'un camion de chantier a reculé sans voir Amir. Ce dernier est passé sous les roues sous les yeux de Mariama. Elle serait allée taper à la portière du chauffeur pour lui crier de s'arrêter mais il était déjà trop tard. L'homme, effondré, a été placé en garde à vue.

Pendant que nous discutons, des grappes d'élèves traversent le hall. Garçons, filles, de la 6e à la 3e. Tout le monde est touché. J'abandonne M. Moreau et suis le courant jusqu'à l'infirmerie pour voir comment la cellule d'écoute s'en sort.

Sabine m'ouvre, elle n'est pas à la fête. Derrière elle, ses collègues et Michelle se débattent au milieu du chaos.

Les deux pièces sont pleines à craquer d'élèves en pleurs et de camarades en train de les consoler. Laura réconforte Shaïnez, Moussa s'occupe de Jérémy. L'équipe apporte son soutien à chaque ado tout en essayant de joindre les parents au téléphone.

Le psychologue n'arrivera qu'en milieu d'après-midi pour les décharger du trop-plein de détresse. Sabine se prend la tête entre les mains : ce n'est plus possible, il y a trop d'élèves, elles ne peuvent pas bosser.

Il n'y a qu'une solution : les accompagnateurs doivent s'en aller.

Laura a entendu notre conversation. Elle nous fusille du regard et serre la main de Shaïnez : pas question d'abandonner sa copine. Le mouvement de défiance gagne les autres. Il va falloir être diplomate. Fixant Laura, je commence par les remercier d'avoir été là pour leurs amis. Je les invite ensuite à continuer de nous aider… en laissant les professionnelles présentes s'occuper de leurs camarades : « Vous avez fait votre part, elles peuvent prendre le relais maintenant. » Laura réfléchit, observe Shaïnez avec inquiétude. Magnanime, elle consent à lui lâcher la main, l'embrasse sur la joue et la confie aux soins de Michelle. Non pas parce que je le lui ai demandé mais parce que c'est mieux ainsi. Moussa tapote amicalement l'épaule de Jérémy. Tous acceptent que je les ramène en cours.

Dans le couloir, je réitère mes remerciements. Laura est déjà passée à autre chose : elle a la haine contre ce « bâtard de chauffeur ». J'essaie de la raisonner : ce qui s'est passé est horrible, injuste, mais c'est un accident. Le chauffeur du camion n'est pas près de s'en remettre. Elle continue de ruminer. Nous montons dans les étages dans un silence morne. Je les fais entrer un par un dans leurs classes. Ils sont accueillis avec compréhension par des professeurs déboussolés qui s'efforcent d'assurer leurs cours envers et contre tout.

De retour dans le hall, je tombe sur un groupe de 3e : Adama et Seydou de 3e 4, Achour et Djibril de 3e 2 et quelques autres. Affalés contre un radiateur, ils sont tristes et recueillis. Sauf Adama : casquette vissée sur la tête, il me fixe d'un œil noir. Comme s'il avait quelque chose à me reprocher. Ce n'est pas le moment de m'emmerder : « Vous n'avez pas cours ? » Pas de réponse. Je me plante devant Adama.

« Tu peux enlever ta casquette, s'il te plaît ?

– C'est ça, ouais.

– Tu enlèves ta casquette !

– Non, je l'enlève pas ! »

Il me défie. Je sens la rage monter en moi. Qu'est-ce qu'il croit ? Moi aussi, j'ai les boules ! S'il veut m'en coller une, qu'il le fasse, je n'ai plus peur de lui : « QUAND TU VEUX, J'AI TOUT MON TEMPS ! » Achour s'interpose entre nous : « Arrêtez ! Criez pas, s'il vous plaît, m'sieur ! Y a un petit garçon qu'est mort, faut respecter. » Son intervention nous calme tous les deux. Je regrette mon emportement. Adama ne fait pas le malin non plus. Les nerfs en pelote, j'abandonne le groupe à Thomas qui les accompagne en permanence.

Et à la demande de l'aide-éducateur, Adama enlève sa casquette.

J'ai besoin de souffler.

Deux personnes m'attendent devant mon bureau. Je reconnais une représentante de la FCPE croisée de nombreuses fois en réunion. En revanche, j'ignore qui est la jeune fille d'une vingtaine d'années, vêtue d'un jean et d'un sweat à capuche, qui l'accompagne.

« Je suis la sœur d'Amir. »

Aucune émotion sur son visage. Elle souhaite me parler. Apparemment, il y a urgence. Je bafouille des condoléances maladroites puis l'invite à entrer : « Je vous écoute. »

Elle n'y va pas par quatre chemins : « La semaine dernière, vous avez puni Amir. Je ne l'accepte pas. »

Je regarde la représentante de la FCPE qui ne cache pas son embarras. Elle ne pourra pas m'aider sur ce coup-là. Il va falloir que je m'explique.

Dans mes petits souliers, je rappelle le contexte : Amir a frappé un camarade. Je n'avais d'autre choix que de le sanctionner, la même règle s'applique à tous. La sœur me fixe froidement : « Mon petit frère était quelqu'un de bien, il travaillait à l'école, il ne posait pas de problèmes. » Je ne le conteste pas, j'affirme même en avoir tenu compte dans ma décision : étant donné les problèmes de violence dans l'établissement, Amir aurait dû être exclu. Mais sa personnalité, son sérieux m'ont dissuadé de recourir à cette solution pour lui préférer une punition beaucoup plus éducative.

Elle ne conteste pas le principe de la punition. C'est le terme « travail d'intérêt général » qu'elle ne digère pas.

Sa famille a dû encaisser les « conneries » de ses grands frères dont certains ont connu les fameux « TIG » avant de passer à des peines plus lourdes. L'aîné est en taule, et pour un bon bout de temps d'après ce que je comprends. Dégoûtée, elle me dit qu'Amir était épargné par « tout ça ». Il était différent, il n'allait pas suivre cette voie. Et moi, en trois mots dans le carnet – travail d'intérêt général –, je l'ai rattaché au destin de ses remuants frangins. « Je ne l'accepte pas, ajoute-t-elle. J'ai refusé de signer le mot dans son carnet. Je ne voulais pas qu'il y aille. Il m'a désobéi et a fait signer le mot en cachette à ma mère. Il est venu sans mon autorisation. »

Elle est en colère. Elle ne me pardonne pas d'avoir sali l'honneur de son petit frère.

Je reste sans voix quelques instants. Je me rends compte que nous utilisons de façon quasi automatique un vocabulaire pénal et répressif dans notre gestion éducative du quotidien. Les enfants que nous accueillons sont issus de milieux défavorisés. Nous avons repris le discours sécuritaire que tout le monde veut entendre : « lutte contre l'insécurité », « sanctions exemplaires », « tolérance zéro », « travail d'intérêt général ».

Nous les traitons comme de la graine de délinquant.

Je sors enfin de mon apathie : « Je comprends votre ressentiment : l'amalgame est regrettable et catalogue nos élèves. J'ai été maladroit. Je vous présente mes excuses, en mon nom propre et au nom du collège. »

Elle continue de me fixer. Je lis une légère détente sur son visage. J'en profite pour lui parler d'Olivier, du restaurant scolaire, de la façon dont il accueille les élèves, la qualité du travail qu'a fourni Amir ce fameux jour, la façon dont il a « réparé » son coup de sang en dévoilant une maturité et une bonne volonté remarquables. Sa fierté en recevant les félicitations du chef cuisinier.

Elle entend.

Pour finir, je m'engage à ne plus utiliser à l'avenir ce terme issu du droit pénal et à soumettre une proposition de modification du règlement intérieur allant en ce sens au prochain conseil d'administration. La représentante des parents soutient ma proposition.

La sœur semble satisfaite de cet engagement.

Elle se lève. Je m'apprête à la raccompagner vers la sortie mais elle a une autre requête :

« Je voudrais parler aux camarades de classe d'Amir. »

Je reste interdit, la représentante des parents est aussi démunie que moi. Je jauge la jeune femme : elle est d'un calme sidérant. Son petit frère est mort depuis trois heures et elle est là, devant moi, forte et déterminée. Et elle souhaite parler à sa classe. Que pourrait-elle leur dire de préjudiciable ?

Je consulte l'emploi du temps de la 5e 3.

Nous trouvons Isabelle en train d'essayer de faire cours à des élèves chamboulés. Je m'excuse pour l'interruption, qui la soulage, et leur présente la sœur d'Amir.

Elle leur dit qu'il ne faut pas pleurer, qu'il ne faut pas être triste, qu'il faut continuer à vivre, à avancer, que c'est ce qu'Amir aurait voulu. Tout le monde a les yeux fixés sur une place vide au deuxième rang. Elle conclut en disant aux élèves de bien travailler à l'école et de faire attention à eux. Ils ont tous les larmes aux yeux. Je croise le regard désemparé de Thibaut. Isabelle n'en mène pas large non plus.

Sur le trajet vers la grille, je remercie cette grande sœur inflexible d'être venue me dire ce qu'elle avait sur le cœur et d'avoir délivré un message aussi positif à la classe. Je lui réitère mes condoléances.

Elle me serre la main – avec chaleur cette fois – et reprend le chemin de la cité.

*

La journée touche à sa fin. L'infirmerie s'est vidée petit à petit. Les derniers parents viennent chercher leurs enfants. Toutes les familles de 5e 3 ont été appelées. L'émotion générée par le passage de la sœur d'Amir les a bouleversés. Nous n'avons voulu prendre aucun risque, même avec ceux qui semblaient tenir le coup. Le psychologue a fini par arriver. Il a déjà reçu beaucoup de monde et restera jusqu'à la fin de la semaine parmi nous. On peut commencer à souffler. L'équipe médico-sociale est épuisée, Sabine est sur les rotules et je mentirais en disant que j'ai la pêche. Michelle nous a offert un thé de réconfort que nous avons bu en silence.

Dans un état second, j'observe le tas de documents entassés sur mon espace de travail. Souella apparaît soudain, accompagnée de Luc, Fédoua et Cédric. Ils me demandent si j'ai une photo d'Amir.

Ils ne parviennent pas à mettre un visage sur son nom.

Je retrouve sa fiche, contemple brièvement sa photo et la leur tend. Ils ne voient pas bien qui il était. Petit, sage, discret, il faisait partie de la horde des anonymes fondus dans la masse qu'ils ont à gérer. Si Amir n'avait pas donné un coup de poing à Thibaut, je serais dans le même cas.

Je ne regrette pas qu'il en soit autrement.

L'enterrement

Mai. Semaine 34. Mercredi. 9 h 45

Une atmosphère étrange flotte sur le collège. Les élèves étaient impatients de revenir pour être ensemble. Il s'est passé beaucoup de choses hier soir après la fin des cours. J'ai appris que le principal et quelques membres de l'équipe étaient allés rendre visite à la famille d'Amir : Romain, Jean-François, Isabelle, Sabine. Olivier aussi, ce dont je me réjouis. Il aura sans doute confirmé mes propos sur la journée d'Amir au réfectoire.

Je m'en veux un peu de n'avoir pas eu l'idée, ou le courage, de m'y rendre moi-même.

Sabine m'a rapporté des choses moins agréables : de nombreux élèves ont commenté les événements sur les réseaux sociaux. Si la tristesse et les hommages sont majoritaires, apparaissent aussi des critiques sur la gestion de la crise par l'établissement.

Certains nous accusent, M. Moreau et moi, d'avoir dissimulé des informations et tenté de « noyer le poisson » en passant le matin dans les classes. Nous en sommes d'abord restés sans voix, puis avons pris le parti de trouver ça navrant et de ne pas donner suite.

La sœur d'Amir a créé un blog qui a une forte audience. Elle écrit beaucoup sur son petit frère : des textes, des poèmes. Le ton se durcit quand elle mentionne le chauffeur du camion, qualifié d'assassin. Elle réclame justice. C'est symptomatique d'un changement d'humeur général dans le quartier : en marge du deuil, la colère revient en force. Chacun cherche des responsables et l'animosité se focalise sur l'auteur de l'accident. Il faudra du temps pour éteindre le sentiment d'injustice que génère un événement aussi tragique.

Les funérailles sont prévues cet après-midi, à 16 heures. La tradition musulmane veut que le défunt soit porté en terre le jour suivant le décès, avant le coucher du soleil. Comme nous sommes mercredi, toute la communauté éducative pourra assister à la cérémonie sans se poser la question de ses obligations de service. En attendant, la famille invite proches, amis, voisins, camarades de classe, à rendre un dernier hommage à Amir : son corps est exposé au funérarium du cimetière depuis ce matin 9 heures.

Souella a pris le pouls dans la cour avant la montée en classe : aucun élève, quelle que soit sa proximité avec Amir, n'envisage de ne pas y aller. L'entrée est libre et la famille tient à ce qu'Amir soit vu par le plus grand nombre.

Il nous faut quelques secondes pour comprendre les conséquences potentielles d'une telle démarche : une nouvelle vague d'émotion.

Les premiers à avoir « vu » Amir arrivent à la récréation de 10 heures. Entourés par leurs camarades, certains ont besoin de raconter, d'autres foncent à l'infirmerie pour s'y effondrer. Les premiers témoignages vont dans le même sens : Amir a été abîmé par l'accident. Même s'il repose en paix, c'est un petit corps meurtri qui est exposé.

Les profs nous confirment que la pression monte dans les classes. La plupart des gamins pensent qu'il est de leur devoir d'y aller, même si cela fait peur : c'est une question d'honneur, de respect. La situation semble insoluble : malgré le risque de traumatismes supplémentaires, nous ne pouvons officiellement les en dissuader. Cela irait à l'encontre du vœu de la famille et serait mal interprété.

Je laisse traîner mes oreilles dans les couloirs, j'ai passé la consigne à la vie scolaire : faute de pouvoir empêcher un mouvement de masse, on peut au moins tâcher de protéger les élèves indécis ou rongés par la culpabilité en leur expliquant que chacun vit le deuil à sa façon et ne doit s'obliger à rien.

Midi sonne.

Les élèves quittent les locaux en dix minutes. Nous les retrouverons dans l'après-midi pour la marche prévue en souvenir de leur camarade. Michelle et Sabine me rejoignent dans le hall, accompagnées du psychologue. Il partage notre appréhension : lui non plus ne sait pas ce qui découlera de tout cela.

Désormais, ce n'est plus entre nos mains.

*

14 heures. Après un repas frugal concocté par Olivier, l'ensemble des personnels du collège se rend dans la cité, sur les lieux du drame.

Il y a un monde fou. Des centaines de personnes : parents, élèves, femmes et hommes de tous âges, vieillards et tout-petits. Je repère Achour, qui organise une cohorte d'enfants avec une autorité étonnante. Les gens discutent, la tristesse est palpable, l'incompréhension aussi. Les filles se serrent les unes contre les autres, les garçons sont plus isolés, mains dans les poches et taciturnes. Nous croisons des parents que nous n'avons pas toujours rencontrés dans des circonstances très joyeuses. Ils nous sourient, nous disent bonjour. C'est bien que nous soyons là. Un jeune homme d'une vingtaine d'années annonce le départ du cortège d'une voix forte et solennelle. Un flot humain se déverse dans la rue menant au cimetière, situé à cinq cents mètres en contrebas du plateau. Nous n'échangeons pas un mot sur le parcours. Nous sommes au cœur des habitants de la cité. Rien n'aurait pu me mettre plus mal à l'aise au début de l'année. Cela me paraît aujourd'hui évident et juste.

Le cortège grossit au fur et à mesure que nous avançons. Une foule impressionnante se presse aux portes du funérarium. Tout le quartier est là, au moins un millier de personnes. La grande sœur d'Amir se tient à l'entrée, ses parents à ses côtés. Toujours aussi impressionnante, elle invite les dernières personnes qui le souhaitent à venir rendre hommage à son frère avant la levée du corps. Une agitation gagne un groupe de filles de 5e près de moi. J'aurais aimé les mettre en garde mais c'est trop tard : trois d'entre elles se sont déjà précipitées vers le bâtiment. Une quatrième est restée en arrière. Elle hésite. La façon dont elle se mord les lèvres montre son cas de conscience. Elle contemple les hommes, femmes et enfants qui ressortent du funérarium la main sur la bouche, geste de tristesse et d'effroi mêlés. Je m'approche de la gamine, l'exhorte à ne pas y aller : elle n'est pas obligée, elle n'a rien à prouver. « Mais c'est mon ami ! » objecte-t-elle. Je lui répète que l'essentiel est d'être présente à l'enterrement, de soutenir la famille, avant de préciser : « Moi non plus je n'irai pas. »

Elle reste à mes côtés. À notre grand soulagement à tous les deux.

Quelques minutes plus tard, les trois copines sont de retour, livides. Il y a quelque chose d'inacceptable dans ce qu'elles viennent de voir. Elles devront vivre longtemps avec ce souvenir.

Les portes s'ouvrent. Un groupe d'hommes sort du bâtiment et fend la foule en portant à bout de bras le corps recouvert d'un linceul blanc. Nous cheminons dans le cimetière jusqu'à la parcelle où Amir doit être mis en terre. Des hommes, parents et amis, armés de pelles et de pioches, creusent avec une ferveur stupéfiante. Amir repose à quelques mètres de là, veillé par sa sœur et sa mère. Un rectangle profond est rapidement dégagé pendant qu'un très jeune imam récite des prières.

Un murmure agite soudain la foule : les regards se tournent vers le mur d'enceinte.

Des policiers, en armes et équipés de gilets pare-balles, viennent d'apparaître et scrutent la foule avec attention. L'assemblée devient houleuse. Surgissent deux autres policiers, tenant fermement un homme menotté : le grand frère d'Amir.

Une sortie exceptionnelle de prison lui a été accordée pour qu'il puisse assister aux obsèques. Le dispositif de sécurité est spectaculaire : ils sont une dizaine à l'encadrer. Ils n'avaient pas envisagé qu'il y aurait autant de monde. Le frangin fait figure de légende dans le quartier : il est tombé pour attaques à main armée et braquages. Du lourd. Lui et son escorte s'approchent de la tombe au moment où Amir est mis en terre. Sa mère contemple la scène, hébétée. La sœur secoue la tête avec colère. Derrière le périmètre de sécurité instauré à proximité de la sépulture, la foule commence à crier. L'escorte laisse le prisonnier rendre un dernier hommage à son petit frère, échanger quelques mots avec sa famille, puis l'entraîne vers la sortie : les policiers n'ont pas envie de s'éterniser. Quelques insultes fusent dans les rangs des ados. L'imam prie l'assemblée de garder son calme et de respecter la solennité du moment. Le départ du commando lui permet de retrouver notre attention et de rappeler ce qui nous rassemble : Amir et le souvenir que nous en garderons. Il prêche la paix, nous implore de ne pas nous laisser envahir par la colère. Le linge blanc est recouvert de terre. La tristesse reprend sa juste place et balaie momentanément toute autre émotion.

Nous pouvons enfin nous recueillir.

Après un précieux moment de silence, nous reprenons le chemin du collège. Je découvre la grande sœur accroupie contre un mur, entourée de proches. Le dispositif mis en place pour la venue du frère aîné l'a mise hors d'elle. Les dents serrées, elle murmure : « Les bâtards ! » Mal à l'aise, j'hésite à l'approcher. Je voudrais lui dire quelque chose mais ce n'est sans doute pas le moment. Soutenue par des amis, elle finit par se relever, perdue dans ses pensées, ressassant encore les événements. Elle m'aperçoit, me sourit, me remercie d'être venu. Elle me tend la main. Soulagé, je la prends.

« C'est moi qui vous remercie. »

La minute

Mai. Semaine 34. Vendredi. 13 heures

Le calme règne dans le réfectoire, les élèves discutent à voix basse. La fin de semaine a été intense. La nuit de mercredi à jeudi a réveillé beaucoup d'angoisses. La cellule d'écoute a tourné à plein régime, le psychologue n'a pas chômé non plus. Les profs ont fait cours comme ils ont pu.

Sabine et Michelle commencent à souffler, les émotions fortes et les crises de nerfs ne sont plus d'actualité. À part quelques cas particuliers qu'il faudra suivre attentivement, le gros de la tempête est passé. Après un dernier moment de communion autour d'une tasse de thé, les infirmières et assistantes sociales venues en renfort sont reparties dans leurs établissements respectifs. La crise est passée.

Sur la suggestion de l'équipe, le principal a décidé d'organiser une minute de silence juste avant la reprise des cours cet après-midi. Un ultime moment de recueillement collectif avant de reprendre une activité normale. Nous en avons besoin.

13 h 15. Les surveillants font sortir les derniers élèves du réfectoire. Les grilles ont été ouvertes en avance, les externes se déversent dans le hall et sortent sans rechigner. Le temps est couvert mais il fait bon. Les enseignants sont déjà là, debout devant les rangs formés sans difficulté. Les classes de 6e ont été exceptionnellement rassemblées à gauche du perron. Une dernière poignée d'élèves en sueur arrive du terrain de hand-ball avec Luc qui porte un ballon de foot sous le bras. En cinq minutes, tout le monde est rangé derrière son professeur.

Sabine, Michelle, M. Moreau, Chloé, Farah, l'intendante et moi sommes rassemblés en haut des marches. M. Pontet nous rejoint, muni d'un porte-voix. Il a prévu de dire quelques mots. Mon corps se tend : j'espère qu'il ne partira pas dans les considérations philosophiques dont il a le secret. Les conversations s'éteignent d'elles-mêmes. Les adultes demandent gentiment aux derniers récalcitrants de se taire. Luc rassure le propriétaire du ballon : il le lui rendra, mais pas maintenant. Le principal lève le porte-voix :

« Bonjour à tous, nous souhaitions nous réunir tous ensemble une dernière fois pour nous souvenir d'Amir et avoir une pensée pour sa famille. Je vous demande d'observer avec moi une minute de silence en sa mémoire. »

Plus un mot, plus un son, si ce n'est le vent et le bruit de la circulation au loin.

Dans la cour, les enseignants, surveillants, aides-éducateurs avec qui j'ai sympathisé, ceux avec qui ç'a été plus difficile, les élèves qui ont pourri mon quotidien, ceux que je ne connais toujours pas, la masse grandissante de ceux que « j'aime bien », ils sont tous là, immobiles et recueillis. Le temps s'écoule doucement. Moment précieux, consolant.

Le principal consulte sa montre, reprend son porte-voix : « Je vous remercie. »

La deuxième sonnerie retentit aussitôt. Je suis soulagé que tout se soit bien passé. Un applaudissement retentit alors dans un coin de la cour, puis un autre. En quelques secondes la vague gagne l'ensemble de la cour : les élèves, les profs, les surveillants, l'équipe rassemblée sur le parvis. Nous nous applaudissons les uns les autres. Les cortèges s'ébranlent en direction des locaux sans que les applaudissements cessent. Mon regard croise celui de Sabine. Je détourne les yeux vers le mur.

Nous sommes dans le même état.

La fête

Juin. Semaine 36. Jeudi. 14 heures

Laura, Hatouma et Shaïnez exécutent leur chorégraphie de hip-hop sur la scène dressée au milieu de la cour. Elles donnent tout ce qu'elles ont, au rythme du « gros son » craché par les enceintes. Une foule souriante contemple le spectacle en poussant des cris d'encouragement. Les trois filles restent concentrées, elles ne sont pas là pour rigoler. La note finale retentit. Elles prennent la pose dans une attitude de « cailleras » de clip de rap. Elles se sont réconciliées à temps pour travailler leur show. Ça se voit : elles ont assuré. Ravies, elles descendent de scène sous les ovations. Je n'ai jamais vu Laura aussi euphorique.

Malgré un troisième trimestre très faible, elle a obtenu une place en BEP vente action marchande. Les hasards de l'offre et de la demande ; à croire que la formation n'était pas trop prisée cette année. Le travail de forcing des profs principaux a payé : tous nos élèves ont été affectés. Pas sûr que tous tiendront la distance dans les filières peu glamour ajoutées à l'arrache sur leurs fiches de vœux mais nous aurons au moins rempli nos obligations administratives : il n'y a pas de gamins « sans solution ». J'étais dans le bureau du chef lorsqu'il a remis à Laura son document d'affectation. Il lui a fait son petit speech sur la chance qu'elle avait que des gens se soient bougés pour elle malgré son attitude. Elle n'a rien dit, soulagée d'avoir une place quelque part et d'avoir échappé à un destin de femme de ménage. Je lui ai souhaité de réussir et de démarrer une nouvelle vie, enfin débarrassée du collège et de moi. Elle est vite sortie du bureau pour ne pas perdre la face.

L'attention de la foule se déporte vers le perron sur lequel se tient la chorale de Jean-François, avec Jean-François *himself*, guitare électrique à la main, au milieu de ses choristes et de ses musicos. Il compte jusqu'à trois et plaque un accord éclatant. Le concert démarre : cinquante voix inégales nous balancent en chœur « Musique » tandis que clavier, clarinettes et percus accompagnent le tout avec enthousiasme à défaut de virtuosité. La cour est remplie de parents, d'élèves, de profs qui boivent du jus de fruits et mangent des gâteaux confectionnés par Olivier et son club cuisine. Tous savourent le spectacle, se marrent ou tentent de discuter malgré les décibels. Chloé a accompli un travail d'organisation titanesque en affectant chaque membre de l'équipe éducative à une tâche vitale pour le bon déroulement des festivités : contrôle à l'entrée, surveillance des locaux, distribution de bouffe.

J'essaie de profiter un peu du spectacle : la chorale vient de passer sans transition de France Gall à « Every Breath You Take » de Sting. Mes yeux parcourent la foule pour jauger les réactions à ces choix audacieux. L'ambiance est bon enfant. Y a de la joie. J'achève mon tour d'horizon et m'arrête net, pétrifié.

Diénéba, ma première exclusion définitive, est en train de papoter avec ses ex-copines de 3e 3 à proximité de la scène.

Qu'est-ce qu'elle fout là ? Elle figurait pourtant sur la liste des indésirables, à ne laisser entrer sous aucun prétexte. Elle se rend compte que je l'observe. Son sourire disparaît : six mois après son départ, je redécouvre son regard méprisant. Ça ne m'avait pas manqué. J'interpelle Thomas qui discute avec une mère d'élève et lui signale la présence de notre exclue en dépit de nos consignes. Il écarte les bras en signe d'impuissance : le personnel de faction à la grille fait son boulot mais cela fait des années que les élèves ont découvert les points de passage clandestins permettant de sortir du collège à l'insu des adultes. Pas étonnant qu'ils les utilisent à contresens lorsqu'il leur prend l'envie exceptionnelle d'*entrer* dans le collège.

Quand c'est jour de fête, par exemple.

Diénéba n'a pas l'air de vouloir « mettre le dawa », elle est venue avec ses parents (elle a un petit frère en 6e). La situation semble sous contrôle : lui ordonner de partir pourrait créer plus de problèmes qu'autre chose. Appeler la police me paraît disproportionné. Je décide de lui laisser le bénéfice du doute mais avise quand même Luc de la présence de la donzelle. Un peu stupéfait de la revoir, il se propose d'aller « flâner » de son côté pour vérifier qu'elle ne cherche pas les embrouilles. Je l'observe avec appréhension se diriger vers notre amie commune quand une voix familière retentit à mes côtés : « Ça va, m'sieur ? » Cette fois, c'est le pompon : Haroun.

Je jongle avec des sentiments contradictoires. Mon premier réflexe est de lui dire que lui non plus n'a rien à faire ici. En même temps, je suis content de le voir. Et puis si je tolère Diénéba, pourquoi pas lui ?

« Ça va. Et toi, ça va ?

– Ça va.

– Et dans ton nouveau collège, comment ça se passe ?

– Ça va, j'me suis calmé. »

De fait, il a l'air moins barré que dans mon souvenir. Quelque chose dans le regard, peut-être. Par acquit de conscience, je lui rappelle qu'il n'est pas censé être présent à la fête d'un collège dont il a été exclu trois mois plus tôt. Je veux bien fermer les yeux à condition qu'il me promette de se tenir tranquille. Il acquiesce : « Vous inquiétez pas, j'ai arrêté d'être fou. »

J'éclate de rire. Il se marre aussi. Je lui serre la main avec un petit pincement au cœur avant de le voir disparaître dans l'attroupement qui s'est formé devant le stand jus de fruits. Je lève la tête, en quête d'autres visages inattendus. Au bout de quelques minutes, je laisse tomber. Slimane n'est pas là. Il ne viendra pas.

Je fais le deuil définitif d'une discussion réparatrice avec lui.

Je retourne dans le hall pour faire cesser une bataille d'eau à laquelle se livre un groupe de 6e. Les minots se sont bien détendus depuis le mois de septembre. Je les invite vertement à sortir pour mêler leurs hurlements à ceux des fans de la chorale. Pour accélérer leur évacuation, je leur annonce la distribution imminente et gratuite de « Mr Freeze » au stand buvette. En quelques secondes, ils sont tous dehors. J'envisage un instant de demander le déblocage d'un budget « glace à l'eau » à la rentrée prochaine pour faciliter le travail de la vie scolaire.

Une famille surgit de la porte menant au réfectoire. Ils viennent de visiter l'exposition de dessins réalisés par des élèves dans le cadre du projet de Chloé et Gisèle sur le respect et le refus de la violence. Je ne l'ai pas encore vue. Pourquoi pas maintenant ?

Gisèle et deux élèves de 6e pas peu fiers de voir leurs œuvres accrochées aux murs accueillent les visiteurs. La démonstration du club capoeira ayant débuté dans la cour, l'expo s'est vidée. Seul amateur d'art dans la place, je suis pris en charge par les deux artistes en herbe, soucieux de me guider dans mon tour. Je commente, complimente avec sincérité des dessins pleins de bons sentiments et de naïveté : des gens qui s'offrent des fleurs, une main tendue devant un poing menaçant. Une planète Terre entourée d'êtres humains multicolores se tenant par la main. Une autre famille se présente à l'entrée et les deux commissaires d'expo m'abandonnent pour les accueillir. Gisèle vient refixer un dessin qui se décroche non loin de moi. J'en profite pour la féliciter pour le travail effectué. Elle précise avec humilité que ce sont les élèves qu'il convient de féliciter. Je ne peux retenir un sourire : « C'est vrai. » Ce sont les premières paroles que nous échangeons depuis des semaines. Nous nous sommes fait la gueule longtemps à la suite de l'incident avec Koumba et de sa réflexion en salle des profs un mois plus tard. Nous n'en avons jamais reparlé. Gisèle a continué de faire appel à moi, mais de moins en moins souvent. J'ai continué de répondre présent, mais en service minimum. J'ai renoncé à jouer les maîtres Jedi avec elle. Elle ne me l'a d'ailleurs plus demandé. Peut-être parce qu'elle n'en a plus besoin.

Plantés côte à côte, nous contemplons en silence un dessin sur lequel est écrit en lettres fleuries : « Aimez-vous les uns les autres ! » Je voudrais dire quelque chose mais rien de pertinent ne vient. Elle reste tout aussi muette. Ce sera pour une prochaine fois. Je prends congé, lui dis bravo une dernière fois. Elle me remercie puis part vérifier qu'aucun autre dessin ne se détache.

À l'extérieur, la démonstration de capoeira fait un carton. Mes joyeux drilles de 3e 2 virevoltent, simulant des combats au rythme des djembés de Temba et Achour. Sur l'estrade, la chorale a fini son tour de chant. Jean-François ordonne à ses troupes de ranger en faisant gaffe au matos. Il doit y aller : Marine l'attend dans le patio pour commencer le petit spectacle qu'ils ont monté avec la 5e 4 et Jérémy en vedette.

Je ne voudrais rater ça pour rien au monde.

Sur le trajet, Luc m'intercepte. Hilare, il me montre une tasse – format « mug » – estampillée d'un énorme cœur : cadeau de Diénéba. C'est ce qui a motivé sa visite-surprise : elle est revenue exprès au collège pour la lui offrir. Celle-là, je ne l'avais pas vue venir.

Je lève la tête, vois Diénéba sourire de toutes ses dents en regardant l'élu de son cœur tenant son trophée à la main. Lorsque nos regards se croisent, elle retrouve aussitôt son masque ténébreux. Il y a des limites aux miracles : je ne recevrai pas de témoignage de son affection. J'accuse réception de son animosité avec résignation.

Lorsque j'arrive dans le patio, le spectacle débute tout juste. Jean-François accompagne à la guitare sèche une petite pièce écrite par les élèves avec l'aide de Marine. Il est question de chevaliers, d'amitié virile et d'un dragon à terrasser. Les rôles des chevaliers « amis à la vie à la mort » sont tenus par Moussa et Jérémy. Marine a réussi à imposer Adrien dans celui du roi. Jérémy l'aurait mieux vu dans celui du dragon à pourfendre mais il a fini par se rendre aux arguments de sa prof. Fatoumata joue une reine rayonnante. Pas besoin d'observer très longtemps le roi Adrien et la reine Fatoumata pour deviner qui tient les rênes du royaume.

Jérémy s'est investi dans l'écriture et a beaucoup de texte à dire : il alterne les dialogues et de petits morceaux de monologue décrivant l'action du héros qu'il joue… tout en s'assurant que le reste de la troupe est « sur le coup » : il leur fait « Viens » d'un geste très démonstratif de la main quand c'est leur tour d'entrer en scène. Effet comique involontaire garanti. Je ne regrette pas que la commission nous l'ait laissé. Il est peut-être décalé ici mais il l'aurait sans doute été ailleurs aussi. S'il n'entre dans aucune case, autant qu'il reste avec nous : à charge pour nous de travailler avec lui et de mettre en place « en interne » ce qu'il faut pour accompagner sa différence. On verra bien.

En attendant, il s'éclate à débiter sa prose foutraque et décalée tout en cornaquant le reste de la troupe. Marine et le public sont morts de rire. Seule Fatoumata fait la gueule : elle maîtrise parfaitement son rôle et ses déplacements et n'a donc pas besoin des mimiques de Jérémy pour savoir ce qu'elle a à faire.

Un tonnerre d'applaudissements accueille la fin du spectacle. Jérémy salue comme un pro. Puis il invite Moussa, Adrien et Fatoumata à le rejoindre avec le même petit geste démonstratif de la main, ce qui ne manque pas d'agacer Fatoumata.

Sacré Jérémy.

Je rejoins Marine – Jean-François est déjà retourné dans la cour pour vérifier que personne ne lui a pété sa guitare électrique – et la félicite pour sa mise en scène (en collaboration avec Jérémy). Je lui ai proposé de lancer un club journal l'année prochaine. Je serais ravi de travailler avec elle sur d'autres projets que des élèves en souffrance ou des collègues défaillants. Elle est partante.

J'en deviendrai presque impatient d'être à la rentrée prochaine.

Kadidia de 3e 2 nous interrompt en déboulant dans le patio tout en criant mon nom. Elle se cramponne à un poteau comme si elle embrassait un arbre. Le conseil de classe du troisième trimestre lui a accordé de justesse son passage en seconde : même si ça risque d'être dur, tous mes vœux de réussite l'accompagnent. Après tout, il nous arrive de voir des élèves mûrir d'un coup et redonner du sens au travail scolaire en débarquant au lycée. De temps en temps. À la fois émue et hilare, elle crie son amour pour le collège qui va trop lui manquer ! Et nous avec !

Je lui assure que la réciproque est vraie.

Les spectateurs de la pièce migrent alors vers la salle de permanence où les professeurs d'EPS ont installé un téléviseur pour diffuser les vidéos du séjour au ski de février : des images bruyantes de colonie de vacances, de gamins ouvrant de grandes billes en découvrant les montagnes ou en train de se prendre une gamelle au pied des pistes. Deux ou trois séquences de vidéos-gags font bien marrer tout le monde à l'exception d'Al-Hassane qui apprécie modérément de voir son mètre quatre-vingts s'étaler trois fois de suite au tire-fesses.

Les éclats de rire cessent soudain. Un silence s'installe lorsque apparaît le sourire d'Amir, petit bibendum engoncé dans sa combinaison de ski et chahutant joyeusement avec son voisin dans le bus.

Épilogue

Septembre. Semaine 1. Lundi. 9 h 30

Jour de la pré-rentrée. De ma deuxième année. Je l'ai fait. Je suis un vétéran.

Les enseignants, surveillants et aides-éducateurs s'installent sur les chaises du patio dans le vacarme et la bonne humeur. Tout le monde est reposé, content de se retrouver et de raconter ses vacances. À ma grande satisfaction, M. Moreau est reparti pour de nouvelles aventures outre-mer. Nous accueillons donc une nouvelle principale adjointe. Elle a l'air très bien et semble contente de son affectation. Même si elle est un peu surprise par l'ambiance potache qui règne dans la salle. Dix bonnes minutes sont nécessaires pour obtenir le calme et commencer la réunion de présentation. Je ne suis plus déguisé en premier communiant : j'ai fait péter le jean slim et la chemisette décontractée. En fait, j'ai sollicité Chloé et Marine pour qu'elles me relookent pendant la semaine de pré-rentrée. Très pédagogues, elles m'ont appris les couleurs, les associations de vêtements, la mode, tout ça. Elles m'ont mis en garde contre les choix malheureux et révolutionné ma vision du beau et du seyant. Désormais, je suis « hype » et n'ai plus à me soucier des plis sur mon pantalon à pinces.

M. Pontet, qui entame sa troisième année avec une équipe presque identique à celle de l'année précédente, est de meilleure humeur aussi. Il a *à peu près* bouclé les emplois du temps tout en se préservant un temps de sommeil raisonnable. Jovial, il présente tour à tour l'équipe de direction, les CPE, Farah et l'intendante. Emmené par Laurent, l'auditoire accueille chaque nom par un tonnerre d'applaudissements qui sidère la nouvelle adjointe. L'annonce des résultats du brevet – 52 % de réussite, soit une augmentation de 1 % par rapport à l'année précédente – provoque une hystérie collective doublée d'une « ola » ironique.

La tête de l'adjointe vaut son pesant de cacahuètes.

Chloé livre nos statistiques des absences, des exclusions de cours et des exclusions temporaires de l'année précédente. Édifiantes, elles nous placent en tête des établissements difficiles du département. Nous avons donc réfléchi à de nouveaux moyens de juguler l'évitement scolaire et de régler les problèmes de discipline sans trop déroger à la scolarité obligatoire. Après avoir annoncé – avec toutes les précautions requises – la non-reconduction du « système à points » qui avait de toute façon périclité, nous présentons nos propositions, à commencer par la réhabilitation de l'heure de colle. Nous sommes dans un établissement qui aspire à être « comme les autres », il est temps de rétablir l'égalité républicaine sur le territoire. Si l'auditoire approuve, l'adhésion des surveillants, qui seront chargés d'accueillir les « collés », est moins évidente.

Nous mentionnons le travail remarquable accompli par Olivier en cuisine et sa participation aux travaux d'intérêt *collectif* : nous en avons changé le nom au dernier conseil d'administration de l'année à la suite de mon entretien avec la sœur d'Amir. Après une heure de débats intenses, nous n'avons au final modifié que le dernier mot, ce qui permet de faire le distinguo avec la sanction pénale. Désormais ce n'est plus un « Tige » (TIG) mais un « Tice » (TIC). C'est symbolique, ce n'est pas grand-chose. On va dire que c'est déjà ça…

Nous saluons enfin le projet de « classe-sas » lancé par Romain et Myriam. Elle s'inspire des « dispositifs-relais » destinés à accueillir des élèves décrocheurs. Les candidats sélectionnés pourront bénéficier sur des périodes de quelques semaines de conditions d'enseignement et de méthodes adaptées à leurs problématiques. C'est sans doute ce qu'il aurait fallu pour Slimane, Youssef et Laura. Cela bénéficiera peut-être à Jérémy, Antoine et Al-Hassane. J'espère simplement que nous pourrons ainsi nous occuper des gamins « inadaptés » au système classique autrement que par la sanction et l'exclusion.

Une fois le tour de table terminé, Farah distribue leurs emplois du temps aux enseignants. Chacun vérifie avec anxiété si ses vœux ont été pris en compte. Le siège du principal ne va pas tarder à commencer pour les inévitables demandes de modifications.

Avant qu'ils ne rejoignent leurs équipes disciplinaires respectives, nous convions tous les « nouveaux », jeunes et pour la plupart néo-titulaires, à une visite des locaux. Ce sera l'occasion de faire connaissance et de répondre aux questions dans un cadre plus informel. Fort de ma nouvelle assurance et de mon nouveau look, je me porte volontaire pour guider l'excursion et faire découvrir le bahut à la douzaine de primo-arrivants parachutés chez nous. Les étages, les salles spécifiques, les deux cours de récréation, la salle de permanence, le CDI et la vie scolaire.

Je suis sensible à leur anxiété. Je me souviens du sentiment glacé qui m'avait envahi, un an plus tôt, quand j'avais découvert cet endroit pour la première fois. Je me montre aussi rassurant que possible : nous sommes dans le même bateau, ils pourront compter sur nous, CPE, professeurs principaux pour les aider à s'adapter et à gérer leurs classes. Le groupe réagit bien à mes petites vannes et à mes promesses d'intervention rapide en cas de pépin. Quelles que soient les difficultés auxquelles ils seront confrontés, au moins ils ne seront pas seuls. Et quoi qu'il arrive, ils mangeront bien à la cantine.

Avant de commencer la réunion vie scolaire, je me joins aux professeurs principaux qui auscultent les effectifs de leurs classes pour vérifier avec eux que les répartitions stratégiques décidées avant les vacances d'été ont été respectées : sous réserve des contraintes d'options, nous avons tenté d'éviter les fortes concentrations de fauteurs de troubles. On a fait ce qu'on a pu. La plus grosse inconnue concerne les nouvelles classes de 6e dont je vais avoir la charge. Nous avons été briefés par les professeurs des écoles du primaire qui ont pointés quelques individualités pas piquées des hannetons. Je viens de perdre une cohorte de 3e difficiles et j'ai survécu. Je ne vais pas me laisser impressionner par une bande de schtroumpfs, aussi remuants soient-ils. J'ai quatre années pour en faire des élèves sages, éveillés, citoyens, épanouis, performants en classe et gentils avec leurs enseignants. Et leur CPE. Y a plus qu'à. Je parcours une dernière fois les effectifs des classes de 4e : Jérémy, Fatoumata, Mariama, Al-Hassane, Moussa, Antoine, Adrien et tous les autres.

Je vais les retrouver demain, plus grands de quelques centimètres et plus ou moins prêts à affronter cette nouvelle année de collège. J'ai toujours le trac. Mais je ne suis pas mécontent de les revoir.

C'est reparti pour un tour.

Lexique

(Reproduit avec l'aimable autorisation de son auteur, ancien collègue et ami, Philippe-Claude-Ingrain).

Barber : tricher, arnaquer. Exemple : « *Le prof y m'a barbé deux points sur ma copie de maths.* »

Barbeur : tricheur, arnaqueur.

Beau (Belle) : menteur (menteuse). Exemple : « *Il est beau, lui !* » (Il dit n'importe quoi !)

Béda : cigarette.

Bédave : fumer. Exemple : « *Koumba s'est fait choper en train de bedave derrière le gymnase !* »

Bolosse : ringard, naze, minable. Par extension : premier de la classe.

Boule (vulg.) : postérieur. Exemple : « *Y m'a fait tomber de ma chaise, maintenant j'ai grave mal au boule.* » Par extension : sexe et film X : « film de boule ».

Bouyave : sodomiser. Par extension : casser la figure : « *J'vais te bouyave, tête de mort !* »

Chafrave : travailler (peu usité).

Chicaner : provoquer, embêter (très usité). Exemple : « *Y m'chicane, y traite ma daronne !* » (Voir : Daronne.)

Chiner : chercher. Exemple : « *J'ai chiné ma rédac' de français partout, m'sieur, j'l'ai pas trouvée !* »

Chibre : verge. Souvent utilisé à des fins vexatoires. Exemple : « *Le CPE, il a trop une tête de chibre !* »

Chiro : crâne, tête. Utilisé dans l'expression : « *Il me prend le chiro, lui !* » (Il m'importune… souvent associée au CPE aussi.) (Synonyme : Mouille.)

Crampe : refus d'obtempérer ou manque d'attention vis-à-vis de son interlocuteur. Exemple : « *Vous voulez pas m'faire la bise, m'dame ? V'là la crampe !* »

Crari : blague. Par extension : interjection de défense après une réflexion se voulant humoristique afin d'indiquer à son interlocuteur que cela n'était qu'une plaisanterie. Exemple : « *Monsieur, j'ai crevé les pneus de votre caisse, crari !* » (Accompagné d'un rire complice.)

Darons : parents.

Daron, daronne : père, mère.

Dawa : pagaille, bazar.

Égaré : dans un état d'étonnement outré, révolté. Exemple : « *J'ai rien fait et c'est moi qui prends ! J'suis égaré !* »

Jurer sur le Coran de La Mecque : jurer sur ce qu'il y a de plus précieux.

Kourave : affrontement physique en cour de récréation (non prémédité) ou aux abords du collège (prémédité). Déclenche très vite un enthousiasme collectif assez difficile à gérer.

Kouraver (se) : se battre.

Kryave : manger. Par extension : activité de sustentation (la kryave) localisée sur le temps de midi et constituant un instant d'accalmie fondamental dans la vie du CPE.

Lèche-boule : élève vendu au système, fayot. Par extension : adulte vendu au système (traître, jaune, bras armé de la direction, etc.).

Marave : frapper. Exemple : « *Tu traites ma mère, je te marave !* » (Voir : Bouyave.) Par extension : souffrir, abîmer.

Michto ! (interjection) : Quelle bonne nouvelle ! C'est agréable ! Exemple : « *Michto ! Le prof de maths s'est pris un platane ce week-end !* »

Min'che : ensemble des organes génitaux externes de la femme (la vulve). Par extension : chance. Exemple : « *Ton prof de maths est toujours dans le coma ? V'là la min'che !* »

Mort (avoir le) : être fort. Exemple : « *Moussa, il a le mort : il a compris le théorème de Thalès !* »

Mouille : tête, figure.

Mytho : menteur. Exemple : « *Il m'accuse d'avoir jeté les boules puantes en salle des profs ? V'là le mytho !* »

Nachave : partir. Exemple : « *On se nachave !* » (On n'est pas à un cours d'histoire près.)

Narvalo (pluriel : narvali) : fou, folle, toute personne sur laquelle on émet un jugement défavorable quant à son équilibre mental. Exemple : « *Elle est narvalo la prof, elle veut qu'on lise* Les Misérables *pendant les vacances.* »

Pillave : boire de l'alcool.

Pillaveur : alcoolique (peut expliquer un comportement de narvalo).

Poukave : balancer, cafter, moucharder.

Poukaveur : élève renseignant le corps éducatif sur les agissements illicites de ses camarades (à la suite de quoi, il s'expose généralement à une grosse « marave de sa mouille »).

Rabouin, rabouine (péjoratif) : gitan, gitane.

Raclo, racli : mâle, femelle, dans un sens plutôt affectueux, petit(e) ami(e). Exemple : « *Je kiffe trop grave ma racli !* » (Je suis passionnément amoureux de ma compagne !)

Rodave : voir, regarder, s'emploie exclusivement à l'impératif. Exemple : « *Rodave la meuf comme elle est trop bonne !* » (Quelle belle femme !)

Schmitt : policier. Vient peut-être du nom de la rue Henri Schmitt à Montreuil où se trouve l'antenne de police.

Trimard : travailleur exploité, esclave. « *Il a rendu deux copies doubles en français ? V'là le trimard !* » Par extension : pauvre type.

Zynda ! (interjection) : Pitié ! Exemple : « *M'sieur, comment elle est pourrie votre bagnole, zynda !* »

Zyva ! (interjection) : Vas-y ! en verlan.

Remerciements

Je remercie mes formateurs de l'IUFM (formation CPE) de Bordeaux, session 1998-2000 : leurs précieux apports pratiques et théoriques ont nourri ma pratique, mes réflexions sur le système éducatif et ce livre. Je remercie ma tutrice de stage, Élisabeth Delcamp, dont la manière d'être CPE a été pour moi essentielle et inspirante. Je remercie Philippe Broussard pour avoir porté, soutenu, accompagné ce livre auprès des éditions Stock et Deborah Kahn-Sriber pour m'avoir aidé à le mener à bon port. Je remercie mes parents qui ne sont pas pour rien, loin de là, dans mon chemin éducatif et artistique.

Je remercie enfin les élèves, les parents, les enseignants, les personnels éducatifs et administratifs du collège Lenain de Tillemont. Je n'oublie pas qu'ils ont été une part importante de ma vie. Ce livre est pour eux.

Table

DEUXIÈME TRIMESTRE

Troisième trimestre